आदिकाल : पुरानी हिन्दी

आदिकाल : पुरानी हिन्दी

प्रो. सूर्यप्रसाद दीक्षित

लोकभारती प्रकाशन

लोकभारती प्रकाशन
पहली मंजिल, दरबारी बिल्डिंग, महात्मा गांधी मार्ग
प्रयागराज-211 001
वेबसाइट : www.lokbhartiprakashan.com
ईमेल : info@lokbhartiprakashan.com

शाखाएँ : 1-बी, नेताजी सुभाष मार्ग, दरियागंज
नई दिल्ली-110 002
अशोक राजपथ, साइंस कॉलेज के सामने
पटना-800 006

पहला संस्करण : 2023

ग्राफिक ऑफसेट
प्रयागराज द्वारा मुद्रित

ADIKAL : PURANI HINDI
by Prof. Surya Prasad Dikshit

ISBN : 978-93-93603-87-6

मूल्य : ₹ 600

वर्तमान हिन्दी प्रकाशन के पितामह
शताब्दोन्मुख मौखिक इतिहासपुरुष
श्री रमेश ग्रोवर जी
को
निरामय दीर्घायुष्य की कामना सहित

अनुक्रम

प्रस्तावना

प्रत्येक भाषा, साहित्य के इतिहास का प्रारम्भ आदिकाल से माना जाता है। इसे उद्‌भव, उत्पत्ति, आविर्भाव काल जैसा चाहे कोई नाम दे दिया जाए, पर इस कालखंड का प्रतिपाद्य होता है प्रारम्भिक पृष्ठभूमि का विश्लेषण। हिन्दी भाषा साहित्य का आरम्भ कब से माना जाए, यह प्रश्न अब तक विवादास्पद रहा है। अब यह बहुमान्य हो गया है कि परवर्ती अपभ्रंश का दूसरा नाम है ''पुरानी हिन्दी''। इसे प्राकृताभास, अवहट्ट, अवहंस, डिंगल या 'देसभाषा' जैसे चाहे कोई नाम सुझाएँ; ये हैं सब पुरानी हिन्दी के ही रूप। सिद्धों की बानियाँ, नाथ साहित्य, चारण काव्य, रासो, रासायण, रासक, फागु चरिउ ये सब आदिकाल की ही प्रवृत्तियाँ हैं। इस दृष्टि से आदिकाल पर पुनर्विचार करना अत्यावश्यक हो गया है।

नवीनतम शोधपरक स्थापनाओं के आधार पर यह माना जा रहा है कि सरहपाद हिन्दी के आदि कवि हैं। इससे सिद्ध होता है कि शौरसेनी, मागधी, ब्राचड आदि अपभ्रंश भाषाओं से हिन्दी का जन्म छठी शती में हो गया था। 12वीं शती तक हिन्दी साहित्य में सूफी काव्य, सन्त काव्य, राम काव्य, कृष्ण काव्य से जुड़ी परम्पराओं का बीजवपन भी हो गया था। अब बाबा फरीद, बुल्लेशाह, वारिस शाह, ईश्वरदास, विद्यापति, रोडा आदि को भक्तिकाव्य किंवा मध्यकाल की अपेक्षा आदिकाल में रखना ही न्यायोचित होगा। इस अवधि में ढोला मारू जैसे प्रेमाख्यान जैन काव्य, उक्ति-व्यक्ति-प्रकरण, शब्दानुशासन, प्रबन्धचिन्तामणि जैसे भाषा-व्याकरणपरक ग्रन्थ भी लिखे जा चुके थे।

निष्कर्ष यह है कि वीर काव्य, भक्ति दर्शन, शृंगार काव्य, नीतिकाव्य, सन्त, सूफी काव्य, भाषा-चिन्तन, लोक वांगमय आदि अनेक प्रवृत्तियाँ इस युग में अंकुरित होती हुई दिखती हैं। यदि यह तथ्य उजागर हो जाए तो यह स्वत: सिद्ध हो जाएगा कि पुरानी हिन्दी एवं समकालीन मानक हिन्दी (खड़ी बोली) का भाषिक रूप पर्याप्त भिन्न भी है। अब हिन्दवी का हिन्दी रूप विश्व व्याप्त हो गया है और यह इतिहास लगभग डेढ़ हजार वर्ष पुराना प्रतीत हो रहा है, इसलिए

अब हिन्दी को भारत की 'क्लासिकल' (कालजयी/शास्त्रीय) भाषा की मान्यता मिलनी चाहिए। यह पुस्तक इसी उद्देश्य से प्रेरित है। आशा है, हिन्दी-हितैषी समाज इन स्थापनाओं पर सदाशयतापूर्वक विचार करता हुआ इस अभियान को गति देगा, बल्कि इसे चरितार्थता प्रदान करेगा।

इस कृति के प्रकाशनार्थ लोकभारती प्रकाशन ने पहल की, तदर्थ आभार।

साभिवादन
प्रो. सूर्यप्रसाद दीक्षित

नवरात्र 2023
'साहित्यिकी', डी. 54
निरालानगर, लखनऊ-20

प्राचीन भारतीय भाषा सम्पदा

भाषा सम्पदा से हमारा तात्पर्य वैदिक संस्कृत, लौकिक संस्कृत भाषा, छन्दस भाषा आदि से है, जो पाणिनीय संस्कृत से नियन्त्रित भी है और भिन्न भी है। संस्कृत का साहित्य समस्त भारोपीय परिवार, बल्कि पूरे विश्व में प्राचीनतम माना जाता है। ऋग्वेद संसार का प्राचीनतम ग्रन्थ है। इसकी रचना और संकलन-तिथि के सम्बन्ध में अनेक मत हैं। विद्वान प्राचीनतम मन्त्रों का प्रणयकाल ईसा से लगभग 04 हजार वर्ष पूर्व मानते हैं। अधिकांश विद्वान इसे ईसा से डेढ़-दो हजार वर्ष प्राचीन मानने के पक्ष में हैं। इतना सहज स्वीकार्य है कि प्राचीन भारतीय आर्यभाषा की साहित्यिक परम्परा निरन्तर अविच्छिन्न रही है। उसका क्रमिक विकास आधुनिक भारतीय आर्यभाषाओं में स्पष्ट दृष्टिगोचर होता है।

वैदिक साहित्य को तीन भागों में विभाजित किया जा सकता है—

(क) संहिता भाग, जिसमें ऋग्वेद, सामवेद, यजुर्वेद तथा अथर्ववेद के मन्त्र हैं।

(ख) ब्राह्मण ग्रन्थ, जिसमें वैदिक कर्मकांड का विवेचन है।

(ग) सूत्रग्रन्थ, जो सामाजिक, धार्मिक तथा कर्मकांडीय विनियोग से उद्धृत हैं।

साहित्य में ऋग्वेद की ऋचाएँ सबसे प्राचीन हैं, किन्तु इसमें अनेक वैभाषिक रूप पाए जाते हैं, जिससे यह प्रतीत होता है कि सम्पूर्ण ऋग्वेद एक ही काल में नहीं रचा गया। दस मंडलों में विभक्त ऋग्वेद के द्वितीय से सप्तम मंडल तक का अंश प्राचीनतम है और प्रथम तथा दशम मंडल के कुछ भाग नवीन हैं। ऋग्वेद की भाषा-शैली के सम्बन्ध में अधिकांश विद्वानों का मत है कि ऋग्वेद की भाषा पुरोहित वर्ग की भाषा है। इसमें अभिजात भाषा-शैली का प्रयोग दिखाई देता है। इसके विपरीत अथर्ववेद की भाषा-शैली में सामान्य जनता के रीति-रिवाज, व्यावहारिक ज्ञान और मान्यताओं से सम्बन्धित रचनाएँ भी पाई जाती हैं। ऐसा अनुमान किया जाता है कि अथर्ववेद के इन अंशों की भाषा सामान्य जनता की धारा के अधिक निकट है। इस अंश की भाषा-शैली और शब्द-प्रयोग ऋग्वेद से सर्वथा भिन्न हैं।

आर्यों की भाषा पर द्राविड़ तथा आग्नेय परिवार की आर्यभाषाओं का काफी प्रभाव पड़ा। पुरोहित वर्ग अपनी भाषा को इन तत्त्वों से बचाने का काफी प्रयत्न करता रहा। यास्क के पूर्व रचे गए प्रातिशाख्यों से यह पता चलता है कि उस समय के समाज संरक्षक ब्राह्मण वर्ग ने आर्येतर तत्त्वों से अपनी भाषा को बचाने की काफी चेष्टा की थी। उस समय ऐसी धारणा थी कि वैदिक मन्त्रों के अशुद्ध उच्चारण से यजमान के अनिष्ट होने की आशंका है, इसलिए इन प्रातिशाख्यों के द्वारा धार्मिक, वैदिक भाषा के शुद्ध उच्चारण तथा पद-रचनात्मक प्रयोग पर बल दिया जाता था। प्रातिशाख्यों में इन ध्वनियों के स्थान, करण और उच्चारण का विवेचन मिलता है, साथ ही व्यस्तपद और उसके संहितागत प्रयोग में प्रयुक्त उदात्त, अनुदात्त तथा स्वरित, स्वरपात का भी संकेत मिलता है। इन ग्रन्थों में विविध स्वर तथा व्यंजन ध्वनियों के सम्बन्धित उच्चारण, शब्दों की निष्पत्ति एवं व्युत्पत्ति के बारे में भी सम्यक् विवेचन प्राप्त है। इतना होते हुए भी वैदिक काल की भाषा आर्येतर भाषाओं से कुछ-न-कुछ अंशों में प्रभावित हुए बिना न रह सकीं। प्राचीन वैदिक साहित्य में मुंडा तथा द्राविड़ शब्दों का सर्वथा अभाव है। परवर्ती वैदिक साहित्य में भी इस प्रकार के शब्दों का अभाव है, जबकि बाद में लौकिक संस्कृत तथा मध्य भारतीय आर्यभाषा में द्रविड़ शब्दों का प्राचुर्य देखा जाता है, किन्तु यह बात पूर्ण रूप से असन्दिग्ध है कि वैदिक काल से ही जनता की भाषा में परिवर्तन होता रहा है। वह अनेक बाह्य प्रभावों के सम्पर्क में आती जा रही थी। शिष्ट भाषा को सामान्य बोलचाल की भाषा से पृथक् बनाए रखने के प्रयत्न के सम्बन्ध में टी. बरो का एक कथन उल्लेखनीय है कि यह प्रवृत्ति उन धार्मिक ग्रन्थों के संरक्षक के विषय में लागू नहीं होती, जो आज हमें मौखिक रूप में सुरक्षित परम्परा द्वारा अत्यधिक त्रुटि रहित रूप में उपलब्ध है, अथवा प्राचीन पद्धति के अनुसार साहित्यिक ग्रन्थों की रचना से ही सम्बन्ध नहीं रखती, अपितु ब्राह्मणों में तथा राजसभाओं में, जिनसे वे घनिष्ठ या सम्बद्ध थे, दैनन्दिन उपयोग में आने वाली भाषा को भी प्रभावित करने में समर्थ हुई। इस प्रकार इस प्रवृत्ति ने शिक्षित समुदाय की भाषा तथा जनसामान्य उस भाषा वैविध्य को जन्म दिया जो आरम्भिक युग से ही तेजी से मध्यकालीन भारतीय भाषा की दिशा में परिवर्तित हो रही थी।

यह भाषा बाह्य प्रभावों से सर्वथा अप्रभावित न रह सकी और यास्क (8वीं शती ई.पू.) के समय तक वैदिक मन्त्रों की भाषा में इतनी अस्पष्टता, दुरूहता और जटिलता आ गई कि निघंटु (वैदिक कोश) तथा निरुक्त की सहायता के बिना वैदिक मन्त्रों का अर्थ समझना कठिन हो गया। पाणिनि के समय तक

वैदिक और लौकिक भाषा में पद-रचना तथा शब्द-प्रयोग की दृष्टि से काफी अन्तर आ जाने के फलस्वरूप ये दोनों शिष्ट भाषाएँ भिन्न रूप में समझी जाने लगीं। पाणिनि ने लौकिक संस्कृत भाषा के परिनिष्ठित रूप को लक्ष्य बनाकर अपने व्याकरण की रचना की। इसके साथ ही उन्होंने प्रसंगवश वैदिक भाषा की कुछ सामान्य विशेषताओं का भी परिचय दिया।

ध्वनियों की दृष्टि से संस्कृत भाषा, भारोपीय परिवार की भाषाओं में समृद्धतम है। संस्कृत स्वर-ध्वनियाँ ग्रीक और लैटिन की भाँति समस्त आदिम भारोपीय स्वर-ध्वनियों का प्रतिनिधित्व नहीं करतीं। यहाँ आकर भारोपीय ऐ, ओ, अ तीनों का केवल 'अ' रूप में विकास हुआ है, फिर भी प्राचीन भारोपीय व्यंजन ध्वनियाँ संस्कृत में किसी-न-किसी रूप में सुरक्षित हैं। मूल तीन प्रकार की कंठ्य ध्वनियों का विकास भी संस्कृत में पाया जाता है। इसके साथ-ही-साथ संस्कृत में प्रतिवेष्टित या मूर्द्धन्य ध्वनियाँ नए रूप में विकसित हुई हैं, जो अन्य भारोपीय भाषाओं में अनुपलब्ध हैं।

वैदिक तथा लौकिक दो संस्कृतों में अ, इ ,उ, क तथा इनके दीर्घ रूप शुद्ध स्वर प्राप्त होते हैं। भाषा वैज्ञानिक दृष्टि से मूल 'अ' और 'आ' का विकास तीन स्त्रोतों से हुआ है। ह्रस्व 'इ' का विकास मूल 'इ' के अलावा मूल दुर्बल स्वर 'ख' से भी हुआ है। प्राचीन भारोपीय भाषा की अनेक स्वर युग्म-ध्वनियाँ संस्कृत में आकर केवल 'ए' 'ओ' तथा 'ऐ' 'औ' इन चार ध्वनियों में ही विकसित हुई हैं। इसके अतिरिक्त संस्कृत में र, ल के स्वरीभूत रूप ऋ, कृ, 'ळ' ये तीन स्वर-ध्वनियाँ और पाई जाती हैं। इन्हें शुद्ध स्वर-ध्वनि नहीं कहा जा सकता। प्राचीन भारोपीय भाषा में य् , व् , र् , ल् , न् , म् , ये कुछ ऐसी ध्वनियाँ कल्पित की गई हैं, जो स्वर का भी काम करती थीं। इनमें से 'य' तथा 'व' के सन्धिगत तथा संप्रसारणगत परिवर्तन से यह स्पष्ट हो जाता है कि 'इ' 'उ' इन्हीं के स्पष्ट रूप हैं, तथा ऋ, ऌ क्रमश: 'र' 'ल' ध्वनि का प्रयोग वैदिक तथा लौकिक दोनों भाषाओं में बहुत कम हुआ है दीर्घ 'कृ' का भी प्रयोग केवल ऋकारान्त शब्दों के द्वितीया तथा षष्ठी बहुवचन के रूपों में ऋकारान्त शब्द-रूपों के कारण हुआ। इन स्वर-ध्वनियों के अनुनासिक रूप भी उपलब्ध होते हैं। वेद में 'न' से पूर्ववर्ती 'आ' के दूसरे पद के आदि में स्वर-ध्वनियाँ से युक्त होने पर, अनुनासिक तथा प्लुत उच्चरित होता था, जैसे—लोकान् अकल्पयन। पदान्त 'न' से पूर्व प्रयुक्त होनेवाली दीर्घ 'आ' 'ई' 'उ' तीनों ध्वनियों वैदिक तथा लौकिक दोनों भाषाओं में आदि चवर्गीय, टवर्गीय, तवर्गीय ध्वनियों से सहित होने पर अनुनासिक हो जाती हैं, जैसे—'अशीश्च सर्वान्' 'पशूँस्तॉश्चक्रे'। ह्रस्व स्वरों के अनुनासिक उच्चारण

के विषय में विद्वानों में एकमत नहीं है, किन्तु कुछ ध्वनिशास्त्रियों के अनुसार वैदिक तथा लौकिक दोनों भाषाओं में 'स' 'श' तथा 'ह' के पूर्व अनुस्वार अ, इ, उ का उच्चारण अं, इं, उं, रूप में किया जाता था। इसका यजुर्वेदीय उच्चारण 'गुम' हो गया तथा परिनिष्ठित संस्कृत में यह 'म्' रूप में उच्चारित होने लगा।

लौकिक भाषा की अपेक्षा वैदिक भाषा में दो अधिक व्यंजन-ध्वनियाँ उपलब्ध हैं। स्वर मध्य 'ड' 'ढ' वैदिक संस्कृत में ळ्ह रूप में विकसित पाया जाता है। उदाहरणार्थ—'अग्निमीडे' का वैदिक रूप 'अग्निमीले' पाया जाता है। जहाँ तक ध्वनियों का सम्बन्ध है, वैदिक और लौकिक संस्कृत में उपर्युक्त ध्वनियों के अतिरिक्त कोई दूसरा भेद नहीं दिखाई देता। हाँ, र, ल ध्वनि का वैदिक भाषा में परस्पर विनिमय देखा जाता है, जो लौकिक भाषा में श्लेष और यमक अलंकारों के अतिरिक्त दूसरे स्थानों पर ग्राह्य नहीं है। ऋग्वेद-काल की कई विभाषाओं में 'र्' 'ल्' ध्वनियों का विकास परस्पर एक-दूसरे के लिए पाया जाता है। मूल भारोपीय 'ल्' ध्वनि, जो कि अवेस्ता में नियमत: 'र्' हो गई है, ऋग्वेद की भाषा में भी 'र्' रूप में विकसित पाई जाती है। वैदिक भाषा के आरम्भिक काल में 'ल' ध्वनि कम प्रयुक्त हुई है, किन्तु संस्कृत 'लॉक', लैटिल—लुकुस, सं. श्लोक, ग्रीक—बलुर्आ आदि शब्दों के प्रयोग से यह स्पष्ट हो जाता है कि भारत-ईरानी शाखा में एक ऐसी ही विभाषा रही होगी, जिनमें मूल 'ल' ध्वनि सुरक्षित थी। इसके साथ ही संस्कृत में ऐसे भी शब्दों का अभाव नहीं, जिनमें प्राचीन भारोपीय 'र्' भी 'ल्' रूप में विकसित हो गया है, जैसे—सं. 'लुम्प' (लै. रुर्म्पा) इसके अतिरिक्त संस्कृत 'ऋ' 'ल्' ध्वनियों का विकास प्रत्ययों तक में भी देखा जाता है, जैसे—शुक्ल (शुक्-ल), शुक्र (शुक्-र), सं. मल्ल (मद्-ल), मद्र (मद्-र्)।

वैदिक भाषा में उच्चारित होनेवाली सन्धिजनित 'हय' 'उव' का उच्चारण लौकिक भाषा (संस्कृत) में शुद्ध 'य' 'व' रूप में पाया जाता है। ऋग्वेद में इसी आधार पर उच्चारित 'सत्यम्' और 'तत्त्व:' का उच्चारण 'सखियन्' और 'तनुव:' मिलता है, किन्तु लौकिक संस्कृत में इनका सर्वथा अभाव है।

संस्कृत भाषा में अघोष अल्पप्राण, अघोष अल्पप्राण तथा इन दोनों के महाप्राण रूप सुरक्षित हैं। इसका कारण यह है कि संस्कृत की स्पर्श व्यंजन ध्वनियाँ प्राचीन भारोपीय ध्वनियों से ही विकसित हुई हैं। ग्रीक, लौटिन और अवेस्ता जैसी अन्य भारोपीय भाषाओं में सघोष महाप्राण ध्वनियाँ नहीं प्राप्त होतीं। मूल भारोपीय 'ध्' 'घ्' 'म्' का विकास ग्रीक और लैटिन में 'ख्' (ख) 'थ्' 'फ्' (फ) और अवेस्ता में 'ग्' (ग) 'द्' 'ब्' हो गया है। संस्कृत भाषा में

प्राप्त पाँच प्रकार की स्पर्श व्यंजन-ध्वनियाँ (कवर्गीय कोमल तालुजन्य ध्वनियाँ, चवर्गीय तालव्य ध्वनियाँ, तवर्गीय प्रतिवेष्टित ध्वनियाँ, तवर्गीय दन्त्य ध्वनियाँ और पवर्गीय इयोष्ठ्य) में तवर्गीय तथा पवर्गीय ध्वनियाँ मूल भारोपीय तवर्गीय तथा पवर्गीय ध्वनियों से ही विकसित हुई हैं। प्राचीन भारोपीय भाषा में तीन प्रकार की कवर्गीय ध्वनियाँ शुद्ध कंठ्य तालव्य 'क्यू' तथा कंठोष्ठ्य 'क्व्' रही होगी। इनमें प्रथम तथा तृतीय कोटि की ध्वनियों का विकास प्राय: शुद्ध क्, ख्, ग्, घ्, के रूप में हुआ है। संस्कृत में तालव्य ध्वनि 'च्' 'कृ' 'ज्' 'झ्' भिन्न पद्धति पर विकसित हुई है, क्योंकि मूल भारोपीय में इस प्रकार की ध्वनियाँ नहीं पाई जातीं। संस्कृत 'झ्' ध्वनि प्राय: विदेशी शब्दों या अनुकरणात्मक शब्दों में ही प्राप्त होती हैं। यह शुद्ध भारोपीय शब्दों में उपलब्ध नहीं होती। इस प्रकार हम देखते हैं कि 'च्' 'क्' और 'ज्' ये तीन तालव्य ध्वनियाँ ही मूल भारोपीय भाषा से विकसित हुई हैं। शुद्ध तालव्य ध्वनियाँ 'च्' 'ज्' का विकास मूल तालव्य या 'क्य्' 'ग्यू' से नहीं हुआ है, अपितु ये उन कंठ्य या कंठोष्ठ्य ध्वनियाँ विकसित हुई हैं, जिनके पश्चात् कोई अग्रस्वर ('इ' या 'ए') उच्चारित होता था। मूल भारोपीय कंठ्य-तालव्य 'क्यू' और 'व्य' का विकास संस्कृत में क्रमश: 'श' और 'क्' के रूप में हुआ है। इसी प्रसंग में यह भी कह देना आवश्यक है कि संस्कृत में आकर अग्रस्वर के पूर्व होने पर मूल 'घ्' 'घ्व्' तथा 'घ्य्' का विकास शुद्ध प्राणध्वनि 'ह्' के रूप में हुआ है। संस्कृत हन् धातु से 'हन्ति 'घ्नन्ति' 'जघान' 'हन्ता' 'घ्न:' जैसे दुहरे रूपों से 'घ्' तथा 'ह्' का यह विनियम स्पष्ट हो जाता है।

संस्कृत प्रतिवेष्टित ध्वनियों का विकास किस स्रोत से हुआ, यह एक जटिल प्रश्न है, क्योंकि अन्य किसी भी भारोपीय शाखा में ये ध्वनियाँ नहीं मिलतीं। ऐसा अनुमान लगाया जाता है कि इन ध्वनियों पर द्रविड़ भाषाओं का प्रभाव है, किन्तु यह जान लेना अत्यन्त आवश्यक हो जाता है कि किन मूल भारोपीय ध्वनियों से इन ध्वनियों का विकास हुआ है, जो संस्कृत में 'ट्' 'ठ्' 'ड्' 'ढ्' के रूप में उपलब्ध है। अध्ययन के फलस्वरूप यह पता चला कि इन संस्कृत ध्वनियों का विकास कई स्रोतों से हुआ। इनमें एक ओर रेफ ('र्') के अभाव के कारण परवर्ती दन्त्य ध्वनि नतिभाव (प्रतिवेष्टिकरण) हैं, जो ऋग्वेद के ही 'विकट' 'उत्कट' जैसे शब्दों में दृष्टिगोचर होता है, जिनका मूल वैदिक रूप विकृत है। रूसी विद्वान फोर्तुनातोफ के मतानुसार संस्कृत प्रतिवेष्टित ध्वनियों का विकास ल् + दन्त्य से हुआ है, किन्तु वास्तव में संस्कृत प्रतिवेष्टित ध्वनियाँ केवल 'र्' 'ल्' से प्रभावित दन्त्य ध्वनियों से नहीं विकसित हुई हैं। संस्कृत तालव्य 'श्' ध्वनि का विकास कई स्थानों पर 'ट' तथा 'ड्' के रूप में हुआ है, जैसे

'पड्भि:' 'विड्भि:' इत्यादि। इस प्रकार ये ध्वनियाँ मूल भारोपीय कंठ्य तालव्य ध्वनियाँ क्य, ख्य, ग्य, घ्य से काफी प्रभावित रही हैं। इसका विशेष विवेचन यहाँ अपेक्षित नहीं है।

उच्चारण प्रक्रिया की दृष्टि से भी वैदिक तथा लौकिक संस्कृत में काफी अन्तर है। वैदिक ब्राह्मणों ने मन्त्रों के शुद्ध उच्चारण पर काफी जोर दिया। उदात्त आदि स्वर के स्थान-परिवर्तन से होनेवाले अर्थ-भेद का संकेत 'इन्द्र-शत्रुः' तथा 'इन्द्रशत्रुः' जैसे पदों के उच्चारण में देखा जा सकता है। प्राचीन भारोपीय स्वर-प्रक्रिया को जानने के लिए वैदिक संस्कृत की उच्चारण-पद्धति ग्रीक और लैटिन की अपेक्षा अधिक सहायक है। कालान्तर में संस्कृत में इस नियम के लिए कोई विशेष जोर नहीं दिया गया। अब वहाँ इस तरह के कोई नियम नहीं हैं।

पद-संघटना और व्याकरणिक रूपों की दृष्टि से वैदिक तथा लौकिक भाषाओं में काफी विभिन्नता है। यद्यपि तीन वचन, तीन लिंग, आठ विभक्तियाँ, अजन्त तथा हलन्त दोनों प्रकार का प्रातिपदिक, परस्मैपदी तथा आत्मनेपदी, दुहरे धातुरूप और अनेक लकार, इन दोनों भाषाओं में समान रूप में उपलब्ध हैं, फिर भी वैदिक भाषा के तिङन्त रूपों में लकार थे, किन्तु लौकिक संस्कृत में आकर 'लेट्' लकार का लोप हो गया है। वैदिक भाषा के कई अभिप्राय तथा निर्बन्ध प्रकार के तिङ्तज रूप लौकिक भाषा में नहीं मिलते। वैदिक संस्कृत में सुबन्त रूप अधिक व्यवहृत हुए हैं, किन्तु लौकिक संस्कृत में कई प्रत्ययों के अप्रयोग के फलस्वरूप इन रूपों का व्यवहार कम होने लगा तथा ऐसे शब्दों के समस्त वर्ग लुप्त होने लगे। समास-प्रक्रिया की दृष्टि से भी वैदिक और लौकिक संस्कृत में काफी अन्तर दिखाई पड़ता है। वैदिक भाषा में ग्रीक की भाँति दो से अधिक पदों वाले समासान्त पदों के प्रयोग की मात्रा भी अत्यल्प दिखाई पड़ती है, किन्तु लौकिक संस्कृत में लम्बे-लम्बे समासान्त पदों का निर्माण अधिक मात्रा में होने लगा। इसके कारण परिनिष्ठित लौकिक संस्कृत साहित्यिक शैली की पद संघटना में काफी परिवर्तन स्पष्ट लक्षित होता है।

वैदिक तथा लौकिक संस्कृत के शब्द-रूपों में भी स्पष्ट भेद दिखाई देता है। अकारान्त तथा हलन्त पुल्लिंग शब्दों के प्रथमा-द्वितीया द्विवचन में वैदिक भाषा में—'आ' तथा —'औ' दुहरी विभक्तियाँ पाई जाती हैं। इसी प्रकार वहीं 'हस्ता' 'हस्तौ' जैसे दुहरे रूप उपलब्ध होते हैं, किन्तु लौकिक संस्कृत में आकर केवल 'औ' रूप ही शेष रह गए। इसी प्रकार अकारान्त पुल्लिंग शब्दों के प्रथमा बहुवचन में वैदिक भाषा में 'देवा:' 'देवास:' जैसे रूप प्राप्त होते हैं, किन्तु इनमें से लौकिक संस्कृत में दूसरे वैकल्पिक रूप का लोप हो गया है। इन्हीं शब्दों

के तृतीया बहुवचन वैदिक भाषा में 'मि:' तथा 'ऐ:' दोनों विभक्ति-चिह्नों का व्यवहार हुआ है, जैसे—'देवभि: देवै:, किन्तु लौकिक संस्कृत में केवल दूसरे रूप अर्थात् देवै:, जैसे रूपों का सर्वथा प्रयोग होता है, 'देवभि:' जैसे रूपों का नहीं। नपुंसक शब्दों के प्रथमा, द्वितीया बहुवचन में वैदिक भाषा में 'न' विभक्ति चिह्न वाले रूपों के अतिरिक्त ह्रस्व स्वरान्त शब्दों के साथ 'आ', 'इ', 'उ' अन्तवाले रूप भी पाए जाते हैं, जैसे—नामा, नामानि इत्यादि, किन्तु लौकिक संस्कृत में इन सबके लिए 'नि' विभक्ति चिह्न वाले रूपों में ही दिखाई देता है। वैदिक भाषा में सप्तमी एकवचन में वैकल्पिक रूप से शून्य विभक्ति-चिह्न (शुद्ध प्रातिपदिक रूप) का प्रयोग दिखाई देता है, 'परमै व्यमिन्' इसका एक प्रसिद्ध उदाहरण है। इसका लौकिक संस्कृत रूप 'परमै व्योम्नि होगा। वैदिक भाषा की यह एक अन्य महत्त्वपूर्ण विशेषता मानी जा सकती है।

वैदिक भाषा की एक अन्य विशेषता है कुछ विशिष्ट रूपों का प्रयोग, जैसे—'जनयिता' के लिए 'जनिता' इत्यादि। इसी प्रकार 'तुमुन्' के अतिरिक्त 'तवै' तवे 'ध्यै' जैसे प्रत्ययों का प्रयोग मिलता है, जो 'कर्तवे', 'गातवै', 'पिबध्वै' जैसे रूपों में देखा जा सकता है। इस प्रत्यय के लिए लौकिक संस्कृत में केवल 'तुमुन्' प्रत्यय ही शेष रह गया है। यहाँ 'कर्तुम्' 'दातुम्' 'पातुम्' जैसे रूप प्राप्त होते हैं अर्थात् प्रत्यय का प्रयोग।

लौकिक संस्कृत में आकर अनेक वैदिक शब्दों का अर्थ काफी परिवर्तित हो गया है। उदाहरण के लिए वेद में 'मृग' शब्द का प्रयोग है केवल 'पशु सामान्य' के लिए हुआ है, किन्तु लौकिक संस्कृत में इसका अर्थ 'हरिण'। इसी प्रकार 'असुर' शब्द का उदाहरण लिया जा सकता है, जिसका लौकिक संस्कृत में मूल अर्थ बिलकुल बदल गया है। वेद में 'असुर' शब्द का अर्थ था 'वीर्यवान्' । इसका प्रयोग देवताओं के लिए किया जाता था। लौकिक संस्कृत में आकर इसका अर्थ 'दैत्य' हो गया।

शब्दकोश की दृष्टि से लौकिक संस्कृत, वैदिक भाषा की अपेक्षा अधिक समृद्ध है। वैदिक भाषा के अनेक शब्द लौकिक संस्कृत में आकर लुप्त हो गए हैं, किन्तु इसने द्रविड़ तथा कोल भाषाओं से अनेक शब्दों को लेकर अपने को अधिक समृद्ध बना दिया है। इसके अतिरिक्त संस्कृत ने अनेक प्राकृत शब्दों को भी अपनाया है, जैसे—वट, वृत, नापित, स्ना, छांछन। आगे चलकर संस्कृत ने ग्रीक, ईरानी तथा दूसरे विदेशी शब्दों को भी बेरोक-टोक ग्रहण किया।

पाणिनिकालीन भाषा का रूप सर्वप्रथम महाभारत जैसी साहित्यिक कृतियों में प्राप्त होता है। भाषा का यह रूप आगे चलकर पाणिनि के द्वारा परिनिष्ठित

शास्त्रीय संस्कृत के रूप में विकसित हुआ। इन दोनों काव्यों में अनेक अपाणिनीय आर्ष प्रयोग उपलब्ध होते हैं। कई स्थानों पर परस्मैपद तथा आत्मनैपद का प्रयोग क्रमश: कर्तृवाच्च तथा कर्मवाच्य से पृथक् अर्थ में भी हुआ है, जैसे—परिनिष्ठित रूप 'श्रूयन्ते के स्थान पर 'श्रूयन्ति' का यथोचित प्रयोग नहीं हुआ है। रामायण में 'गृहीत्वा' के स्थान पर 'गह्व का प्रयोग मिलता है, जिससे यह स्पष्ट है कि वहाँ अनुपसर्ग धातु के साथ भी 'ल्यप्' प्रत्यय का पूर्वकालिक प्रयोग ग्राह्य है।

यह निश्चित है कि वैदिक काल में छान्दस भाषा से मिलता-जुलता भाषा का कोई-न-कोई रूप प्रचलित था, किन्तु लौकिक संस्कृत की बोलचाल की भाषा के विषय में विद्वानों में सहमति नहीं है। अनेक पाश्चात्य विद्वानों के मतानुसार लौकिक संस्कृत बोलचाल की भाषा कभी नहीं रही। उनके अनुसार, व्याकरण के नियमों से बोझिल लौकिक संस्कृत सामान्य जनता की भाषा कभी नहीं हो सकती थी। उस समय प्राकृत की ध्वनि-संघटना तथा व्याकरणिक पद-रचना से युक्त जो जनभाषा थी, अनेक विद्वानों ने स्पष्ट प्रमाण देकर यह भी सिद्ध किया है कि यास्क और पाणिनि के ग्रन्थ में संस्कृत बोलचाल की भाषा थी। व्यास, वाल्मीकि तथा पतंजलि के ग्रन्थ भी इस विषय में प्रमाण हैं, जो इस बात की पुष्टि करते हैं कि लौकिक संस्कृत किसी-न-किसी रूप में बोलचाल की भाषा थी।

यह भाषा उस समय निस्सन्देह जीवन्त भाषा थी, जिसको पाणिनि ने अष्टाध्यायी के सूत्रों द्वारा परिनिष्ठित किया था। बाद में यह केवल अभिजात वर्ग में ही बोलचाल की भाषा बनी रही। अशिक्षित जनता की व्यावहारिक भाषा संस्कृत न होकर प्राकृत थी। संस्कृत भाषा का प्रभाव और प्रसार केवल आर्यावर्त्त और दक्षिणापथ तक ही सीमित न रहा, अपितु बृहत्तर भारत, तिब्बत, ब्रह्मदेश, लंका, जावा, सुमात्रा, श्याम, कम्बोडिया, जापान, चीन जैसे देश भी इससे प्रभावित हुए बिना न रह सके। आज भी इसका प्रभाव मलेशिया तथा इंडोनेशिया की भाषाओं पर स्पष्ट दृष्टिगोचर होता है। भारत की परवर्ती भाषाएँ—पालि, प्राकृत, अपभ्रंश, हिन्दी, बँगला तथा द्रविड़ भाषाएँ संस्कृत का आश्रय लेकर समृद्ध हुई हैं। आज भी ये भाषाएँ संस्कृत से कुछ-न-कुछ ग्रहण करती रहती हैं। सम्पर्क भाषा एवं राजभाषा के क्षेत्र में देश भर की आधुनिक भारतीय भाषाओं ने जो पारिभाषिक शब्दों का निर्माण किया है, उसमें संस्कृत शब्द-रचना का महत्त्वपूर्ण योग है।

प्राचीन भारतीय भाषाविद्

प्रमुख वैयाकरण

अपभ्रंश भाषा की ध्वन्यात्मक तथा पदरचनात्मक विशेषताओं का विस्तृत विवेचन अपेक्षित है, क्योंकि अपभ्रंश में वे भाषागत प्रवृत्तियाँ सुरक्षित मिलती हैं, जो आगे भारतीय आर्यभाषाओं में, विशेष रूप से मध्यदेशीय भारतीय आर्यभाषा—हिन्दी में विकसित हुई। यहाँ उन मुख्य भेदक—विशेषताओं का संकेत कर देना अनावश्यक न होगा जो इस भाषावैज्ञानिक स्थिति को एक ओर अपनी पूर्ववर्ती स्थिति अर्थात् प्राकृत से और दूसरी ओर परवर्ती स्थिति—नव्य भारतीय आर्यभाषा से अलग करती है। चंड के 'प्राकृत लक्षण' से लेकर मार्कंडेय के 'प्राकृत सर्वस्व' तक अनेक प्राकृत वैयाकरणों ने अपभ्रंश की ऐसी भेदक विशेषताओं का संकेत किया है, जो उसे प्राकृत से भिन्न बताती हैं। यहाँ ऐतिहासिक क्रम से प्राकृत वैयाकरणों के द्वारा उल्लिखित अपभ्रंश की भाषागत विशेषताओं का संक्षित विवरण द्रष्टव्य है।

1. वररुचि

प्राकृत के सर्वप्रथम वैयाकरण वररुचि ने 'प्राकृत प्रकाश' में अपभ्रंश भाषा का अर्द्धमागधी की तरह ही कोई संकेत नहीं किया है। वे महाराष्ट्री, पैशाची, मागधी और शौरसेनी—इन्हीं चार प्राकृतों का उल्लेख करते हैं। सम्भवत: वररुचि के द्वारा अपभ्रंश का नामोल्लेख और उसके व्याकरण का निबन्धन न होने का कारण यह है कि अपभ्रंश उस समय तक भाषा के रूप में प्रसिद्ध नहीं हो पाई थी। यद्यपि नाटकीय पात्रों की कथ्यशैलियों का उल्लेख करते समय भरत मुनि अपने 'नाट्यशास्त्र' में उसका संकेत कर चुके थे। वररुचि के स्थितिकाल के विषय में यही कहा जा सकता है कि वे संस्कृत व्याकरण के वार्तिककार वररुचि या कात्यायन से भिन्न व्यक्ति हैं। उनके द्वारा संकेतित प्राकृत-भाषाओं की व्याकरणिक संघटना, अश्वघोष के नाटकों में पाई जानेवाली प्राकृतों, विशेषत: शौरसेनी प्राकृत की संघटना से भिन्न है। इस दृष्टि से 'प्राकृत प्रकाशकार'

वररुचि भरत के ही समसामयिक ईसा की तीसरी शती के लगभग विद्यमान रहे होंगे। भाषा के रूप में अपभ्रंश का सर्वप्रथम उल्लेख, जैन प्राकृत वैयाकरण चंड ने किया है। चंड के समय अपभ्रंश भाषा केवल आभीरों की बोली नहीं रह गई थी, अपितु मध्यदेश की विभिन्न साहित्यिक शैलियों में से एक साहित्यिक शैली बन गई थी। इस दृष्टि से चंड का समय दंडी के कुछ ही बाद जान पड़ता है। 'प्राकृत लक्षण' में चंड ने अपभ्रंश का उल्लेख बहुत सामान्य ढंग से किया है परवर्ती आलंकारिक हेमचन्द्र, त्रिविक्रम, लक्ष्मीधर और मार्कंडेय की तरह यहाँ अपभ्रंश की ध्वन्यात्मक और व्याकरणिक विशेषताओं के बारे में विशेष जानकारी नहीं मिलती। 'प्राकृत लक्षण' के केवल तीन सूत्र अपभ्रंश की भाषावैज्ञानिक विशेषताओं का संकेत करते हैं—

1. अपभ्रंश में संयुक्त-व्यंजन में परवर्ती 'र' ध्वनि का लोप नहीं पाया जाता।
2. पूर्वकालिक क्रिया रूपों में 'ता' प्रत्यय पाया जाता है।

यह प्रत्यय-तालिका निस्सन्देह अपभ्रंश में मिलती है। चंड यहाँ अपभ्रंशगत प्रत्ययों का ही संकेत किया है।

2. शब्दानुशासनकार हेमचन्द्र

हेमचन्द्र ने 'सिद्धहेमचन्द्र' या 'शब्दानुशासन' के चतुर्थ अध्याय में प्राकृत विभाषाओं का व्याकरण लिखा है। इस कृति के चतुर्थ अध्याय के चतुर्थ पाद में अपभ्रंश की वैयाकरणिक विशेषताओं का विवेचन है। हेमचन्द्र ने इन विशेषताओं को अपभ्रंश दोहों के द्वारा उदाहृत किया है। अपभ्रंश व्याकरण का यह वंश महाराष्ट्री प्रकृति के अतिरिक्त अन्य प्राकृतों की अपेक्षा कहीं अधिक परिपूर्ण है। हेमचन्द्र इस सम्बन्ध में अपभ्रंश की विभाषाओं या बोलियों का कोई संकेत नहीं करते, यद्यपि लगभग एक शताब्दी पूर्व रुद्रट के टीकाकार नाभिसाधु नागर, उपनागर और ब्राचड, इन तीन अपभ्रंश विभाषाओं का संकेत कर चुके थे। अपभ्रंश व्याकरण के प्रकरण को देखने से यह पता चलता है कि हेमचन्द्र अपभ्रंश की सामान्य विशेषताओं का व्याकरण निबद्ध करते हुए भी उसके वैभाषिक रूपों को ध्यान में रख रहे हैं। उन्होंने अनेक स्थलों पर वैकल्पिक व्याकरणित रूपों का संकेत किया है। ये वैकल्पिक रूप निस्सन्देह एक ही बोली के न होकर अपभ्रंश की भिन्न-भिन्न बोलियों के जान पड़ते हैं। जैसा कि डॉ. गुणे ने बताया है—हेमचन्द्र के सूत्रों और उनकी वृत्ति में दिए गए उदाहरणों से यह स्पष्ट होता है कि उन्होंने कम-से-कम दो विभाषाओं का अध्ययन एक साथ किया है, यद्यपि वे इसका संकेत नहीं करते कि कौन विशेषता किस विभाषा की है।

अपभ्रंश की ध्वन्यात्मक संघटना का उल्लेख करते समय हेमचन्द्र ने संकेत किया है कि यहाँ विकल्प से 'क' ध्वनि सुरक्षित मिलती है। इनमें प्रत्येक शब्द के अन्तिम रूपों में 'क' ध्वनि सुरक्षित मिलती है, जो किसी विशेष अपभ्रंश की कथ्यशैली में रही होगी। शौरसेनी या मध्यदेशीय अपभ्रंश में इस ध्वनि का विकास प्राय: 'अ' 'इ' 'उ' या 'रि' के रूप में मिलता है। अत: यह विशेषता मध्यदेश से भिन्न अन्य प्राकृत की जान पड़ती है। इसी सम्बन्ध में यह संकेत कर देना जरूरी है कि उनके द्वारा उदाहृत अपभ्रंश दोहों में भी 'गृहन्ति' 'कृदन्त हो' 'गृण्ह' 'गृण्हेप्पिणु' जैसे रूप इसी परवर्ती अपभ्रंश विभाषा के लक्षण जान पड़ते हैं।

प्राकृत के प्राय: 'क' 'ग' आदि अल्पप्राण स्पर्श व्यंजन ध्वनियों का पदमध्यग स्थिति लोप और 'ख' 'घ' आदि महाप्राण स्पर्श ध्वनियों का 'ह' के रूप में परिवर्तन पाया जाता है, जो मध्यदेशीय प्राकृत की विशेषता है। हेमचन्द्र ने अपभ्रंश के सम्बन्ध में यह बताया है कि स्वरमध्यग स्थिति में प्रयुक्त असंयुक्त क, ख, त, थ, प, फ, त क्रमश: ग, घ, द, ध, ब, म, रूप में विकास पाये जाते हैं। जैसे—'विथोमकर' का विच्छोहगुरु 'सुखेन' का 'सुधि', 'कथितं का कथिदु', 'शपथ' का 'सबधु' आदि। ये रूप भी अपभ्रंश में वैकल्पिक प्रवृत्ति के ही हैं। इनसे इतर 'विच्छोहवरु' 'सुहिं' 'कहिउ' 'सअहु' जैसे रूप में प्रचलित मिलते हैं। मध्यदेश के दोनों वर्णों 'ख' तथा 'ध' का सघोषीकरण शौरसेनी प्राकृत में भी मिलता है, जहाँ 'मुल' का 'मुध' और ''कथं' का 'कथ' रूप वररुचि ने भी संकेतित किया है, जब कि महाराष्ट्री में इनके स्पर्श व्यंजनान्त का लोप नियत रूप में पाया जाता है। हेमचन्द्र के द्वारा इन दो वैकल्पिक रूपों का संकेत यह बताता है कि अघोष स्पर्श ध्वनियों का सघोषीकरण किसी एक अपभ्रंश-विभाषा की ध्वन्यात्मक प्रवृत्ति है। सम्भवत: यह शौरसेनी अपभ्रंश थी। आज भी मध्यदेश की कुल बोलियों के 'सकल' शब्द का विकास 'सगल' (राजस्थानी-प्रवृत्ति) रूप में मिलता है।

एक सूत्र के अनुसार स्वर मध्यग (आदि) संयुक्त 'म' कार विकल्प से अनुनासिक 'व' (वँ) हो जाता है। इसके उन्होंने 'कवँलु' 'कमलु' और 'मवँरु' 'ममरु, जैसे दुहरे रूप दिए हैं। कहना न होगा कि 'म' ध्वनि के परिवर्तन की यह प्रवृत्ति निस्सन्देह मध्यदेशीय है और आज भी हिन्दी तथा उसकी पार्श्ववर्ती विभाषा (राजस्थानी) में 'गाँव' (ग्राम) नाँव (नामन्) कुँवर (कुमार) जैसे रूप मिलते हैं। 'म' का संरक्षण अपभ्रंश विभाषा की विशेषता है।

अपभ्रंश की किसी एक विभाषा में संयुक्त व्यंजन में प्रयुक्त द्वितीय 'र्' ध्वनि का लोप नहीं पाया जाता था, जबकि महाराष्ट्री, शौरसेनी, मागधी प्राय: सभी प्राकृतों में इसका नियत लोप मिलता है। हेमचन्द्र ने इस वैकल्पिक प्रवृत्ति का उल्लेख करते हुए एक दोहे में 'प्रियेण' पद का संकेत किया है, जिसका वैकल्पिक रूप 'प्रिएण' भी प्रचलित था। अन्यत्र वे 'ध्रुवु' (ध्रुवम्) पेम्मन्द्रहि' (प्रेमह्रदे) प्रयावदी (प्रजापति) जैसे उदाहरण देते हैं, जिनके वैकल्पिक रूप 'पेम्मदहे' 'धुवम' 'धुअम, पयावल (-दि) भी प्रचलित थे। वे यह भी संकेत करते हैं कि अपभ्रंश के कई शब्दों में निष्कारण 'र' का भी प्रयोग दिखाई पड़ता है, जैसे—'व्यास' का अपभ्रंश रूप 'व्रासु'। ये प्रवृत्तियाँ निस्सन्देह मध्यदेशीय अपभ्रंश की नहीं हो सकतीं। 'प्राकृत-सर्वस्वकार मार्कंडेय ने स्पष्ट रूप में इन विशेषताओं को ब्राचड अपभ्रंश का लक्षण बताया है। वे लिखते हैं कि मृत्यादिगण के शब्दों में इतर अन्य शब्दों में 'र' और 'क' दोनों संस्कृत—ध्वनियाँ अपनी मूल प्रकृति में सुरक्षित रहती हैं। वे इनके दो उदाहरण देते हैं—'प्राणहरु' (प्राणाहर:) 'कृवाणु' (कृपाण)। मार्कंडेय के इस साक्ष्य से यह संकेत मिलता है कि यह विशेषता सिन्ध तथा आसपास के प्रदेशों की अपभ्रंश—बोलियों की थी। इसकी पुष्टि मध्ययुगीन डिंगल—साहित्य की भाषा-शैली से भी होती है, जो ब्राचड की इस प्रवृत्ति से प्रभावित थी।

वर्तमान उत्तम पुरुष एकवचन के क्रिया-रूपों का हेमचन्द्र ने 'मि' विभक्ति चिह्न के साथ-साथ 'उँ' विभक्ति-चिह्न का भी संकेत किया है, जैसे—'कड्ढ' धातु के उक्त दो रूप 'कड्ढउँ' 'कड्ढामि' मिले हैं। यह 'उँ' की प्रवृत्ति निस्सन्देह मध्यदेशीय अपभ्रंश की है और इस विभिक्ति—चिह्न का प्रयोग राजस्थानी, गुजराती, खड़ीबोली, ब्रज, अवधी आदि सभी मध्यदेशीय विभाषाओं और बोलियों में आज भी मिलता है। 'मि' वाली प्रवृत्ति या तो प्राकृतभास है या महाराष्ट्री अपभ्रंश की विशेषता है, जो आगे चलकर मराठी में चलामि < चलाइँ < चलइँ < चलें (मैं चलता हूँ) के रूप में मिलती है।

वर्तमान काल उत्तम पुरुष बहुवचन में भी हेमचन्द्र ने दो वैकल्पिक रूपों का संकेत किया है, जिनमें एक शौरसेनी प्राकृत का ही 'मु' विभक्ति चिह्न वाला रूप है। दूसरा रूप 'हुँ' विभक्ति चिह्न से युक्त है, जो प्रथम प्रयोग में भिन्न वैभाषिक प्रवृत्ति का संकेत करता है।

इसी प्रकार वर्तमानकालिक प्रथम पुरुष एकवचन तथा बहुवचन में क्रमश: 'इ' 'दि' तथा 'अन्ति' और 'हि' विभक्ति चिह्नों के वैकल्पिक प्रयोग संकलित किए गए हैं। जैसे 'धरहिं' 'करहिं' 'सहहिं' खेल्लन्ति जैसे वर्तमानकालिक प्रथम पुरुष बहुवचन के वैकल्पिक रूप।

मध्यपुरुष एकवचन में 'इ' 'उ' तथा 'ए' इन तीन तरह के विभक्ति चिह्नवाले रूपों का संकेत भी वैभाषिक प्रवृत्ति जान पड़ती है, जैसे 'सुमरि' 'मेल्लि' 'विलम्बु' 'करे' आदि।

भविष्यत्कालिक रूपों में अपभ्रंश में दुहरे रूप संकेतित किए गए हैं, जिन्हें हम क्रमश: 'रा' भविष्यत् तथा 'ह' भविष्यत् कह सकते हैं। प्राकृत में प्रथम कोटि के रूप में मिलते हैं, जो मुख्यत: शौरसेनी की प्रवृत्ति है, जैसे—होसल (भविष्यति)। हेमचन्द्र ने इसके वैकल्पिक रूप 'ह' भविष्यति का भी संकेत किया है। नव्य भारतीय आर्यभाषाओं में ये दोनों प्रवृत्तियाँ अलग-अलग भाषाओं की भेदक प्रवृत्तियों के रूप में विकसित दिखाई देती हैं। गुजराती राजस्थानी वर्ग में 'स' भविष्यत् के रूप में विकसित हुआ है। ब्रज और अवधी में 'स' भविष्यवाची रूप मिलते हैं। इस प्रकार हेमचन्द्र के द्वारा संकेतित वैकल्पिक रूप 'होहिए' (भविष्यति), ब्रज तथा अवधी क्षेत्र की सम्मिलित वैभाषिक प्रवृत्ति का संकेत करता जान पड़ता है।

कर्मवाच्य रूपों में अपभ्रंश में 'इअ' तथा 'इज्ज' प्रत्ययवाले रूपों के अतिरिक्त कतिपय अनियत रूप भी मिलते हैं, जिनमें हेमचन्द्र ने 'कृ' धातु के 'कीसु' जैसे रूपों का संकेत किया है। यह प्रयोग जो मध्यदेशीय प्रयोग नहीं जान पड़ता वहाँ—कीजिए, करिए, जैसे उपर्युक्त दुहरे रूप ही मिलते हैं। यह शायद किसी अन्य भाषा का प्रयोग है।

सार्वनामिक रूपों में कई स्थानों पर हेमचन्द्र ने वैकल्पिक रूपों का संकेत किया है। उदाहरण के लिए 'यावत्' तथा 'तावत्' शब्दों के लिए प्रयुक्त अपभ्रंश रूपों में 'व' के स्थान पर 'म' 'उँ' 'महिं' इन तीन का उल्लेख है। इस प्रकार इनके क्रमश: 'जाम' 'जाउँ' जामहिं तथा 'ताम' 'ताउँ' 'तामहिं' जैसे तिहरे रूप हेमचन्द्र के व्याकरण के उल्लिखित हैं जो एक ही बोली से सम्बद्ध न होकर अलग-अलग बोलियों के रूप जान पड़ते हैं।

उपर्युक्त विवरण से यह स्पष्ट है कि यद्यपि हेमचन्द्र ने किसी विशेष विभाषा या बोली का संकेत नहीं किया है, फिर भी अपभ्रंश का व्याकरण तैयार करते समय उन्होंने प्रमुख अपभ्रंश अर्थात् शौरसेनी या नागर अपभ्रंश के अतिरिक्त अन्य वैभाषिक भेदों की प्रमुख प्रवृत्तियों को भी अपने लेखन में समेटने की चेष्टा की है। यही कारण है कि यह व्याकरण किसी एक अपभ्रंश विभाषा का व्याकरण न रहकर अधिक परिपूर्ण समेकित व्याकरण हो गया है। इसी कारण डॉ. गुणे ने यह मान लिया है कि हेमचन्द्र महाराष्ट्री अपभ्रंश के साथ-साथ अंशत शौरसेनी अपभ्रंश का भी विवेचन करते रहे हैं। तथ्य यह है कि हेमचन्द्र मुख्यत:

शौरसेनी अपभ्रंश का व्याकरण बना रहे थे। उनके ग्रन्थ में महाराष्ट्री, ब्राचड आदि अपभ्रंशों की जो भी प्रवृत्तियाँ मिलती हैं, वे संयोगवश हैं। उनका योगदान सर्वोपरि है।

प्राकृत—शब्दानुशासनकार त्रिविक्रम

हेमचन्द्र के बाद अपभ्रंश भाषा का विस्तृत व्याकरण, हेमचन्द्र की ही पद्धति पर निर्मित त्रिविक्रम का 'प्राकृत-शब्दानुशासन' उपलब्ध है। 'प्राकृत-शब्दानुशासन' में त्रिविक्रम ने प्राकृत-सूत्रों में उसकी रचना की है। इन सूत्रों के रचयिता के विषय में विद्वानों में मतभेद पाया जाता है। लक्ष्मीधर की 'षड्माषाचन्द्रिका' के सम्पादक श्री त्रिवेदी ने इन सूत्रों को महर्षि वाल्मीकि की रचना माना है। प्राकृत के आधुनिक विद्वानों में एक मत यह प्रचलित है कि वररुचि के सूत्र प्राकृत व्याकरण के पूर्वी सम्प्रदाय से सम्बद्ध हैं। दूसरी ओर प्राकृत व्याकरण का एक अन्य पश्चिमी सम्प्रदाय भी प्रचलित था, जिसका पहला संकेत हमें हेमचन्द्र के 'शब्दानुशासन' की व्याकरण-शैली में उपलब्ध होता है। प्राकृत व्याकरण के इस पश्चिमी सम्प्रदाय के प्रवर्तक महर्षि वाल्मीकि थे, जिन्हें कुछ लोग रामायण के रचयिता से अभिन्न मानते हैं। वाल्मीकि के ये सूत्र हेमचन्द्र के शब्दानुशासन वाले प्राकृत-सूत्रों के उत्प्रेरक माने जाते हैं। त्रिविक्रम के 'प्राकृत-शब्दानुशासन' के सूत्रों को वाल्मीकि कृत मूल सूत्र घोषित किया जाता है। वस्तुत: हेमचन्द्र ही त्रिविक्रम के उत्प्रेरक हैं और 'प्राकृत-शब्दानुशासन' के सूत्रों की तुलना हेमचन्द्रीय प्राकृत सूत्रों से करने पर यह बात और पुष्ट होती है कि त्रिविक्रम हेमचन्द्र के अपभ्रंश-सूत्रों को ज्यों-का-त्यों न लेकर उनकी पदावली और उनके क्रम में हेरफेर कर दिया है, फिर भी वृत्ति मात्र की मीमांसा, उसमें उद्धृत व्यस्त शब्दों के उदाहरण और हेमचन्द्र द्वारा व्याकरणिक प्रवृत्ति के सम्बन्ध में उद्धृत प्राय: सभी अपभ्रंश पद्यों के अविकल उद्धरण इसकी पुष्टि करते हैं। हेमचन्द्र ने 120 सूत्रों में अपभ्रंश का व्याकरण प्रस्तुत किया है। त्रिविक्रम के सूत्रों की संख्या 130 है। वस्तुत: इन वैयाकरणों को पुरानी हिन्दी की जननी भाषा अपभ्रंश को प्रतिष्ठित करने का श्रेय दिया जाना चाहिए।

हिन्दी की आकर भाषाएँ

अपभ्रंश का व्यवस्थित अध्ययन 19वीं शती में रिचर्ड मिशेल द्वारा शुरू किया गया था, उनके ग्रन्थ 'प्राकृत स्प्राखेन द्वारा। यद्यपि उन्हें पूरी सामग्री नहीं मिली थी। हेमचन्द्र के 'काव्यानुशासन' में अष्टम अध्याय के चतुर्थ पाद में उद्धृत 'अपभ्रंश दोहे' और 'काव्यमाला' से प्रकाशित प्राकृत पिंगल सूत्र इन्हीं दो महत्त्वपूर्ण साहित्यिक अंशों को मिशेल ने अपने व्याकरण के अध्ययन का विषय बनाया था। 'प्राकृत पिंगल' अपभ्रंश की रचना न होकर उस समय का संकेत करती है, जब अपभ्रंश भाषा नव्य भारतीय आर्यभाषा के रूप में विकसित हो चली थी। दूसरे शब्दों में, यह ग्रन्थ अपभ्रंश भाषा का परिचायक न होकर उसके परवर्ती रूप 'अवहट्ट' का निदर्शक है। इसके बाद सन् 1902 ई. में मिशेल ने बर्लिन से कई सारे पूर्ववर्ती और परवर्ती अपभ्रंश पद्य प्रकाशित किए, जिनका स्रोत कालिदास का 'विक्रमोर्वशीयम्', आनन्दवर्द्धन का 'ध्वन्यालोक,' धनंजय का 'दशरूपक', भोज का 'सरस्वती कंठाभरण' आदि हैं। 20वीं शती के प्रथम दशक तक अपभ्रंश साहित्य के विषय में हमारी जानकारी इतनी ही थी। आचार्य हजारीप्रसाद द्विवेदी ने ठीक ही कहा है कि, ''बहुत दिनों तक अज्ञानवश मिशेल का यह मत दोहराया जाता रहा कि अपभ्रंश का साहित्य एकदम खो गया है।'' (हिन्दी साहित्य का आदिकाल, पृ. 4)

इस सन्दर्भ में अपभ्रंश-साहित्य के इतिहास में 'भविसयत्त कहा' की खोज की घटना निस्सन्देह महत्त्वपूर्ण है। गुजरात के एक जैन भांडार से जर्मन विद्वान डॉ. याकोबी को एक अपभ्रंश काव्य मिला। उन्होंने इसी काव्य (धनपाल की भविसयत्त कहा) को बड़े परिश्रम से शोधित कर प्रकाशित किया। इसके तीन वर्ष बाद उन्होंने एक अन्य अपभ्रंश काव्य हरिभद्र सूरि के 'नेमिनाथ चरित' का एक अंश 'सनत्कुमारचरित' या 'सणकुमार चरिउ' भी भूमिका के साथ प्रकाशित किया। इसकी विद्वत्तापूर्ण भूमिका बड़ी उपयोगी है। इसे उन्होंने श्रमपूर्वक सम्पादित कर सन् 1918 में म्यूनिख से प्रकाशित किया। इसके तीन वर्ष बाद उन्होंने एक अन्य अपभ्रंश की खोज की। इन दोनों ग्रन्थों के प्रकाशन से अपभ्रंश-साहित्य की ओर अन्य भारतीय और जर्मन विद्वान आकृष्ट हुए और गुजरात के

जैन भांडारों में छिपे पड़े अपभ्रंश काव्य और रचनाओं की खोज आरम्भ हुई। श्री दलाल ने कई अपभ्रंश ग्रन्थों का पता लगाया। पिछले वर्षों में प्रो. वेलणकर ने एक महत्त्वपूर्ण सूची-ग्रन्थ 'जिनरत्न कोश' सम्पादित किया, जिसमें जैन भांडारों में छिपे पड़े अनेक संस्कृत, प्राकृत तथा अपभ्रंश ग्रन्थों का विवरण दिया गया है। इसी खोज में 'परमात्मा प्रकाश', पद्मश्री चरित, सन्देशरासक, भावनासार आदि ग्रन्थों को प्रथम बार उद्घाटित किया गया है। 'भविसयत्त कहा' का एक अन्य संस्करण श्री दलाल और गुणे के सम्पादन में बड़ौदा से प्रकाशित हुआ। इसके बाद गुजरात और राजस्थान में मुनि जिनविजय जी और मुनि पुण्यविजय जी ने, साथ ही डॉ. उपाध्ये तथा डॉ. परशुराम वैद्य ने कई ग्रन्थों को खोज निकाला और उनका विद्धत्तापूर्ण सम्पादन कर अब-तक अनुपलब्ध अपभ्रंश साहित्य को प्रकाशित किया।

पुरानी या पूर्ववर्ती अपभ्रंश-परम्परा का परिचय हमें इसी शताब्दी के प्रथम चरण में मिल पाया है। पं. हरप्रसाद शास्त्री ने 'बौद्धगान औ दोहा' नाम से सरह और काण्ह के 'दोहाकोश' को सन् 1916 ई. में प्रकाशित किया, जिनके हस्तलेख उन्हें नेपाल में मिले थे। इनकी भाषा को डॉ. शास्त्री ने पुरानी बँगला घोषित किया है। 'दोहाकोश' और 'चर्यापदों' की भाषा का वैज्ञानिक अध्ययन करते हुए एक अन्य सम्पादित संस्करण डॉ. शहीदुल्ला ने पेरिस से सन् 1928 ई. में प्रकाशित किया, जो उनके डी. लिट् शोधप्रबन्ध का रूपान्तर था। इसमें उन्होंने स्पष्टत: इनकी भाषा को अपभ्रंश कहा है। डॉ. शास्त्री के अतिरिक्त इस क्षेत्र में डॉ. प्रबोधचन्द्र बागची ने भी महत्त्वपूर्ण कार्य किया है। उन्होंने और कई बौद्ध सिद्धों के दोहे तथा पद, कलकत्ता विश्वविद्यालय के जर्नल में सन् 1918 ई. से 1921 ई. तक प्रकाशित किए। इधर, कुछ वर्षों पूर्व महापंडित राहुल सांकृत्यायन ने अनेक बौद्ध सिद्धों के पदों के तिब्बती रूपान्तरों के आधार पर अपभ्रंश पदों का पुन:निर्माण (रिकन्स्ट्रक्शन) कर तिब्बती अनुवाद तथा हिन्दी भावार्थ के साथ बिहार राष्ट्रभाषा परिषद् से प्रकाशित कराया है। परवर्ती अपभ्रंश की उल्लिखित कृतियाँ हैं—

1. कालिदास (5वीं शती)	विक्रमोर्वशीयम् (चतुर्थ अंक के अपभ्रंश पद्य)	(मैटेरिलियेन में मालवा मिशेल द्वारा सम्पादित)

2. जोइन्दु	परमात्म प्रकाश एवं योगसार	द्वारा—ए.एन. उपाध्ये
3. काण्ह (7वीं. 12वीं शती)	कृति- 'दोहाकोश'	द्वारा—एम. शहीदुल्ला,पेरिस (1928)
4. देवसेन (933 ई.)	सावयधम्म दोहा	एच. एल. जैन (1932)
5. पुष्यदन्त (965-72)	महापुराण, णायकुमार चरिउ, जसहर चरिउ	पी.एल. वैद्य (1931) एच. एल. जैन (1936)
6. कानकामर मुनि (975-1025 ई.)	करकंडु चरिउ	एच. एल जैन
7. रामसिंह (10वीं शती)	पाहुड़ दोहा	एच. एल. जैन (1933)
8. धनंजय (10वीं शती)	दशरूपक के अपभ्रंश के पद्य	सुदर्शनशास्त्री बम्बई (1914 ई.)
9. धनपाल (10वीं शती)	भविसयत्त कहा	एच. जैकोबी, मुंशेन (1918)
10. सरह (1000-1050)	दोहाकोश	एम.शहीदुल्ला, पेरिस (1928)
11. भोज	सरस्वती कंठाभरण के अपभ्रंश पद्य	
12. जिनदत्त (1113-1155)	जिनदत्त चर्चरी एवं उपदेश तरंगिणी (अपभ्रंश काव्यत्रयी)	एल. वी. गाँधी,
13. लक्ष्मणमणि (1142 ई.)	सुपासणाह चरिउ के अपभ्रंश पद्य	पं. एच. टी. सेठ

14. हरिभद्र (1156 ई.)	सनत्कुमार चरित	एच. जैकोबी, मुंशेन (1921)
15. हेमचन्द्र (1088-1172)	सिद्धहेम (व्याकरण) तथा 'कुमारपाल चरिउ'	पी. एल. वैद्य. (1928)
16. सोमप्रभु (1195)	कुमारपाल प्रतिबोध (अपभ्रंश भाग)	लुडविग आल्सडोर्फ, हम्बर्ग (1929 ई.)
17. आर1 मिशेल	माटेरियलियेनसूर	केंटूनिस डेस
18. घाहिल (9वीं शती)	पउमसिरिचरिउ	हरविल्लभ मायाणी भारतीय विद्याभवन, मुम्बई ।

इनमें अनेक रचनाएँ अप्राप्य हैं, कुछ विवादास्पद भी हैं, किन्तु आदिकाल की मूलभूत सामग्री के रूप में ये उपजीव्य अवश्य हैं।

(क) प्राकृतपूर्व

संस्कृत के पश्चात् सबसे विशाल भाषा-परिवार बना प्राकृत का। कालक्रम में इसके छह भेद देशभर में विकसित हुए—(1) महाराष्ट्री, (2) शौरसेनी, (3) मागधी, (4) अर्द्धमागधी, (5) पैशाची और (6) चूलिका पैशाची। इनका संक्षिप्त परिचय निम्नवत् है—

1. महाराष्ट्री प्राकृत

इतिहासकारों ने महाराष्ट्री प्राकृत के व्याकरण का इतिहास उदारतापूर्वक नहीं लिखा है। उन्होंने संस्कृत भाषा को प्रकृत माना है और प्राकृतों को उनकी विकृति माना है। उनका कथन है—

'प्रकृतिः' संस्कृत, तत्र भवं प्राकृतमुच्यते'। (प्राकृत सर्वस्व)

''प्रकृतिः' संस्कृत, तत्र भवं तत आगतं वा प्राकृतम्।'' (हेमचन्द्राचार्य, प्राकृत व्याकरण)

''प्रकृतेः संस्कृतादागतं प्राकृतम्' (वाग्भटालंकार टीका)

संस्कृत के इन विद्वानों ने मूल भाषा मानकर महाराष्ट्री प्राकृत को उसका विकार माना है। उन्होंने मात्र संस्कृत महाराष्ट्री के भेद सूत्रबद्ध किए हैं। आचार्य वररुचि ने अपने 'प्राकृत-प्रकाश' के नौ परिच्छेदों में इसी दृष्टि से महाराष्ट्री

प्राकृत का व्याकरण बनाया है। आचार्य दंडी ने अपने 'काव्यादर्श' में वररुचि का समर्थन किया है। उन्होंने लिखा है, ''महाराष्ट्रास्याँ भाषां प्रकृष्टं प्राकृतं विद्:'' अर्थात् महाराष्ट्री भाषा ही उत्तम प्राकृत भाषा समझी जाती है।

(2) शौरसेनी प्राकृत

इसकी प्रकृति संस्कृत जैसी ही मानी गई है। शौरसेनी प्राकृत गद्य में ज्यादा सफल हुई है। पद्य में महाराष्ट्री आगे रही है। संस्कृत के कई नाटकों में संवाद प्राय: शौरसेनी में ही रखे गए हैं। राजशेखर ने 'कर्पूरमंजरी' का सारा गद्य शौरसेनी में लिखा है। अश्वघोष के नाटकों में भी शौरसेनी भाषा प्रयुक्त हुई है। शौरसेनी का आधुनिक रूप भास, कालिदास, शूद्रक इत्यादि के नाटकों में मिलता है। वस्तुत: ब्रज की पूर्वज है शौरसेनी। यह मूलत: शूरसेन प्रदेश (मथुरा) की भाषा रही है। मध्यदेश की भाषा होने के कारण यह संस्कृत के काफी निकट रही है। संस्कृत नाटकों में स्त्री-पात्र और विदूषक इसका मुक्त प्रयोग करते रहे हैं। शौरसेनी की मुख्य विशेषताएँ हैं—

(क) स्वर-मध्यम 'द् ध्' (मूल तथा 'त्, ध्' के परिवर्तित रूप दोनों प्रकार के) सुरक्षित हैं। यथा, आगत:—आवदो, कथ्यत: कथेदु कृत-कद-किद।

(ख) क्ष-क्ख, यथा-कुक्षि-कुक्खि, (कोख), इक्षु-इक्खु (ईख)

(ग) संयुक्त व्यंजनों में से एक का तिरोभाव कर पूर्ववर्ती-स्वर को दीर्घ करने की प्रवृत्ति शौरसेनी में अधिक नहीं मिलती।

(घ) इसमें विधि के प्रकार संस्कृत के समान बनते हैं। महाराष्ट्री एवं अर्द्धमागधी के समान इनमें 'एज्ज' प्रत्यय नहीं लगता। यथा—शौ वट्टे महाराष्ट्री एवं अर्द्धमागधी-वट्टेज्ज-वर्तते।

स्पष्ट है कि इसकी निजता बराबर परिलक्षित होती रही है।

(3) मागधी प्राकृत

यह मगध (बिहार) की भाषा रही है। संस्कृत नाटकों में निम्न (अवर्ण) पात्र प्राय: मागधी बोलते हैं। कारण यह है कि उत्तरवर्ती प्राकृत वैयाकरण पालि से परिचित नहीं थे। संस्कृत नाटकों के कुछ काव्य ग्रन्थों एवं जैन धार्मिक ग्रन्थों में व्यवहृत प्राकृत पर ही इन वैयाकरणों ने विचार किया है। फलत: प्राकृत शब्द जैन आगमों की 'आर्षी' अथवा अर्द्धमागधी बोली तथा साहित्यिक रचनाओं की 'मागधी', 'शौरसेनी', 'महाराष्ट्री' 'पैशाची' आदि बोलियों के अर्थ में रूढ़ हो गया। यह ज्ञातव्य है कि पालि में बौद्धधर्म के थेरवाद (स्थविरवाद) तथा हीनयान

सम्प्रदाय का साहित्य ज्यादा रचा गया है। मगध सम्राट अशोक के पुत्र राजकुमार महिन्द्र (महेन्द्र) ने श्रीलंका में थेरवाद का प्रचार किया और वह लंका-नरेश 'वट्टकामणि' अभय के संरक्षण में थेरवाद त्रिपिटक में लिपिबद्ध हुआ। श्रीलंका में पालि साहित्य की विशेष अभिवृद्धि हुई। मूल त्रिपिटक पर कई अट्ठकथाएँ लिखी गईं और 'विसुद्धिमग्ग दीपवंश' एवं 'मिलिन्दपहों' जैसे बौद्धधर्म ग्रन्थों का प्रणयन हुआ। थेरवाद का प्रचार बर्मा, स्याम, हिन्दचीन आदि देशों में भी हुआ। इन देशों में अपनी-अपनी लिपियों में कई पालि त्रिपिटक ग्रन्थ लिखे गए हैं।

यह 'पालि' शब्द किसी भाषा विशेष का द्योतक नहीं है। फिर प्रश्न यह उठता है कि इस विशाल त्रिपिटक (पालि) साहित्य का निर्माण आखिर किस भाषा में हुआ? इस विषय में विद्वानों में 'विचार वैविध्य है, किन्तु बहुमत मागधी भाषा के पक्ष में है। वस्तुस्थिति यह है कि त्रिपिटक का संग्रह पालि के अतिरिक्त संस्कृत तथा अनेक प्राकृतों में भी हुआ था। तिब्बती परम्परा के अनुसार 'मूल-सर्वास्तिवाद' ग्रन्थ संस्कृत में 'सहासंधिक' प्राकृत में 'महासम्मतिय' अपभ्रंश में और स्थविरवादियों के ग्रन्थ पैशाची में रचे गए थे। स्वयं भगवान् बुद्ध से भी कुछ भिक्षुओं ने प्रश्न किए थे कि क्यों न बुद्धवचनों को छन्दस की भाषा में ग्रन्थित कर दिया जाए। भगवान् बुद्ध का इस सम्बन्ध में स्पष्ट आदेश था कि सब अपनी-अपनी भाषा का प्रयोग करें। कतिपय आधुनिक विद्वानों ने 'सकाय निरुत्तिया' से अपनी-अपनी भाषा का ही अर्थ ग्रहण किया है। 'सकाय निरुत्तिया' अर्थात् अपनी-अपनी भाषा में बुद्धवचनों को जानने की अनुमति बुद्ध द्वारा प्रदान की गई, किन्तु अपनी कई भाषाओं में बुद्धजनों के होने से कई प्रकार के दोषों की मिलावट की आशंका थी, इसलिए उस समय की परिनिष्ठित भाषा अर्थात् छन्दस की भाषा का प्रयोग करने की कुछ भिक्षुओं ने प्रार्थना की, जिसे बुद्ध ने अस्वीकार कर दिया, क्योंकि बुद्ध उपर्युक्त दोषों से परिचित थे। वे जानते थे कि ऐसा होने से बहुत बड़ी गड़बड़ी हो जाएगी, क्योंकि बौद्ध संघ में भारत के अनेक भागों के भिक्षु थे, जिनकी भिन्न-भिन्न भाषाएँ थीं। मैथिली, भोजपुरी, मगही, बुन्देलखंडी, मराठी, पंजाबी, सिन्धी आदि भाषा-भाषी तब एक जगह एकत्र होते थे और विभिन्न भाषा-भाषी परस्पर बात करते थे। वे उस समय की परिनिष्ठित भाषा का प्रयोग करते थे। जब एक भाषा को समझनेवाले दो भिक्षु आपस में मिलते थे, तब वे अपनी-अपनी भाषा या बोली का प्रयोग करते थे, किन्तु दूसरे से बात करते समय इसका ध्यान रखते थे, और उस समय की राजभाषा में (जो पूरे मध्य देश की भाषा थी) बात करते थे। उस समय मगध साम्राज्य का सर्वत्र प्रभाव था। महाराज बिम्बिसार और अजातशत्रु का संरक्षण बुद्ध और संघ को प्राप्त

था। अंग, काशी, कोशल और वैशाली पर मगध साम्राज्य छाया हुआ था। अत: उस समय मध्य देश की भाषा मागधी थी। अपनी भाषा से बुद्ध का यही मन्तव्य था। संकाय का प्रयोग यहाँ बहुवचन के अर्थ में हुआ है। ऐसा होने से सारी परिस्थितियाँ सुलझ जाती हैं। आचार्य बुद्धघोष ने प्रकारान्तर से इसे ही स्वीकारा है—'सत्थसका निरुत्ति नाम सम्मा सम्बुद्धेन वुत्तप्पकारों मागध को वोहारो।'' यही अर्थ समीचीन जान पड़ता है। कई विद्वानों का कथन है कि त्रिपिटक का मूल रूप मागधी में रहा होगा। अन्य जनपदीय बोलियों में उसका अनुवाद हुआ होगा। मागधी 'प्राच्या' एक रूप थी। 'श' कार का प्रयोग उसकी अपनी विशेषता थी। वह जनभाषा थी, राजभाषा नहीं। वह भाषा काशी, कोशल, विदेह और मगध में लोक-व्यवहार की भाषा थी, अत: बुद्ध ने इसी में अपने उपदेश दिए।

कई विदेशी विद्वानों, सिल्वयाँ लेवी तथा लूडर्स का मत है कि पालि एवं संस्कृत-त्रिपिटक मूल मागधी त्रिपिटक के अनुवाद हैं। अनुवादों की असावधानीवश और छन्द के आग्रह के कारण इसमें कई मागधी रूप भी आ गए हैं। चीन में ईसा की प्रथम दो शताब्दियों में जो बौद्ध-ग्रन्थ प्राप्त हुए हैं, वे मागधी के ही हैं। वे पालि अथवा संस्कृत के निकट न होकर मागधी के अत्यधिक निकट दिखते हैं।

सम्प्रति सिंहल के भिक्षु पालि को मागधी भाषा मानते हैं, क्योंकि बुद्ध ने मागधी में अपने उपदेश दिए थे और मगध के ही एक राजपुत्र ने इसे सिंहल तक पहुँचाया था। इसीलिए सिंहलियों ने ''सा मागधी मूल भाषा'' कहकर इसकी प्रशंसा की है। साहित्यिक भाषा बन जाने पर पालि में प्राच्य भाषा तथा पैशाची के रूपों को भी स्थान मिलने लगा और संस्कृत शब्दों के तत्सम, अर्द्धतत्सम एवं तद्भव रूप प्रयुक्त होने लगे। इसी कारण पालि में एक शब्द के दो रूप मिलते हैं। इसकी कुछ विशेषताएँ द्रष्टव्य हैं। जैसे—

1—मागधी में 'र' ध्वनि का अभाव है। वहाँ 'र' के स्थान पर 'ल' पाया जाता है। यथा राजा > लाजा, पुरुष > पुलिशे

2—'स', ष के स्थान पर 'श' का प्रयोग—यथा शुष्क ्न शुश्क, समर-शमल

3—ज>य, झह की परिणति है जैसे—

जानति> गाणदि, जनपद >गणवद, अद्य>अम्म

प्राकृत-वैयाकरणों ने मागधी की कुछ विकृतियों का विश्लेषण किया है। चांडाली तथा शावरी इसी मागधी की विकृतियाँ हैं और 'शाकारी' इसकी विभाषा प्रतीत होती है। 'शाकारी' मागधी की निम्नलिखित विशेषताएँ ध्यातव्य हैं—

क— 'च्' के स्थान पर 'श्च:' यथा—रिचष्ठ चिष्ठ-तिष्ठ।

ख— सम्बन्धकारक एकवचन में 'अह' (आह) प्रत्यय:,
यथा—चालुदत्ताह—चारुदत्तस्य।

ग—अधिकरण एकवचन में 'आहि' प्रत्यय, यथा पवहणाहिं—प्रवहणे।

इस प्रकार मागधी की निजता स्वत: सिद्ध है।

(4) पैशाची प्राकृत

इस प्राकृत की कोई साहित्यिक रचना प्राप्य नहीं है। गुणाढ्य की 'वृहत्कथा' सातवाहन नरेश के समय मूलत: पैशाची में लिखी गई थी, परन्तु आज यह प्राप्त नहीं है। पैशाची को पिशाचों की भाषा कहा गया है। गुणाढ्य ने इसी भाषा में चमड़े पर खून की स्याही से अपनी वृहत्कथा (वड्डकथा) की रचना की थी। इसकी मुख्य विशेषताएँ हैं—

क—पैशाची की प्रकृति शौरसेनी से अभिन्न है इसमें वर्गों में तृतीय, चतुर्थ वर्ण यदि संयुक्त न हों और पदों के आदि में न हों तो उनके स्थान पर वर्गों के प्रथम और द्वितीय अक्षर होते हैं। जैसे—पंच-मेखों, राजा-रा, सरभसम्—सरफस, शलभ—सलफो।

ख—इसमें इव के स्थान पर पिव का प्रयोग होता है।

यथा—'कमलमिवमुखम्' के बदले 'कमलपिवमुखम्' का प्रयोग।

(5) अर्द्ध-मागधी प्राकृत

यह भाषा मगध के अर्द्धभाग (पश्चिम भाग) की भाषा थी। तथ्य तो यह है कि इस भाषा के बोलनेवाले आधे मगध में ही नहीं, बल्कि युक्त-प्रान्त के पूर्वी जिलों में भी रहते थे। यह सोन नदी और सरयू नदी के पश्चिम में इलाहाबाद तक बोली जाती थी। यह मुख्यत: काशी, कोशल प्रदेश की भाषा थी। भोजपुरी और अवधी इसी भाषा से निकली हैं। जैन आचार्यों ने इसी भाषा में अपने शास्त्रों की रचना की है। वे इसको 'आर्षी' भाषा मानते थे। अर्द्धमागधी का प्रयोग कई संस्कृत नाटकों में हुआ है। मध्य एशिया में प्राप्त अश्वघोष के संस्कृत नाटक 'सारिपुत्त प्रकरण' इसी में लिखित एक महत्त्वपूर्ण रचना है। यह कालिदास के पूर्व की रचना है। इसमें अर्द्धमागधी के काफी प्रयोग दिखते हैं। इसकी विशेषताएँ हैं—

क—यदि 'क' अक्षर किसी शब्द के आदि में न हो तो वह 'ग' हो जाता है। जैसे लोक—लोग, शावक-सावग।

अर्द्धमागधी में, शौरसेनी एवं मागधी दोनों के लक्षण मिलते हैं। इसमें 'र' एवं 'ल' दोनों ही ध्वनियाँ विद्यमान हैं। प्रथमा एकवचन का रूप एकारान्त (मागधी के समान) तथा ओकारान्त (शौरसेनी के समान) होता है। 'श' तथा 'ष' के स्थान पर इसमें 'स' तथा 'स्म' का प्रतिरूप 'स' मिलता है। यथा—लोकास्मिन् लोकम्हिं—लोयन्सि, तस्मिन्—तेसि। अर्द्धमागधी की एक विशिष्टता यह है कि स्वर मध्यम लुप्त स्पर्श-व्यंजनों का स्थान 'म्' ध्वनि ले लेती है। इसको 'य-श्रुति' कहते हैं। जैसे—सागर-सामर स्थित-ठिय, कृत-कय (हिन्दी-क्रिया) कहीं-कहीं स्वर मध्यम सघोष स्पर्श व्यंजन भी हैं, यथा—लोगंसि-लोकस्मिन्। 'स्म' के स्थान पर यहाँ प्राय: 'स' हो गया है और पूर्ववर्ती स्वर दीर्घ हो गया है, यथा-वास-वस्स वर्ष। अन्य प्राकृतों की अपेक्षा अर्द्धमागधी में दन्त्य व्यंजनों के मूर्द्धन्यादेश की प्रवृत्ति बहुत अधिक है। संस्कृत के पूर्वकालिक क्रिया के प्रत्यय—'त्वा' एवं 'त्य' अर्द्धमागधी में 'ता' एवं 'यच्चा' के रूप में सुरक्षित है। 'तुमुन्नत' शब्दों का व्यवहार अर्द्धमागधी में पूर्वकालिक क्रिया के समान किया गया है। यथा, काउ-कर्तुम् का प्रयोग 'कृत्वा' के स्थान पर हुआ है।

अनेक जैन आचार्यों ने महाराष्ट्री तथा शौरसेनी में भी शास्त्रों की रचना की है। परन्तु उनकी भाषा अर्द्धमागधी से बहुत प्रभावित रही है। यही कारण है कि इनको जैन-महाराष्ट्री एवं जैन-शौरसेनी से सम्बन्धित किया गया है। स्पष्टत: इसकी अपनी स्थिति बहुत सुदृढ़ रही है।

(6) चूलिका

यह भाषा 'कुमारपालचरित', 'काव्यानुशासन', 'हम्मीर रासो' तथा षड्भाषा स्तोत्र में पाई जाती है। उसका रूप प्रचलित नहीं हो पाया, फिर भी भाषा के इतिहास में वह उल्लेखनीय है। इस प्रकार प्रकट है कि प्राकृत भाषाओं का बड़ा महत्त्व रहा है।

(ख) पालि

यह दक्षिणी बौद्धों की माध्यम-भाषा रही है। इसकी स्थिति तीसरी-चौथी-पाँचवीं सदी में दिखाई देती है। पालि का एक अर्थ है, 'बुद्धवचन'। दूसरा अर्थ है पंक्ति। तीसरा अर्थ है 'पालि' गाँव की अर्थात् ग्राम्य भाषा। चौथा अर्थ निकाला गया 'पाल' अर्थात् रक्षा करने से। मैक्सवेलेसर इसे पाटलिपुत्र से जोड़ते हैं। कुछ विद्वान इसे 'पर्याय' शब्द से विकसित मानते हैं। मुख्यत: यह मगध, विन्ध्य प्रदेश

और उज्जैन की बोली थी, जो मागधी, पैशाची, कोशली, कलिंग और श्रीलंका की भाषा से मिलकर बनी है। इसका मुख्य क्षेत्र मध्य भारत रहा है। वहाँ यह शौरसेनी प्राकृत का पूर्व रूप प्रतीत होती है।

पालि साहित्य में जातक, धम्मपद, अट्ठकथा, महावंश, पिटक, अनुपिटक आदि महत्त्वपूर्ण ग्रन्थ हैं। इसमें 41/43 ध्वनियाँ मानी गई हैं। यह बलाघातपूर्ण भाषा है। इसका व्याकरण वैविध्यपूर्ण एवं काफी सरल है। इसकी कई उपभाषाएँ या बोलियाँ पाई जाती हैं, जैसे—पश्चिमोत्तरी, पूर्वी, उत्तरी, दक्षिणी, मध्य आदि। हिन्दी भाषा के निर्माण में पालि की बड़ी भूमिका रही है। इसने हमें तद्भव शब्दावली दी है। जैसे—मग (मार्ग) होत होता (भवति) फरसु (परशु) कम्म-काम (कर्म) आदि। अस्तु, आदिकालीन हिन्दी भाषा के विकास क्रम के पालि को देखना आवश्यक है।

(ग) अपभ्रंश

यह हिन्दी की एक आकर भाषा है, जिसे 'पुरानी हिन्दी' भी कहा जाता है। अपभ्रंश भाषा, अनेक भाषाओं का एक समुदाय है। प्राकृत जब साहित्यिक भाषा के रूप में स्थिर हो गई तो उसकी बोलचाल की भाषा का स्थान अपभ्रंश ने ले लिया। यह समय 700 ई. से 1200 ई. तक माना जाता है। यह सुविदित है कि परवर्ती अपभ्रंश भाषा के बहुत-से रूप प्रचलित थे। जैसे महाराष्ट्री अपभ्रंश, मागधी अपभ्रंश, अर्द्धमागधी अपभ्रंश, शौरसेनी अपभ्रंश और पैशाची अपभ्रंश।

अपभ्रंश के अन्य कई भेद बतलाए जाते हैं, जैसे—ब्राचड, उपनागर, बारेन्द्री इत्यादि। सम्भव है कि इनके अतिरिक्त अपभ्रंश भाषा के और भी कई भेद रहे हों, किन्तु उन सबका साहित्य आज प्राप्त नहीं है। 'नमिसाधु' ने अपने काव्यालंकार की व्याख्या में अपभ्रंश को भाषा माना है। इससे स्पष्ट है कि अपभ्रंश उस भाषा-समुदाय का नाम था, जो साहित्यिक प्राकृतों से मिलता-जुलता रूप था और उन्हीं प्रचलित रूपों से उत्पन्न हुआ था। दंडी के अनुसार, उस समय आभीरों की भाषा को अपभ्रंश कहा जाता था। संस्कृत नाटकों में तथाकथित निम्न वर्ग के पात्र अपभ्रंश बोला करते थे। अपभ्रंश के अधिकांश रूप अप्राप्य हैं, अत: उसके भिन्न-भिन्न रूपों को अपभ्रंश के वैयाकरण नागर अपभ्रंश में ही सम्मिलित कर लेते हैं। इन भिन्न-भिन्न अपभ्रंशों के नामकरण उसकी बोलने वाली जाति तथा उसके प्रचार-क्षेत्र के आधार पर हुए हैं। महाराष्ट्री का नाम या तो मराठा जाति के कारण पड़ा होगा या महाराष्ट्र देश में बोलने के कारण पड़ा होगा। शौरसेनी, शूरसेन मथुरा की भाषा थी और मागधी पश्चिमी मगध से लेकर प्रयाग तक की

भाषा थी। शेष मगध की भाषा मागधी थी। पैशाची अपभ्रंश पिशाच जाति की भाषा थी, जो पश्चिमोत्तर प्रदेश और पंजाब की एक प्रजाति थी। अपभ्रंश का अर्थ होता है भ्रष्ट या बिगड़ा हुआ। उसे यह नाम इसलिए मिला है कि वह विशुद्ध प्राकृतों से भिन्न शब्दों से बनी हुई थी। उसमें ऐसे शब्दों का प्रयोग होता था, जो प्रचलित प्राकृत व्याकरण की दृष्टि से अशुद्ध थे।

1. अपभ्रंश का उद्‌भव और विकास

अधिकतर विद्वानों के अनुसार आज से लगभग चार हजार वर्ष पूर्व वैदिक संस्कृत का उद्‌भव हुआ था। उसमें ऋग्वेद जैसे महत्त्वपूर्ण काव्य की सृष्टि हो चुकी थी। धीरे-धीरे सभ्यता के साथ-साथ कला का विकास हुआ, फलत: सामवेद की रचना हुई। उसके अलौकिक संगीत से आर्य जाति का हृदय आनन्द-विभोर हो उठा। फिर जीवन में जटिलता आई। सर्वत्र कर्मकांड की प्रधानता हो गई। यज्ञ सम्बन्धी विधियों से यजुर्वेद और ब्राह्मण ग्रन्थों की रचना हुई। प्राचीन शब्दों की व्युत्पत्ति और अर्थ पर विचार होने लगा। सर्वव्यापी ब्रह्म की प्राप्ति की धुन सवार हुई। तब तक अथर्ववेद भी चतुर्थ वेद के नाम से विख्यात हो गया था। संहिताओं और ब्राह्मणों के अतिरिक्त उसमें कई आरण्यकों और उपनिषदों की रचना हुई। ब्रह्म ज्ञान की जिज्ञासा जब बलवती हो गई तो जीवन में दार्शनिकता का प्रवेश हुआ। फलस्वरूप वेद मन्त्रों के आधार पर छह दर्शनों की उत्पत्ति हुई। इससे वैदिक संस्कृत के रूप में परिवर्तन हुआ। तभी महर्षि पाणिनि का व्याकरण बना और लौकिक संस्कृत फलने-फूलने लगी। महर्षि वाल्मीकि द्वारा रचित 'रामायण' आदिकाव्य बना। फिर 'जय' काव्य की रचना हुई। उसने विकसित होकर महाभारत का रूप धारण कर लिया। इसी क्रम में 18 पुराण बने, जिससे संस्कृत भाषा का पूरे भारतीय साहित्य पर एकच्छत्र शासन स्थापित हो गया।

संस्कृत इस बीच जनता की बोलचाल की भाषा न रही। उसकी महिमा साहित्य में केन्द्रित हो गई। वैदिक युग में जिस सरस संस्कृत का बोलचल में व्यवहार होता था, उसमें बहुत-कुछ परिवर्तन हो गया। कर्मकांड की प्रबलता के कारण वैदिक संस्कृत की प्रतिस्पर्द्धा में पालि भाषा को प्रश्रय मिला। इसी बीच भगवान बुद्ध का अवतरण हुआ और उन्होंने अपना नया धर्म चलाया। उन्होंने संस्कृत छोड़कर देशी भाषा को अपनाया। इस प्रकार मध्यकालीन भारतीय आर्यभाषाओं का श्रीगणेश हुआ। देशी भाषा (पालि) में बौद्धधर्म का प्रचार हुआ। वर्धमान महावीर ने प्राकृत भाषा में जैनधर्म का प्रचार किया। इससे प्राकृत भी साहित्यिक रूप धारण करने लगी। राहुल जी ने ठीक ही कहा है कि नदी के प्रवाह

की तरह भाषा का प्रवाह गतिशील रहता है। यह भाषा जितनी बदलती गई, उतनी ही हमारे पूर्वजों की इन भाषा-कृतियों में अधिकाधिक श्रद्धा बढ़ती गई। आज भी वह हमारे संस्कृत-प्रेम के रूप में प्रतिष्ठित है। समय बीतने के साथ ही संस्कृतज्ञ लोग इस चिन्ता में पड़े कि कैसे हम उसको सुरक्षित और सजीव रखें। इसके लिए उन्होंने (वेद) मन्त्रों को जहाँ संहिता, पद, जटा, घन आदि नाना क्रमों से कंठस्थ करके सुरक्षित किया, वहीं उस भाषा की भीतर बनावट के लिए अपनी-अपनी शाखा के 'प्रातिशाख्य', 'व्याकरण' बनाए। तब तक बोलचाल की भाषा में बहुत अन्तुर हो चुका था। ईसा पूर्व छठी शताब्दी में गौतम बुद्ध उत्पन्न हुए थे। उन्होंने किसी 'भाषा' पर विशेष दया करके नहीं, बल्कि सर्वाधिक प्रचलित और उपयुक्त होने से लोकभाषा में लोगों को धर्मोपदेश दिया। हाँ, जब मगध, कोशल, पुरु, अवन्ती, गन्धार के शिष्य बुद्ध के दिए उपदेशों (सूक्तों-सूत्तों) का अपनी-अपनी भाषा (निरुक्ति) में पाठ करने लगे तो कुछ शिष्यों को सूक्तों की भाषा के फेर-बदल खटकने लगे और उन्होंने चाहा कि उसे हजार वर्ष की पुरानी भाषा में बदल करके सुरक्षित कर लिया जाए। बुद्ध ने उसे मना ही नहीं किया, बल्कि ऐसा करने को एक अपराध करार दिया। दूसरी ओर आचार्य भरत ने नाट्यशास्त्र की रचना की। उन्होंने स्वाभाविकता के विचार से नाटकों में भिन्न-भिन्न प्रान्तों और परिस्थिति वालों के लिए भिन्न-भिन्न भाषाओं का प्रयोग उचित बतलाया। इस प्रकार संस्कृत और पालि की त्रिवेणी भारतीय साहित्य में अविच्छिन्न रूप में लगभग ईसा की पाँचवीं शताब्दी तक प्रवाहित रही। इन भाषाओं में बहुत-से धार्मिक ग्रन्थ लिखे गए। अनेक काव्यों, नाटकों और कथा-कहानियों की सृष्टि हुई और वह अपनी चरम सीमा पर पहुँच गई। इस समय तक तीनों में से कोई भी लोकभाषा नहीं रह गई थी। जनता में एक मिश्रित भाषा का प्रचार हो गया था, जिसे 'अपभ्रंश' नाम दिया गया। इस सम्बन्ध में राहुल जी का मत उद्धृत करना समीचीन होगा। ईसा पूर्व चौथी शताब्दी में जब मगध का विशाल साम्राज्य स्थापित हुआ और लक्ष्मी के साथ सरस्वती ने भी मगध में पधारकर उसे शक्ति एवं सभ्यता का केन्द्र बना दिया, तब भाषिक अवस्था बदल गई। इसमें मगध में उत्पन्न बौद्ध, जैन जैसे महान दार्शनिक सम्प्रदाय (जो कि सिन्धु तक फैलते जा रहे थे) सहायक सिद्ध हुए। फलत: मगध सभ्यता का केन्द्र बनने के साथ अपनी भाषा को सारे संसार में सम्मानित कराने में सफल हुआ। इस प्रकार सम्राटों की भाषा होने से मागधी ने सारे भारत में, इतना सम्मान पाया कि परवर्ती नाटककारों को, राजपुत्रों तथा दूसरे उच्च पात्रों के लिए मागधी भाषा रखने का निर्देश करना पड़ा। मागधी का प्राचीनतम उपलब्ध रूप उड़ीसा, बिहार और उत्तर प्रदेश में मिलने वाले सम्राट अशोक के शिलालेखों में हैं।

विचारणीय प्रश्न यह है कि अपभ्रंश भाषा की उत्पत्ति कब हुई? इस सम्बन्ध में हमें यह देखना होगा कि अपभ्रंश शब्द का उल्लेख कहाँ-कहाँ और किन-किन अर्थों में हुआ है। सबसे पहले अपभ्रंश शब्द का उल्लेख व्याकरण महाभाष्य के रचयिता महर्षि पतंजलि ने किया है। उन्होंने लिखा है—एकै कस्यहि शब्दस्य बहवोपभ्रंशा:। अर्थात् हर एक शब्द के कई अपभ्रंश (बिगड़े रूप) हैं। जैसे—'गौ:' शब्द के 'गावी', 'गोणी', 'गोता', 'गोपोतलिका' इत्यादि अपभ्रंश हैं।

महर्षि पतंजलि का समय ईसा से दो शताब्दी पूर्व का है। यहाँ अपभ्रंश से उनका अभिप्राय बिगड़ी हुई संस्कृत से है। ईसा की दूसरी सदी में वर्तमान नाट्यशास्त्र के रचयिता भरत मुनि के 'विभ्रंश' या 'विभ्रष्ट' का अर्थ भी 'बिगड़ी संस्कृत' ही है। अतएव पतंजलि या भरत के युग में जनता की भाषा के रूप में अपभ्रंश का उल्लेख नहीं माना जा सकता। भरत के नाट्यशास्त्र में संस्कृत और प्राकृत के साथ-साथ 'देसभाषा' का उल्लेख मिलता है। यथा—एवमेतत्तु विज्ञेयं प्राकृतं तथा अत: ऊर्ध्व प्रवक्ष्यामि देसभाषा—प्रकल्पनम्। अर्थात् मैं देस-भाषा के भेद प्रदर्शित करूँगा। इसी देसभाषा में उन्होंने शवर, आभीर, चांडाल, सचर, द्रविड़, ओड़ तथा बनेचरों की विभाषाओं की गणना की है। इस प्रकार स्पष्ट है कि अपभ्रंश भाषा का उल्लेख नाट्यशास्त्र में नहीं है। किन्तु उसकी विभाषाएँ किसी नई भाषा के अस्तित्व की सूचना देती हैं, जिसे हम अपभ्रंश भाषा का पूर्व रूप कह सकते हैं।

इस 'विभाषा' से बनती हुई नई अपभ्रंश भाषा का अभिप्राय भरत मुनि का हो सकता है। इस तथ्य का अनुमान हमें उनके उन श्लाकों में मिलता है, जिनमें उन्होंने भिन्न-भिन्न देश वालों के लिए भिन्न-भिन्न भाषाओं का प्रयोग करने का आदेश नाट्यकारों को दिया है। उन्होंने लिखा है कि वे देश जो हिमालय के आस-पास हैं, उनके तथा सिन्ध और सौवीर के निवासियों के लिए उकार बहुला भाषा का प्रयोग होना चाहिए। 'उकार' अपभ्रंश का एक सर्व स्वीकृत लक्षण है, अत: इस श्लोक से उपर्युक्त देशों में उसके अस्तित्व की सूचना मिलती है। सम्भव है, तब तक यह विकसित रूप में न रहा हो। शायद उसका विकास और नामकरण बाद में हुआ है। ज्ञातव्य है कि आभीर जाति का निवास इन्हीं प्रान्तों में था और उन्हीं की भाषा को दंडी ने अपभ्रंश कहा था—

आभीरादिगिर: काव्येष्वपभ्रंश इतिस्मृता:।

(दंडी-काव्यादर्श)

भरत मुनि का परिचय इसी अपभ्रंश भाषा से था, इसमें कोई सन्देह नहीं। अपने नाट्यशास्त्र के 32वें अध्याय में उन्होंने छन्दों के लक्षण दिए हैं। उसमें 'मोरुल्लउ नच्चन्तउ' जैसी शब्दावली भी है, जो अपभ्रंश ही है।

इस प्रकार स्पष्ट है कि भरत मुनि के समय में यह भाषा अपने प्रारम्भिक रूप में विद्यमान थी। इसके बोलने वाले अभी तक पंजाब और सिन्ध देश में थे। इस समय तक इसका अपना कोई साहित्य न था। इसके बोलनवाले की संख्या भी बहुत कम थी।

परवर्ती अपभ्रंश की उत्पत्ति के सम्बन्ध में बल्लभी के राजा धरसेन-द्वितीय का शिलालेख विशेष महत्त्व का है। वह शिलालेख काठियावाड़ में मिला है। धरसेन ने अपने पिता के सम्बन्ध में लिखा, ''संस्कृत प्राकृतापभ्रंश भाषात्रय-प्रतिबद्ध प्रबन्ध रचना—निपुणतः करणः'' अर्थात् वे संस्कृत, प्राकृत और अपभ्रंश में रचना करने में निपुण थे। धरसेन के पिता का नाम गुहसेन था। उनके शिलालेख सन् 559 से सन् 569 तक के मिलते हैं। इससे स्पष्ट है कि छठी शताब्दी के मध्य में ही अपभ्रंश-साहित्य की रचना होने लगी थी। यद्यपि अभी तक उस काल की कोई रचना हमें उपलब्ध नहीं हो सकी है। भामह ने, (छठी शताब्दी) अपभ्रंश भाषा का उल्लेख किया है। वे उसे एक काव्यभाषा भी स्वीकार करते हैं—

'शब्दार्थौ साहितौ काव्यं गद्यं पद्यं च तद्द्विधा।
संस्कृतं, प्राकृतं, चान्यदपभ्रंश इति त्रिधा।।'

अर्थात् ''शब्द और अर्थ के संयोग को काव्य कहते हैं। वह दो प्रकार का होता है गद्य और पद्य। फिर संस्कृत, प्राकृत और अपभ्रंश के भेद से वह तीन प्रकार का हो जाता है। दंडी ने भी अपभ्रंश को काव्य की चार भाषाओं में से एक भाषा माना है। उनके ग्रन्थ 'काव्यादर्श' से यह ज्ञात होता है कि अपभ्रंश में अब तक काफी साहित्य-रचना हो चुकी थी और साहित्यिक अपभ्रंश के अतिरिक्त एक ऐसी भी अपभ्रंश थी जो सर्वसाधारण, यहाँ तक कि अपठित वर्ग में भी बोली जाती थी। दंडी का समय पूर्णतः निश्चित नहीं है। वह सातवीं-आठवीं शताब्दियों के बीच प्रतीत होता है। इस सन्दर्भ में डॉ. उदय नारायण तिवारी का यह मत काफी महत्त्वपूर्ण है, ''मैथिली, मगही, भोजपुरी एवं बँगला, उड़िया तथा असमिया की उत्पत्ति मागधी प्राकृत अपभ्रंश से हुई है। यह प्राकृत मूलत; उन आर्यों की भाषा थी, जिसे हार्नेली तथा ग्रियर्सन ने बाहरी आर्यों के नाम से अभिहित किया है। ग्रियर्सन के अनुसार, अत्यन्त प्राचीन काल में, मागधी का प्रसार उत्तरी भारत में भी था; किन्तु कालान्तर में शौरसनी के प्रभाव के

कारण, मागधी दक्षिण तथा पूरब की ओर फैल गई। उस युग में इस मागधी का ठीक-ठीक स्वरूप क्या था, यह आज कहना कठिन है। ऐसा प्रतीत होता है कि दक्षिण तथा पूरब के प्रसार में, मागधी ने कई अनार्य भाषाओं पर विजय प्राप्त की होगी।

ज्ञातव्य है कि शौरसेनी तथा मागधी के बीच अर्द्धमागधी का क्षेत्र है। अर्द्धमागधी में शौरसेनी तथा मागधी दोनों की विशेषताएँ वर्तमान हैं। किन्तु अर्द्धमागधी शौरसेनी का भी प्रभाव है। यथासमय शौरसेनी अपने केन्द्र मध्यदेश से पूरब की ओर बढ़ी और इसने अर्द्धमागधी के पश्चिमी क्षेत्र पर अधिकार कर लिया। मागधी अर्द्धमागधी के पूर्वी क्षेत्र की ओर बढ़ी। पश्चिम की ओर बढ़ने में उसे अधिक सफलता नहीं मिली और वह इलाहाबाद तथा जबलपुर के बीच से होती हुई महाराष्ट्र प्रदेश की ओर चली गई। पहले यहाँ अर्द्धमागधी अथवा विकृत शौरसेनी प्रचलित थी। ग्रियर्सन के अनुसार दक्षिण भाषाएँ (मराठी, कोंकणी) यद्यपि मागधी प्रसूत हैं, तथापि, इन पर शौरसेनी का प्रभाव ज्यादा है। इसीप्रकार उत्तरी भाषाएँ—गढ़वाली, कुमायूँनी, नेपाली आदि—यद्यपि शौरसेनी प्रसूत हैं, तथापि इन पर मागधी का अधिक प्रभाव दृष्टिगोचर होता है।

दूसरा प्रश्न यह है कि अपभ्रंश बोलचाल की भाषा कबसे बनी? इस परिप्रेक्ष्य में उल्लेखनीय है कि अपभ्रंश की उत्पत्ति भरत के समय में हो गई थी। कोई भी भाषा साहित्यिक रूप में आने से पूर्व सर्वसाधारण की बोली अवश्य रहती है, किन्तु साहित्यिक रूप में आने के पूर्व हमें उसका पता नहीं चलता। कभी-कभी तो वह बोलचाल की भाषा भी रहती है और सहित्य-रचना की भी। यद्यपि उसके साहित्यिक रूप और बोलचाल के रूप में कुछ-न-कुछ अन्तर अवश्य रहता है। इसे समझने के लिए बाड़ीबोली से उदाहरण ले सकते हैं। यह बोलचाल और काव्य दोनों की भाषा है, पर इसके बोलने वाले उतने लोग नहीं, जितने साहित्य की रचना करने वाले या पढ़ने-सुनने वाले हैं। इसमें स्तर-भेद बहुत है। 'प्रियप्रवास', 'साकेत' और 'कामायनी' की भाषा और बोलचाल की भाषा में बहुत अन्तर है।

इस प्रकार सिद्ध है कि दंडी और भामह के समय में अपभ्रंश में काफी साहित्य तैयार हो चुका था। साहित्यिक रचना का प्रारम्भ तो गुहसेन के जमाने में ही हो चुका था, अतएव यह सन् 400 ई. के आस-पास ही बोलचाल की भाषा अवश्य बन चुकी होगी। इस अनुमान की पुष्टि महाकवि कालिदास की 'विक्रमोर्वशीयम्' नाटक में पाए जानेवाले अपभ्रंश पद्यों से भी होती है। यदि वे स्वयं कालिदास के लिखे हुए न हों तो भी उन प्रक्षिप्त पद्यों का रचयिता इस

बात को स्वीकार करता है कि उक्त नाटक के रचना-काल में लोगों में अपभ्रंश भाषा का प्रचार था। अस्तु, निष्कर्ष यह है कि अपभ्रंश भाषा की उत्पत्ति ईसा की पाँचवीं-छठी सदी के पूर्वार्द्ध में हुई है।

छठी शताब्दी के मध्य तक अपभ्रंश में साहित्यिक रचनाएँ भी होने लगी थीं। यहाँ तक कि उसमें साहित्य-रचना करना एक सम्मान की बात समझी जाती थी। इससे पता चलता है कि इस समय तक वह सर्वसाधारण में पर्याप्त प्रचलित हो चुकी थी और लोकपाल का रूप ग्रहण कर चुकी थी। प्राकृतों का प्रयोग संस्कृत की तरह अब केवल साहित्य-रचना में ही होता था। दंडी के बाद अपभ्रंश का उल्लेख रुद्रट ने अपने 'काव्यालंकार' ग्रन्थ में किया है। ये ईसा की नवीं सदी में विद्यमान थे। वाक्य के भेदों के सम्बन्ध में वे कहते हैं—

पष्ठोऽत्र भूरिभेदो देशविशेषादपभ्रंश:।

दंडी के शब्दों में भाषा की दृष्टि से इसके छह भेद हैं। संस्कृत, प्राकृत, मागधी, पैशाची, शौरसेनी और छठी अपभ्रंश, जो देश-विशेष के भेदों के कारण बहुत प्रकार की है। यहाँ दो बातें ध्यान देने की हैं। एक तो "अब अपभ्रंश की गणना महाराष्ट्री आदि प्राकृतों के साथ होने लगी थी।" दूसरे, "भिन्न-भिन्न प्रदेशों में प्रचलित होने के कारण यह भिन्न-भिन्न प्रकार की हो चली थी।" यद्यपि प्राकृतों के नाम भौगोलिक हैं, जो उन प्रदेशों की कभी लोकभाषा रहने की सूचना देती हैं, तथापि अब वे प्राकृत भाषाएँ कहीं नहीं बोली जाती थीं। अत: उनमें अब भेद-प्रभेद शेष नहीं रह गए थे। सारांश यह है कि उनका स्थान अब अपभ्रंश ने ले लिया था। यह अपभ्रंश की व्याप्ति का सबसे बड़ा प्रमाण है। राजशेखर ने 'काव्य-मीमांसा, नामक अलंकर ग्रन्थ में कई स्थानों पर अपभ्रंश का उल्लेख किया है। जैसे—

गौडाद्या: संस्कृतस्था: परिचितरुचय: प्राकृते लाटदेश्या:।
सापभ्रंश प्रयोगा: सकलमरुभुवष्टक्क भादानकाश्च॥

वे कहते हैं कि गौड़ों की रुचि संस्कृत में, लाट देश वालों की प्राकृत में, टक्क भादानक इत्यादि मरुभूमि निवासियों की अपभ्रंश में, अवन्ती, पारियात्त तथा दशपुर के निवासियों की पैशाची में, किन्तु मध्यदेश में निवास करने वाले कवियों की रुचि सभी भाषाओं में होती है और वे सबमें निपुण होते हैं। सौराष्ट्र, त्रवण तथा अन्यान्य समीपवर्ती प्रान्तों के निवासी संस्कृत का प्रयोग सुन्दर ढंग से करते हैं, पर उनमें अपभ्रंश का मेल अवश्य रहता है।

इन श्लोकों से यह पता चलता है कि मरुटक्क, भादानक, सौराष्ट्र और त्रवण देश में लोग अपभ्रंश भाषा का अधिक प्रयोग करते थे। यहाँ तक कि उनकी

संस्कृत रचनाओं में भी अपभ्रंश भरी रहती थी। इससे स्पष्ट है कि अपभ्रंश भाषा मरु, टक्क, भादानक इत्यादि प्रान्तों में बोली जाती थी। आज भी अपभ्रंश और प्राकृत की पुस्तकें प्राय: गुजरात, राजस्थान में पाई जाती हैं। दिगम्बर जैनों ने अपभ्रंश में कई रचनाएँ की हैं। राजशेखर ने दो जगह अपभ्रंश का उल्लेख किया है। उससे यह पता चलाता है कि सौराष्ट्र और मारवाड़ में अपभ्रंश का अधिक प्रचार था। वह जनता की भाषा से पृथक् नहीं थी। एक स्थान पर राजशेखर ने लिखा है कि राजा के सभी सेवकों को अपभ्रंश भाषा में निपुण होना चाहिए। सेविकाओं को भी मागधी जानने की आवश्यकता है। अन्त:पुर के सेवकों के लिए संस्कृत एवं प्राकृत दोनों जरूरी हैं। राजा के मित्रों को सभी का ज्ञान होना चाहिए। उनकी धारणा है कि राजदरबार में अपभ्रंश कवियों के बाद चित्र लेखनहार, माणिक्य-बन्धक, बैकटिक, स्वर्णकार, वर्द्धकि, लोहकार आदि को बैठाना चाहिए। राजशेखर ने अपने इन कथनों से सिद्ध कर दिया है कि जिनका जनता से सम्बन्ध था, उन्हें अपभ्रंश अर्थात् उनकी भाषा जानना परमावश्यक था। यही कारण है कि उसने राजा के सेवकों और सेविकाओं के लिए अपभ्रंश का नाम जरूरी बताया है तथा अपभ्रंश कवियों को साधारण मनुष्यों के बीच में बैठने का आदेश दिया है। राजशेखर का समय लगभग 900 ई. है। इस प्रकार सातवीं सदी तक अपभ्रंश का बोला जाना सिद्ध है।

इतिहास ग्रन्थों में ग्यारहवीं सदी में भी अपभ्रंश के बोलचाल की भाषा होने का प्रमाण मिलता है। नमिसाधु ने संवत् 1125 (सन् 1069 ई.) में काव्यालंकार पर एक टीका लिखी। उसमें उन्होंने लिखा है—

''तथा प्राकृतमेवापभ्रंश:। सचान्यैरूप नागरभीर ग्राम्याव भेदेन त्रिधोक्तस्तन्पिरासार्थमुक्तं भूरदेव इति। कुतो देश विशेषात्। तस्य चलक्षणंरि लोकादेव सम्यगवसेयम्।''

इसका अर्थ यह है कि अपभ्रंश भी प्राकृत ही है। कुछ लोगों ने उपनागर, आभीर तथा ग्राम्य—ये तीन भेद उसके किए हैं। रुद्रट से उन तीनों भेदों का खंडन करने के लिए ही उसे भूरिदेव कहा है। अपभ्रंश भाषाएँ अनेक प्रकार की हैं, क्योंकि वे भिन्न-भिन्न देशों में बोली जाती हैं। उन देशों के लोगों से ही उनके लक्षण ठीक-ठीक जाने जा सकते हैं। नमिसाधु के कथन में सबसे बड़ी बात यही मालूम पड़ती है कि अपभ्रंश बहुत देशों-प्रदेशों में बोली जाती थी और उसके लक्षणों के ठीक-ठीक उसके बोलनेवाले ही बतला सकते थे, अतएव नमिसाधु का यह कथन इस बात का ज्वलन्त प्रमाण है कि अपभ्रंश भाषा सबकी मातृभाषा हो गई थी। इस प्रकार स्पष्ट है कि सन् 1069 ई. तक अपभ्रंश एक जीवित भाषा

थी। एक जगह नमिसाधु ने लिखा है कि मगध में भी अपभ्रंश का प्रचार हो गया था। दसरूपक से भी मागधी बोलनेवाले आभीरों का पता चलता है। उस समय तक आभीरी भाषा या अपभ्रंश मगध में प्रचलित हो चुकी थी। इस प्रकार सिद्ध है कि नमिसाधु के समय के बहुत पहले अपभ्रंश प्राय: सारे उत्तर भारत की देसभाषा हो चुकी थी।

विद्वानों की ऐसी ही मान्यता है कि संस्कृत भाषा रूपभ्रष्ट-अपभ्रष्ट शब्दों को बदलते-बदलते एक नया रूप ग्रहण कर अपभ्रंश हो गई। भर्तृहरि ने पाणिनि से असिद्ध शब्दों को और संस्कारहीन शब्दों को अपभ्रंश माना है।

इसी प्रकार भामह ने अपभ्रंश को काव्यशैलियों की भाषा माना है। अपभ्रंश को अवहट्ट, देसभाषा (देसिल बयना) कहा गया। स्वयम्भू और पुष्यदन्त ने अपभ्रंश को देशीभाषा माना है। इसके उल्लेख कई प्राचीन ग्रन्थों में मिलते हैं। 'प्राकृत-चन्द्रिका' में अपभ्रंश भाषा की गणना की गई है। यथा—ब्राचडी, आवन्ती, पांचाली, टक्की, औडी, गुर्जरी, आभीरी, मध्य प्रदेशी आदि। 'प्राकृत सर्वस्व' में पांचाली, वैदर्भी, लाटी, औड़ी, कैकेयी, गौढ़ी, सेहली, आभीरी, मध्य प्रदेशी, एवं गुर्जरी को अपभ्रंश बताया गया है। कुवलयमाला में इन्हें गौड़ी, लाटी, मालवी, कोसली, महाराष्ट्री, मध्यदेशीया, मागधी, अन्तर्वेदी, कीरी, अक्की, सिन्धी, मरुदेशी, गुर्जरी आदि कहा गया है। इस प्रकार प्रकट है कि हिमालय-गोदावरी, सिन्धु, ब्रह्मपुत्र के बीच यद्यपि बहुत-सी बोलचाल की भाषाएँ थीं, मगर उनके साथ सबकी एक सम्मिलित भाषा अपभ्रंश थी। संस्कृत, छन्दस, पालि और प्राकृत एक-दूसरे के निकट हैं, किन्तु अपभ्रंश से संस्कृत बनाना सहज नहीं। इसकी प्रकृति हिन्दी के अधिक निकट है। इसे स्पष्ट करते हुए राहुल सांकृत्यायन का कथन है कि ''छन्दस की औरस पुत्री पालि ने तत्सम (शुद्ध संस्कृत) शब्दों का बायकाट शुरू किया। प्राकृत ने दादी की जगह माँ का साथ दिया। बेचारी प्राचीनतम हिन्दी (अपभ्रंश) ने दादी और माँ के पल्ले को पकड़े रखा।'' अपभ्रंश के कवियों अर्थात् पुरानी हिन्दी के कवियों की भाषा के अध्ययन से यह बात स्पष्ट हो जाती है। इसका कारण यह है कि धार्मिक नेताओं, खासकर सन्तों ने अपनी वाणी को उस युग की जनभाषा में ही व्यक्त करने का प्रयत्न किया। ईसा के पूर्व वैदिक ऋषियों ने छन्दस की भाषा में मन्त्रों को आबद्ध किया। आगे चलकर इस भाषा को देव और अपौरुषेय मानकर इतना आदर प्रदान किया गया कि उस भाषा में अन्य विषयों को बोला-लिखा जाना निषिद्ध माना गया, अत: देवभाषा 'छन्दस' भाषा में लिखित साहित्य का अभाव है, जबकि बोलचाल की भाषा का प्रवाह कहीं

रुकता नहीं। विभिन्न प्राकृत स्वरूपों में लोकभाषा मुखर होती गई। इसके पूर्व व्याकरण के नियमों से भाषा को छीलछालकर संस्कृत के प्रांजल स्वरूप का निर्माण हो चुका था। वह लोकभाषा, प्राकृत के विभिन्न स्वरूपों में मुखर होकर लोक भावना का प्रस्फुटन कर रही थी। ईसा की छठी शताब्दी में श्रमण संस्कृति की दो महान विभूतियों भगवान् बुद्ध और महावीर ने इसी भाषा में अपने अमृत सन्देश को सुनाए। इतिहास साक्षी है कि इन दोनों महामानवों ने अपने उपदेश का माध्यम क्रमश: मागधी और अर्द्धमागधी नामक लोक भाषाओं को बनाया। बिहार की भाषा मागधी अर्थात् पालि में बुद्ध वचन सुरक्षित हैं। इसमें दक्षिण-पूर्व एशियाई बौद्ध देश का साहित्य एक त्रिपिटक मूल रूप में आज भी सुरक्षित है। अर्द्धमागधी में भगवान् महावीर के उपदेश लिपिबद्ध हैं, जो जैनागम कहलाता है। इन सन्धियों को तोड़ते हुए भाषा अजस्र रूप में प्रवाहित रही। पुरानी घटनाएँ फिर दुहराई गईं। चौरासी सिद्धों, जैन मुनियों, पुष्पदन्त तथा स्वयम्भू आदि कवियों ने इसी लोकभाषा-जनभाषा-अपभ्रंश में अपने प्रवचनों को मुखर किया। इस अपभ्रंश को, पुरानी हिन्दी के इस आदिकाल को तथा इतिहास में सन्निहित इस ऐतिहासिक महत्त्व की भाषा को खोज निकालने का सबसे बड़ा श्रेय महापंडित राहुल सांकृत्यायन को है। उन्होंने तिब्बत जाकर चौरासी सिद्धों की भाषा को खोज निकाला और फिर उसका स्वयम्भू एवं पुष्पदन्त जैसे महाकवियों की भाषा से मिलान किया। कुछ जैन मुनियों की भाषाओं को देखकर उन्होंने स्थापित किया कि ये सब अपभ्रंश रूपी एक ही टकसाल के विभिन्न सिक्के हैं। यह पुरानी हिन्दी की पयस्विनी है, जिसका अवशेष आज हमारी राष्ट्रभाषा हिन्दी है। इसे स्पष्ट करते हुए महापंडित राहुल सांकृत्यायन ने लिखा कि, ''हमारे मध्यकालीन कवियों ने अपना नाता सिर्फ संस्कृत के कवियों से जोड़े रखा, जिससे हिन्दी साहित्य के ऐतिहासिक विकास की यह महत्त्वपूर्ण कड़ी काव्य-परम्परा में से टूटकर अलग जा पड़ी। बीच की पाँच सदियों के अपभ्रंश काव्यों का थोड़ा-सा भी अनुशीलन हमें लाभ ही पहुँचाएगा। यह न केवल खड़ीबोली हिन्दी की ही, बल्कि बँगला-गुजराती, मराठी, सिन्धी-उड़िया-पंजाबी-राजस्थानी, मागधी, मैथिली, भोजपुरी, ब्रज, अवधी आदि भाषाओं की सम्मिलित निधि है। सिद्ध सामन्तयुगीन जन-साहित्य की अवहेलना हमारे लिए परम हानिकर होगी।

राहुल जी ने 84 सिद्धों के अतिरिक्त जिन जैन मुनियों और जैन कवियों की रचनाओं का उल्लेख किया है, वे हैं—(1) स्वयम्भू (2) पुष्पदन्त (3) देवसेन (4) योगेन्दु (5) रामसिंह (6) धनपाल (7) बब्बर (8) कनकामर मुनि (9)

जिनदत्तसूरि (10) हेमचन्द्र (11) हरिभद्रसूरि (12) आमभट्ट (13) विद्याधर (14) शालिभद्रसूरि (15) सोमभद्र सूरि (16) जिनपद्म सूरि (17) विनयचन्द्र (18) हरिभद्र सूरि (19) अवदेव सूरि (20) तीर्थयात्री 'सेना' (21) राजशेखर सूरि आदि।

इनमें कई कवि अज्ञात हैं। इनका समय 760 ई. से 1300 ई. के बीच माना गया है।

अपभ्रंश—काव्यग्रन्थों की एक सूची आचार्य हजारीप्रसाद द्विवेदी ने प्रस्तुत की है—

1. स्वयम्भू और उनके पुत्र त्रिभुवन का पउमचरिउ	छठी शताब्दी
2. स्वयम्भू का रिट्ठणेमि चरिउ (हरिवंश पुराण)	8वीं शताब्दी
3. पुष्यदन्त का महापुराण (तिसट्ठि महापुरिस गुणालंकार)	10वीं शताब्दी
4. धनपाल की भविसयत्त कहा	10वीं शताब्दी
5. नयनन्दि का सुद्रसण चरिउ	10वीं शताब्दी
6. धवल कवि का हरिवंश पुराण	10वीं शताब्दी
7. वीर कवि का जम्बू चरिउ	11वीं शताब्दी
8. पद्मकीर्ति का पासुपुराण	11वीं शताब्दी
9. सागरदत्त का स्वामि चरिउ	11वीं शताब्दी
10. विवुधश्री का पासु चरिउ	12वीं शताब्दी
11. हरिभद्र सूरि का णेमिणाह चरिउ	12वीं शताब्दी
12. सिद्धसेन (साधारण) की विलासम्पई कहा	12वीं शताब्दी
13. मुनि कनकामर का करकंडुचरिउ	12वीं शताब्दी
14. रइधू का पज्जुणण चरिउ (प्रद्युम्न चरित)	12वीं शताब्दी
15. लक्ष्मण कवि का जिणदत्त चरिउ	13वीं शताब्दी
16. धर्मसूरि का जम्बू सामिरास	13वीं शताब्दी
17. विनय धर्मसूरि का नेमिनाथ चउपई	13वीं शताब्दी
18. भट्टारक यश: कीर्ति का पांडव पुराण	13वीं शताब्दी
19. जिन प्रभसूरि का मल्लिनाथ चरिउ	14वीं शताब्दी
20. चन्दप्पह चरिउ	14वीं शताब्दी
21. नेमिनाथ जम्माभिषेक	14वीं शताब्दी

22. धनपाल का बाहुबली चरिउ 15वीं शताब्दी
23. शम्भुकीर्ति का सात्रिणाह चरिउ 15वीं शताब्दी
24. रइधू का मेहेसर चरिउ 15वीं शताब्दी
25. रइधू का पद्‌म पुराण 15वीं शताब्दी
26. सिद्ध चक्क माहाप्प (माहाप्प) 15वीं शताब्दी
27. करकंडु चरिउ 15वीं शताब्दी
28. जयकुमार चरिउ 15वीं शताब्दी
29. जिनदत्त चरित 15वीं शताब्दी
30. बलभद्र चरित 15वीं शताब्दी
31. तेजपाल का सम्भवगाह चरिउ 15वीं शताब्दी
32. माणिक्यराज का णाचकुमार चरिउ 16वीं शताब्दी
33. महीन्दु का सान्तिणाह चरिउ 16वीं शताब्दी
34. जयमित्र हल्ल का बहुमाण कब्बु 16वीं शताब्दी
35. दामोदर का चन्द्प्पह चरिउ 16वीं शताब्दी
36. ब्रह्मदेवसेन का जयकुमार चरिउ 16वीं शताब्दी
37. मदनरेखा चरिउ 16वीं शताब्दी
38. धवल का पउम सिरि चरिउ 16वीं शताब्दी

यह उल्लेखनीय है कि जैनेतर सम्प्रदायों के अपभ्रंश काव्य अधिकांश रूप में सुरक्षित नहीं रह सके, परन्तु 'सरस्वती कंठाभरण,' सिंघासन द्वात्रिंशतिका, 'वैताल पंचविंशति' तथा प्राकृत पैंगलम् से ज्ञात होता है कि इस अपभ्रंश की रचनाएँ जैन सम्प्रदाय के बाहर भी लिखी गई हैं, जो अब ग्रन्थ रूप में उपलब्ध हैं। इस ग्रन्थ में अपभ्रंश की अनेक कविताएँ प्रस्तुत की गई हैं। इस ग्रन्थ के अध्ययन से अपभ्रंश के वैचित्र्य का बोध होता है और वैशिष्ट्य का भी। इससे अपभ्रंश की काव्यगत महत्ता का आभास होता है, परन्तु इतना ही सब-कुछ नहीं है। सन् 1916 ई. में महामहोपाध्याय पं. हरप्रसाद शास्त्री ने 'बौद्ध गान ओ दोहा' नाम से कुछ अपभ्रंश की रचनाएँ प्रकाशित कराईं, जिन्हें उन्होंने पुरानी बँगला बताया। इसमें अनेक बौद्ध सिद्धों के दोहे मिलते हैं। दोहों की भाषा तो परिनिष्ठित अपभ्रंश से मिलती-जुलती है, पर गानों की भाषा में पूर्वी प्रदेशों की पुरानी बोलियों का मेल है। इनको कभी बँगला, कभी मगही, कभी उड़िया और कभी भोजपुरी के पूर्व होने का दावा किया गया है। तथ्य यह है कि ये रचनाएँ मगध में प्रचलित किसी ऐसी भाषा में हैं, जो आधुनिक पूर्वी भाषाओं की जननी

हैं। महामहोपाध्याय पं. हरप्रसाद शास्त्री के बाद अनेक विद्वानों ने इस प्रकार के साहित्य का अध्ययन किया है। उन्होंने कई नई रचनाओं का उद्धार किया है। इनमें उल्लेखनीय हैं—डॉ. प्रबोधचन्द्र बागची तथा राहुल सांकृत्यायन। राहुल जी ने सरहपा के शताधिक दोहों को खोज निकाला है।

इस विश्लेषण के आधार पर कह सकते हैं कि चौरासी सिद्धों की भाषा अपभ्रंश है। स्वयम्भू, पुष्यदन्त तथा सरहपाद उच्चकोटि के कवि हैं। आचार्य हजारीप्रसाद द्विवेदी ने स्वयम्भू एवं पुष्यदन्त के सम्बन्ध में अपना विचार व्यक्त करते हुए कहा है कि 'स्वयम्भू' बहुत ही उच्चकोटि के कवि थे। उनके लेखन को त्रिभुवन ने सात अन्य सन्धियाँ जोड़कर पूरा किया। साधारणत: जैन काव्यों में ब्राह्मणों और ब्राह्मण मत की कटु आलोचना अवश्य है, जबकि स्वयम्भू बड़ी व्यापक भूमिका पर स्थित हैं। मनुष्य और प्रकृति के मनोरम चित्र खींचने में वे कमाल करते हैं। राम सीता को उन्होंने उज्ज्वल रूप में अंकित किया है। राम को उन्होंने साधारण मनुष्य के समान ही दु:ख में विचलित होते भी देखा है। यद्यपि उनकी तूलिका राग-विरागों के चित्रण में बड़ी निपुण है और भाषा की बड़ी ही वेगवती धारा उन्हें सहज लब्ध है, फिर भी राम के चरित्र में महाकाव्योचित गरिमा—जो सुख में और दु:ख में, सफलता और विफलता में, उल्लास में और अवसाद में अद्वितीयता और अपूर्वता ला देती है—नहीं आ पाई है। सीता का चरित्र अवश्य उज्ज्वल है, पर अन्त तक जाकर वह भी पराश्रित होकर वैराग्य मार्ग का अवलम्बन ग्रहण करती हैं, ताकि फिर दूसरे जन्म में स्त्री होकर जन्म लेना न पड़े। स्वयम्भू के निकट पहुँचनेवाले दूसरे प्रबन्धकार कवि पुष्यदन्त हैं। भाषा की सम्पत्ति में वे स्वयम्भू के समकक्ष हैं। पांडित्य में कदाचित् कुछ अधिक ही हों। अपने को उन्होंने 'अभिमान मेरु' कहा है, किन्तु हृदय की उदारता, कल्पना की विशालता, सहज सम्प्रेषण-सामर्थ्य और सबसे बढ़कर, मानवीय गुणों की अभिव्यक्ति में वे स्वयम्भू से घटकर ही दिखते हैं। स्वयम्भू की कविता की भाषा सरल, प्रसाद गुणयुक्त है। पुष्यदन्त की भाषा अलंकृत और शब्दगुणमयी है।

महाकवि स्वयम्भू और पुष्यदन्त, दोनों निस्सन्देह केवल अपभ्रंश के ही नहीं बल्कि भारतीय भाषाओं के अद्भुत ज्वलन्त ज्योतिष्क हैं। दोनों के दोहों और चर्यापदों की भाषा के प्रश्न पर विद्वानों में बड़ा मतभेद है। कोई इसे असमिया भाषा मानता है, तो कोई उड़िया। यहाँ तक कि कोई-कोई इसे पुरानी बँगला मानते हैं। महामहोपाध्याय हरप्रसाद शास्त्री तथा डॉ. विनयतोष भट्टाचार्य इसी मत के माननेवाले हैं। किन्तु डॉ. काशीप्रसाद जायसवाल तथा महापंडित राहुल सांकृत्यायन ने सिद्धों की भाषा की निकटता मगही और मैथिली से मानी है। इस

सन्दर्भ में यही कहा जा सकता है कि सिद्धों की भाषा का स्वरूप एकल नहीं है। उस पर एकांगी निर्णय नहीं दिए जा सकते। इसका सर्वप्रथम कारण यह है कि दोहों और चर्चापदों तथा उसी परम्परा में आनेवाले डाकार्णव और साधनमाला की बज्रगीतियों में सभी स्थलों में भाषा का रूप एक-सा नहीं है। बिना उन भेदों को ध्यान में रखे और बिना उनके कारणों पर विचार किए हम सिद्धों की भाषा को हृदयंगम नहीं कर सकते। उनके इस मिश्रित प्रभाव का स्पष्ट कारण है। सिद्धों के साहित्यिक रचना का समय छठी शताब्दी से 13वीं शताब्दी तक माना गया है। इस छह सौ वर्ष के अन्तराल में इन रचनाओं में भाषा वैविध्य का होना अप्रत्याशित नहीं है। मध्यकालीन भारतीय आर्यभाषा और आधुनिक भारतीय आर्यभाषा-काल की सन्धि वेला में सिद्धों की ये साहित्यिक रचनाएँ हुईं हैं। उस समय की शौरसेनी अपभ्रंश तथा उस समय की स्थानीय अपभ्रंश बोलियों के मध्य सिद्धों की भाषा को खोजना समीचीन होगा।

वस्तुत: अपभ्रंश एक समय 'स्टैंडर्ड' भाषा के रूप में ठीक उसी तरह प्रख्यात हो गई थी, जिस तरह बुद्ध और अशोक के समय मागधी भाषा। अपभ्रंश को काव्यात्मक स्वरूप और उसके गद्य को सौष्ठव प्रदान करने में शौरसेनी प्राकृत का बड़ा हाथ है। शौरसेनी, मागधी, अर्द्धमागधी, महाराष्ट्री, पैशाची तथा तत्कालीन विभिन्न बोलियों से मिश्रित धारा प्रवाहित होकर अपभ्रंश गंगा का निर्माण हुआ है। इसमें संस्कृत का सौन्दर्य भी अवतरित हुआ है। इसीलिए सिद्धों के दोहों में पश्चिमी शौरसेनी अपभ्रंश का प्रयोग मिलता है। तथ्य यह है कि 7वीं से 13वीं शती तक पूर्वी भारत में यह पश्चिमी अपभ्रंश काव्यभाषा के रूप में प्रतिष्ठित थी, जिसमें दोहों अथवा वज्रगीतियों की रचना हुई है। इसका मुख्य ऐतिहासिक कारण है राजपूतों का राजनीतिक प्रभुत्व। उनके दरबार में शौरसेनी भाषा और शौरसेनी काव्य को प्रश्रय मिला था। उनके चारणों की काव्यभाषा भी यही थी, अत: गुजरात राजपूताना से लेकर बंगाल तक समस्त आर्यभाषा-भाषी प्रदेशों में शौरसेनी अपभ्रंश ही काव्यभाषा के रूप में मान्य हो गई थी। आधुनिक भारतीय आर्यभाषाओं का स्वरूप उस समय गठित हो रहा था। कुछ समय तक तो पुरानी शौरसेनी अपभ्रंश ही काव्यभाषा के रूप में प्रयुक्त होती रही। साथ ही विभिन्न प्रदेशों की बोलियाँ कभी-कभी उस प्रदेश में रचे जानेवाले साहित्य को प्रभावित करती रहीं। बाद में वे बोलियाँ स्वतन्त्र काव्य भाषाओं के रूप में प्रयुक्त होने लगीं।

इस सन्दर्भ में क्रमदीश्वर का अभिमत बड़ा खोजपूर्ण है। उन्होंने अपभ्रंश के भेदों को बताते हुए जो तर्क प्रस्तुत किए हैं, वे बड़े महत्त्वपूर्ण हैं। उन्होंने व्राचड को रेफ युक्त बताया है और उसमें दोहा आदि की रचना का प्रचलन सिद्ध किया

है। उन्होंने इनके काव्य में नागर अपभ्रंश का प्रयोग बताया है और प्राकृत-मिश्रित गाथाओं में उपनागर के प्रयोग का उल्लेख किया है। इससे यह प्रतीत होता है कि कुछ विशेष काव्यरूपों के साथ अपभ्रंश के इन रूपों का सम्बन्ध रूढ़ हो गया था। क्रमदीश्वर पूर्वी वर्ग के थे। अत: सिद्धों के विषय में उनके साक्ष्य का आधार बनाना उपयुक्त ही है। इस दृष्टि से यह कहा जा सकता है कि दोहों की परम्परा पश्चिमी (शौरसेनी) परम्परा से आई। दोहे लिखते समय सिद्धों ने पश्चिमी या शौरसेनी अपभ्रंश का प्रयोग किया, क्योंकि वह भाषा दोहों में ढल चुकी थी। किन्तु जब उन्होंने गेय पद लिखे तो स्थानीय बोली को आधार बनाया। वह बोली अभी तक काव्य में मँजी नहीं थी, अत: स्थान-स्थान पर उन्होंने शौरसेनी का सहारा लिया, जिससे उनके काव्य का परिष्कार हुआ।

अपभ्रंश साहित्य का वैशिष्ट्य

निर्गुणपन्थी भाव का उद्‌बोधन 84 सिद्धों और जैन कवियों के माध्यम से हुआ। जोइन्दु के नाम से अगर जैन शब्द हटा लिया जाए तो बौद्धों-सिद्धों और नाथपन्थी कवियों से इनमें कोई अन्तर नहीं दिखेगा। डॉ. हजारीप्रसाद द्विवेदी ने इसे लक्ष्य करते हुए बताया है—

''जोइन्दु का 'परमात्म प्रकाश' और 'योगसार' तथा मुनि रामसिंह का 'पाहुड़ दोहा' रहस्यवादी ढंग के दोहे हैं, जिनमें बताया गया है कि परमेश्वर बाह्य पदार्थों में नहीं है। बाह्याचारों से वह प्राप्त नहीं होता। वह तो अन्तर में सदा विद्यमान रहता है। समाधि द्वारा समरसीकृत मनोभूमि पर ही उसका निवास है। इन रचनाओं को परवर्ती निर्गुणिया कवियों, समसामयिक बौद्धों और नाथों सिद्धों के दोहों के साथ जोड़ा जा सकता है। जोइन्दु के दोहे पर से यदि 'जैन' विशेषण हटा दिया जाए तो ऐसा लगेगा कि वह किसी नाथ सिद्ध या निर्गुणमार्गी भक्त की रचनाएँ हैं।

विभिन्न प्राकृतों और बोलियों से उत्पन्न अपभ्रंश भाषा में सिद्धों, नाथपन्थी-सन्तों और जैन कवियों की कई कृतियाँ रची गई हैं। शैली की दृष्टि से देखने पर पता चलता है कि अपभ्रंशकालीन कवि लेखकों ने एक शैली का प्रयोग किया है, जो वास्तव में अपनी विशिष्टता के लिए चर्चित है। कई विद्वानों का यह अभिमत है कि इन कवियों ने अपनी रहस्यपूर्ण बातों को समाज के समक्ष रखने के लिए एक शैली का प्रयोग किया, जो ऊपर से कुछ तथा भीतर से कुछ और ही दिखती है। इस सन्दर्भ में कबीर का अवगाहन करना समीचीन होगा। एक साखी में वे कहते हैं—

चींटी चढ़ी पहाड़ पर, नौ मन तेल लदाय।
हाथी पकड़ बगल में दाबै, ऊँट लियो लटकाय।।

छोटा-सा जीव चींटी पर क्या नौ मन तेल लद सकता है? क्या एक बूँद पानी में वह जीव डूब मरेगा? क्या उसके लिए हाथी और ऊँट को दाबकर पहाड़ पर चढ़ना सम्भव है? जब हम इसके दूसरे पक्ष पर दृष्टिपात करते हैं तो अर्थ स्पष्ट हो जाता है। यहाँ चींटी को आत्मा का तथा सांसारिक विकास को नौ मन तेल के प्रतीक रूप में अंकित किया गया है। यह चींटी रूपी आत्मा नाना जंजालों के बीच, नाना कर्मों के बन्धनों से युक्त और नाना प्रकार के सांसारिक बाधाओं के बीच रहते हुए सद्ज्ञान के मुक्ति मार्ग पर चल ही नहीं सकती। मोक्ष या निर्वाण की प्राप्ति उसके लिए सम्भव ही नहीं है। कबीर की यह शैली सन्धाभाषा कही जाएगी। चौरासी सिद्धों और नाथपन्थी साधुओं में यह देखते ही बनती है। अपनी रहस्यात्मक बातों को कहने के लिए उन्होंने इसी शैली का प्रयोग किया है। तान्त्रिक सम्प्रदाय की रहस्यात्मक और गुह्य बातों के लिए तो इस शैली का विशेष महत्त्व है। साधारण लोग इस शैली में कही गई बातों को समझ नहीं पाते, किन्तु इस परम्परा के साधक या शिष्य अपने गुरु की इस रहस्यात्मक शैली को आसानी से समझ जाते हैं। ''सरहे गहिण गुहिर मास कहिय'' यही उनका आधार रहा है।

सिद्ध कवि सरह अपने एक दोहे में इस शैली को 'गहिण गुहिर भास' कहते हैं। हम उनकी इस शैली को सन्धा भाषा में ही खोज सकते हैं। वस्तुत: सिद्धों की भाषा सन्धा भाषा या सान्ध्य भाषा ही है। यह भाषा कई रहस्यों की कुंजी है। कुछ लोगों ने इसे 'आलो अन्धारी' भाषा कहा है। इसके अर्थ बाह्य और आन्तरिक स्वरूप की विविधता को बतलाते हैं। डॉ. विनयतोष भट्टाचार्य ने इसी 'सन्धा भाषा को स्वीकार किया है। अभिसन्धि या अभिप्राययुक्त भाषा से सम्बन्ध बतलाते हुए डॉ. विधिशेखर शास्त्री ने कहा कि इसे 'संधा' भाषा ही मानना समीचीन है। सन्धा का अर्थ है अभिसन्धि या अभिप्राययुक्त भाषा। सन्धा और सन्ध्या के लिए अभिसन्धि शब्द प्राय: प्रयुक्त हुआ है। इसे अभिप्रायात्मक भाषा भी कह सकते हैं। कुछ विद्वानों का अभिमत है कि ऋग्वेद तथा अथर्ववेद में इस प्रतीकात्मक शैली का प्रयोग मिलता है। सद्धर्म पुंडरीक में हमें कई स्थलों पर इस सन्धा भाषा का उल्लेख मिलता है। ह्वेनसाँग ने इस भाषा का अभिप्राय 'गुह्य अभिप्राय' वाली भाषा से जोड़ा है। इस प्रतीकात्मक भाषा के प्रयोग से तान्त्रिकों ने बड़े गम्भीर अर्थ निकाले हैं। नायक-नायिका के लिए वीर, बंगाली, कपाली, शबर तथा हरिण आदि के जो प्रतीक रखे गए हैं, उनके पीछे कई योगदर्शनपरक

अर्थ हैं। योगियों की इस सन्धा भाषा को महाभाषा के नाम से भी अभिहित किया गया है। इन्होंने नायिकाओं के वर्णन क्रम में चंडाली, शबरी, सहज सुन्दरी, बन्धू, योगिनी, डोम्बी, मातंगी, कमलिनी, पद्मिनी आदि का प्रयोग किया है। इसके विशेष अर्थ हैं। उदाहरणार्थ शबरी शब्द की व्याख्या विचारणीय है। शबर और शबरी का वास मध्यप्रदेश में रहा है। इस जाति की स्त्रियाँ मध्यप्रदेश की ऊँची पहाड़ियों के शिखरों पर रहती थीं। भगवती नैरात्मा को बहुत ही ऊँचे शिखरों पर निवास करते हुए बताया गया है। भगवती नैरात्मवादी साधना सिद्धों की चिर अभीष्ट रही है। भगवती नैरात्मा के स्वरूप को पहचानने के लिए साधक प्रेमी और प्रेमिका को ग्रहण कर मेरुशिखर पर चढ़कर आत्म-साक्षात्कार करना चाहता है। इन प्रतीकों में साधना रूपी शबर और शबरी रूपी भगवती नैरात्मा का जो शब्द-चित्र प्रस्तुत किया गया है, वह बहुत सुन्दर है। सिद्ध कवि शबरपा जब अपनी नैरात्मा रूपी प्रेमिका का वर्णन करते हैं तो वहाँ प्रतीकों की छटा देखते बनती है। इन प्रतीकों का अर्थ सामान्य नहीं है। ये कई रहस्यात्मक और गुह्यतम अर्थों का प्रतिपादन करते प्रतीत होते हैं।

इस प्रतीक के अनुसार शबरपा की सहज सुन्दरी ही नैरात्मा देवी है और वही चिर आराध्य है—

ऊँचा-ऊँचा पावत तहिं बसइ सबरी बाली।
मोरंगि पिच्छ परिहिण शबरी गर्वित गुंजरि-माली।।
उमत शबरो पागल शबरो मा कर गुली-गुहाडा।
तोहोरि णिय घरिणी नामे सहज-सुन्दरी।।

यह प्रतीकात्मक शैली तान्त्रिक-पद्धति में कब आई, इसे स्पष्टत: तो नहीं कहा जा सकता, किन्तु ऋग्वेद तथा अथर्ववेद में भी प्रतीकात्मक शैली का प्रयोग कई स्थानों पर मिलता है। मीमांसकों ने भी इस शैली का प्रयोग किया है। 'सद्धर्म पुंडरीक' नामक ग्रन्थ में (जिसकी गणना महायान के ग्रन्थों में बड़े ही आदर के साथ की गई है) इस सन्धा भाषा का प्रयोग मिलता है। वहाँ 'औपम्य परिवर्त' नामक तृतीय परिवर्त के दो श्लोकों में तथागत से प्रार्थना की गई है; जैसे—है महावीर! हम महर्षियों द्वारा प्रयुक्त इस सन्धा भाषा को आदरपूर्वक ग्रहण करते हैं।

कई प्राच्य मनीषियों ने इस सन्धा भाषा को 'मिस्टिरीयस स्पीच अर्थात् रहस्यमयी भाषा का रूप बताया है। इसमें डॉ. कर्न विशेषत: उल्लेखनीय हैं। इन्होंने इस भाषा को गम्भीर रहस्यों के उद्घाटन के लिए उपयुक्त माना है। डॉ. धर्मवीर भारती ने इसे स्पष्ट करते हुए कहा कि इन्हीं प्रतीकों का प्रयोग कर सिद्धों

ने ऊपर से लौकिक (शृंगारपरक) लगने वाले पदों में प्रज्ञोपायात्मक कमल-कुलिश योग के गम्भीर अर्थों के संकेत समाविष्ट कर दिए थे। टीकाकार ने इन्हीं प्रतीकों के गुह्य अर्थ ढूँढ़कर इनके मर्म का प्रकाशन किया है।

स्पष्ट है कि चौरासी सिद्धों ने अपने सिद्धान्तों के प्रचार हेतु जिस भाषा और शैली का उपयोग किया, उसने सिद्ध साहित्य के उन्नयन में महत्त्वपूर्ण भूमिका निभाई। सिद्धों की भाषा तथा उस समय की बोलचाल की भाषा अपभ्रंश थी, लेकिन अपभ्रंश में इतनी बोलियों और भाषाओं का सम्मिश्रण था कि उसे एक स्थान-विशेष से बाँध सकना सम्भव नहीं है। यही कारण है कि किसी ने इसे पुरानी बँगला माना है तो किसी ने असमी भाषा सिद्ध किया है। डॉ. काशीप्रसाद जायसवाल और महापंडित राहुल सांकृत्यायन ने सिद्धों की भाषा को मगही बताते हुए, इसे 'पुरानी हिन्दी' कहा है। राहुल जी स्पष्ट करते हैं कि अधिकांश पूर्वी भाषाएँ इसे अपना पूर्वरूप कह सकती हैं।

सिद्ध साहित्य के रचना-काल को 6वीं-8वीं शताब्दी से लेकर 13वीं शताब्दी तक के बीच का माना गया है। इससे स्पष्ट होता है कि सिद्ध-साहित्य मध्यकालीन भारतीय-आर्यभाषा तथा आधुनिक भारतीय आर्यभाषा की सन्धि वेला की देन है। इसमें सरहपा तथा तिलोपा के दोहों को 7वीं शताब्दी का मान सकते हैं। इस सन्दर्भ में डॉ. उदयनारायण तिवारी ने जो मत प्रस्तुत किया है, उसकी अनदेखी नहीं की जा सकती। उनका कथन है कि ईसा की छठी शती में बल्लभी के राजा धरसेन के ताम्रपत्र के संस्कृत-आलंकारिकों के कथन से स्पष्ट है कि उस समय तक 'अपभ्रंश' भाषा जनभाषा के रूप में प्रतिष्ठित हो चुकी थी और उसमें साहित्य-रचना की ओर भी विद्वानों की प्रवृत्ति होने लगी थी। इससे अपभ्रंश का प्रारम्भ निश्चयपूर्वक 600 ई. कहा जा सकता है। ईसा की 7वीं शताब्दी से अपभ्रंश में काव्य-रचनाएँ प्राप्त होने लगी थीं। वे 15वीं-16वीं शती तक प्राप्त होती रही हैं। ईसा की 12वीं शती के अन्त तक अपभ्रंश लोकभाषा न रहकर साहित्य की भाषा बन गई थी। आचार्य हेमचन्द्र (12वीं शती उत्तरार्द्ध) ने अपभ्रंश और ग्राम्य भाषा में भेद किया है। इससे स्पष्ट है कि उनके समय में अपभ्रंश मात्र बोलचाल की भाषा नहीं रह गई थी। हेमचन्द्र द्वारा जब अपभ्रंश-व्याकरण लिखा गया था, तब तक वह काफी आगे बढ़ गई थी। ईसा की 13वीं शती से हमें आर्यभाषाओं के प्रारम्भिक साहित्यिक ग्रन्थ मिलने लगते हैं। इस प्रकार 13वीं शताब्दी तक परवर्ती अपभ्रंश का काल मानना ठीक होगा। अत: सिद्ध है कि अपभ्रंश भाषा आर्यभाषा का अन्तिम चरण है। 600-1300 ई. तक यह भाषा लोकभाषा के पद पर आसीन रही है। वस्तुत: अपभ्रंश विभिन्न

प्राकृतों से निकली हुई एक समेकित भाषा मानी जा सकती है। इसने प्राकृत की प्रवृत्तियों को विकसित करने के साथ कुछ नई प्रवृत्तियों को भी ग्रहण किया। मध्य भारतीय आर्यभाषा की विश्लेषणात्मक प्रवृत्तियाँ अपभ्रंश में पूर्णतया विकसित हुईं। अपभ्रंश की चर्चा के साथ-साथ देशी शब्द की चर्चा आती है। इसी को लक्ष्य करके विद्यापति ने "देसिल बयना सब जन-मिट्ठा" कहा है। वास्तव में ये देशी-शब्द जनभाषा के प्रचलित शब्द थे, जो स्वभावतया अपभ्रंश में चले आए। अपभ्रंश के आचार्य पिशेल (जिन्हें आपिशाल का अवतार माना गया है) ने देशी शब्दों को देशीय तत्त्वों का सूचक (हेट्रोजेनियस एलीमेंट) माना है। अत: सिद्ध है कि पतंजलि के समय में संस्कृत भद्र समाज की भाषा बन गई थी और व्यवहार की भाषा प्राकृत कहलाने लगी थी। इसके दूसरे रूप को 'भाषा' कहा गया। "महाकवि वाण ने अपने एक मित्र प्राकृत कवि वायु-विकार के साथ भाषा-कवि ईशान की भी चर्चा की है। यह भाषा कवि ईशान, प्राकृत का कवि न होकर अपभ्रंश का कवि था। इसके सम्बन्ध में महापंडित राहुल सांकृत्यायन ने बतलाया है कि गोस्वामी तुलसीदास जिसे 'भाषा भणिति' कहते हैं, वह निश्चय ही उनके समय की प्रचलित भाषा थी। आज भी उत्तरी भारत में 'भाखा' से अभिप्रेत है, वर्तमान हिन्दी भाषा। वाण ने जिस मित्र मंण्डली के साथ यात्राएँ की थीं, उसमें 'भाषा कवि ईशान: परं मित्र' भी था। भाषा से वाण का अभिप्राय प्राकृत भाषा नहीं था, क्योंकि हर्षचरित में उन्होंने साथी 'प्राकृतकृत् कुलपुत्रो वायुविकार:' का नाम लिया है। प्राकृत के कवि वायु विकार से भाषा-कवि ईसान का नाम अलग है। वस्तुत: वाण के समय प्रचलित भाषा प्राकृत नहीं थी। नई भाषा का नाम अभी अपभ्रंश रूढ़ नहीं हो पाया था, पर वाण का 'भाषा प्राकृत नहीं थी।' वाण के 'भाषा शब्द' का मतलब अपभ्रंश से ही प्रतीत होता है।

संस्कृत-पालि-प्राकृत के श्लिष्ट भाषा-कुल से उत्पन्न अपभ्रंश होने के कारण एक नई भाषा बनकर उभरी, वह उक्त तीनों भाषाओं से दूर तथा हिन्दी एवं अनेक आधुनिक भारतीय भाषाओं की जननी है।

इस प्रकार अपभ्रंश देशी भाषा 'अवहट्ट' से ज्यादा विकसित भाषा बन गई। इस मत को आचार्य हजारीप्रसाद द्विवेदी ने बड़े ही वैज्ञानिक ढंग से प्रस्तुत किया है। "महामहोपाध्याय हरप्रसाद शास्त्री ने पहले-पहल विद्यापति की 'कीर्तिलता' का प्रकाशन बंगाली वर्णमाला में कराया था। कीर्तिलता और कीर्तिपताका—ये दोनों रचनाएँ विद्यापति की हैं। इनकी भाषा भी काफी देशज अपभ्रंश है। इसके दोहों में परिनिष्ठित अपभ्रंश के अनेक प्रयोग मिलते हैं। स्वयं कवि ने इस भाषा को अवहट्ट कहा है। इसमें उन दिनों मैथिली अपभ्रंश के रूप में मिल जाते हैं।

सन्देशरासक के टीकाकार ने उसकी भाषा को 'अवहट्ट' ही कहा है। ऐसा जान पड़ता है कि जैनाचार्यों के बनाए व्याकरण—नियमों से जो भाषा पूर्णत: बँधी नहीं थी, बल्कि कुछ अधिक विकसित और रूढ़ि-मुक्त थी, उसे अवहट्ट कहा जाने लगा था। भाषाशास्त्री इस प्रकार की भाषा को विकसित अपभ्रंश कहते हैं। इस श्रेणी के साहित्य को अब अपभ्रंश का ही विकास माना जाता है।

यह साहित्य नए छन्दों और अलंकारों से परिपूर्ण है।

जब कोई जाति किसी नवीन जाति के सम्पर्क में आती है तब उसमें नई चेतना के लक्षण प्रकट होने लगते हैं। परिणामत: साहित्य में नए काव्य रूपों, नए छन्दों एवं विषयों का प्रवेश होता है। वैदिक साहित्य के बाद लौकिक संस्कृत काव्य की चेतना इसी प्रकार विकसित हुई है। पालि और प्राकृत गाथाओं से इसी प्रकार अपभ्रंश के दोहा बन्ध या दूहा की प्रथा चल पड़ी। 'प्रबन्ध चिन्तामणि' में दूहा विधा को अपभ्रंश काव्य का पर्यायवाची शब्द माना गया है। गाहावन्द प्राकृत का काव्य है। माइल्ल धवल ने पहले इसकी रचना दूहा छन्द में की थी। बाद में उसे गाथाबद्ध कर दिया गया।

तात्पर्य यह है कि अपभ्रंश में दोहा छन्द की प्रधानता थी। दोहा छन्द इतना सरल, सरस और मधुर है कि महाकवि कालिदास के काव्य 'विक्रमोर्वशीयम्' में भी यह दोहा छन्द दिखाई पड़ता है—

मइ जाणिअै मिअलोयणीणिसिअरूको इहरेइ।
जाव ण णावतडि सामलो धारा हरू वरिसेइ।।

जैन और सिद्ध कवियों ने भी अपने धर्म प्रचार के लिए इस दोहा छन्द में कई रचनाएँ कीं। तब दोहा की महिमा इतनी अधिक थी कि स्वयं सरहपाद ने कहा कि नव दोहा छन्द में गुह्य बातें कही गई हैं। सरहपाद के इस कथन से अपभ्रंश काव्य के दोहा छन्द की महिमा का बोध होता है।

इसी प्रकार हेमचन्द्र ने अपने 'छन्दानुशासन' में एक संस्कृत दोहे का उदाहरण दिया है। दोहों का यह छन्द रूप 12वीं सदी के बाद शुरू हुआ। 'प्राकृत पैंगलम्' में 13/11 मात्राओं का क्रम निर्देशित हुआ है तथा लघु गुरु की गणना के आधार पर उसके 23 भेद हुए हैं। जिस समय सिद्धों ने दोहा छन्दों को अपनाया, उस समय इस छन्द की कोई सुखद स्थिति नहीं थी, अत: उसमें एकरूपता के दर्शन नहीं होते हैं। इन दोहों को गाया भी जाता रहा है। ऐसे दोहों को बज्र गीति कहते हैं। साधनमाला में चार वज्रगीतियाँ हैं। महासमय गीतिका में पाँच दोहे ध्यानी बुद्धों के प्रति तथा पाँच दोहे उनकी भार्याओं के प्रति हैं। ये सभी वज्रगीतियाँ हैं। वज्र यानी साधनाओं के समय साधक इन गीतिकाओं को बड़ी लय के साथ

गाते हैं और उस लय पर नृत्य भी करते हैं, किन्तु वज्रगीतियों के अतिरिक्त जो दोहाकोश हैं, उनके गाए जाने का कोई प्रमाण नहीं मिलता है। वज्रगीतियों की छन्द-योजना 13+12 मात्राओं की बताई गई है।

स्पष्ट है कि अपभ्रंश काव्य प्रधान रूप से गेय परम्परा का काव्य है। कहीं 13+12 मात्राएँ प्राप्त होती हैं, तो कहीं 14+12 और कहीं 13+11 मात्रा। कुछ विद्वानों का यह मत ठीक ही लगता है कि ये तीनों परम्पराएँ पहले से चली आ रही थीं। प्राकृत पैंगलम् में केवल 13+11 के क्रम को ही मान्यता प्रदान की गई है। कई स्थानों में सोरठे भी मिलते हैं। दोहे में कुछ अन्य छन्द जैसे—उल्लाला, द्विपदी, महानुभाव तथा मरहट्ठा भी मिलते हैं। डॉ. धर्मवीर भारती के मतानुसार ''इन दोहों में 16 मात्राओं के समचतुष्पदी छन्द प्रयुक्त हुए हैं। समचतुष्पदी छन्द दोहों या गाथा के साथ समस्त अपभ्रंश साहित्य में व्यवहृत होते थे। इसके दस भेदों का प्रयोग परवर्ती चारण साहित्य में हुआ है। डॉ. शाहिदुल्ला ने इन पादाकुलक और अड़िल्ला के उदाहरण दोहाकोश में दिए हैं।

अपभ्रंश का लोकप्रिय छन्द है पादाकुलक। इनकी मात्राएँ हैं 4+4+4+4 उदाहरणार्थ—

एक्कुण किज्जइ मन्त ण तन्त। णिअ-घरणी लइ लेकि करन्त।।
णिअ-घरें घरणी जाव ण मज्जइ। ताव कि पंच्च वण विहरिज्जइ।।

अनेक वैयाकरणों का अभिमत है कि इन्हीं चतुष्पदियों से हिन्दी चौपाइयों का विकास हुआ है। हेमचन्द्र का कथन है कि अपभ्रंश साहित्य में कड़वक का स्थान महत्त्वपूर्ण है। उसका प्रचलन सर्वत्र देखा जाता है। इसमें चार पद्धतियों के साथ एक धत्त की योजना होती है। तभी कड़वक की पूर्णता मानी जाती है। सिद्धों के दोहाकोश में कोई स्थिर और सर्वमान्य नियम नहीं दिखता है। उदाहरण स्वरूप तिलोपा, सरहपा और कन्हपा के दोहों को लिया जा सकता है। तिलोपा के दोहा कोश में सम चतुष्पदियों के बारह चरणों के बाद एक दोहा है। दूसरे कड़वक में चार चरणों और तीसरे में 42 चरणों के उपरान्त एक दोहा आता है। सरहपा एवं कन्हपा के दोहों में भी किसी निश्चित नियम का अभाव है। चर्यापदों में जो छन्द प्रयुक्त हुए हैं, वे मात्रिक है। वहाँ पादाकुलक की ही प्रधानता है। ऐसा कुछ लोगों का अभिमत है कि पादाकुलक से ही बंगाली छन्द पयार और त्रिपदी का विकास हुआ है। यहाँ पयार छन्द बंगाल तथा पूर्वी मगध का लोक प्रचलित छन्द था, जिसमें 15 मात्राएँ प्रयुक्त होती थीं। उदाहरणार्थ भुसुक के इस छन्द को उद्धृत किया जा सकता है—

राउत भणइ बढ़ भूसुकु भणइ बढ़ सअला अइस सहावा।
जइ तो कूढा अच्छसि भान्ती पुच्छहु सद्गुरु पावा।।

इस सन्दर्भ में डॉ. सुकुमार सेन का अभिमत है कि इसी से बंगाली त्रिपदी का विकास हुआ है। जयदेव, चंडीदास और विद्यापति के पदों में भी इस परम्परा का विकसित रूप देखने को मिलता है। आचार्य रामचन्द्र शुक्ल ने विद्यापति को जयदेव का अभिनव रूप माना है। जयदेव तो चंडीदास, विद्यापति के बीच की कड़ी हैं। उनके मात्रा वृत्तों में ताल, वृत्त तथा ताल संगीत का समन्वय है, जिसका उद्भव लोक जीवन से हुआ था। अपभ्रंश लोक जीवन की संगीतमयी भाषा है। सिद्ध कवि अपने उपदेशों तथा अपनी वाणियों को नृत्य और संगीत के साथ लोगों के सामने उपस्थित कर उन्हें अपनी ओर आकृष्ट करते थे। यह दोहा-चौपाई शैली लम्बे वर्णनात्मक काव्यों में प्रयुक्त होती रही है। चतुष्पदियों का पूरा कड़वक तब गाया जाता था और धत्त या दोहे पर विराम लिया जाता था। बाद में तो पादाकुलकों को रागों में आबद्ध कर गाया जाने लगा। ये राग कितने थे, इसके प्रमाण तो नहीं मिलते, लेकिन चर्यापदों के साथ तिब्बती रुपान्तरों में कई राग थे जैसे—गूजरी, गुर्ज्जरी, देशाख, देवकी, धनसी, परमंजरी, बंगाल-भैरवी, मल्लारी, मालती (श्री), मालशी गबूड़ा, रामकी, बलाड्डि, बराडी, शबरी आदि।

सन् 1210 ई. का ग्रन्थ संगीतशास्त्र का पुराना ग्रन्थ माना जाता है। इसमें राग-रागिनियों के उल्लेख मिलते हैं। टीकाकार का कथन है कि ये राग विभिन्न प्रान्तों और जातियों में प्रचलित हैं। यहाँ प्रश्न उठता है कि क्या सिद्धों ने इन्हीं विभिन्न जातियों की संगीत-पद्धतियों से अपनी संगीत-पद्धतियों का चयन किया। डॉ. धर्मवीर भारती ने संगीत रत्नाकर से भी अधिक पुराना एक ग्रन्थ माना है—नारद का 'संगीत-मकरन्द'। उसमें चर्यापदों में उल्लिखित बहुत-से रागों के नाम हैं, जैसे—धनखी (धन्नाखी), गुर्जरी, बंगाल, पटमंजरी, भैरवी मल्हार (मल्लारी)। इन रागों को प्रात: गाने का विधान है। शबरी (साबेरी?) मध्याह्न में गाई जाती थी। इसी प्रकार रामकी (रामकृती), गौड़ बराटी, देवकी, (देवकिया), घनाश्री, कामोद आदि का विभाजन स्त्री, पुरुष तथा नपुंसक रागों में किया गया है। यदि यह ग्रन्थ 'संगीत रत्नाकर' से भी पुराना है, जैसा कि इसके तथा संगीत-रत्नाकर दोनों के सम्पादक श्री तेलंग का विचार है तो यह नि:सन्देह सिद्धों के समय में ही लिखा गया होगा। इसे प्रामाणिक मानकर हम निश्चित रूप से कह सकते हैं कि सिद्धों के पदों के राग शास्त्रीय पद्धति से पृथक् नहीं थे। जिस प्रकार अपभ्रंश, अवहट्ट आदि को देसभाषा नाम प्रदान किया गया है, उसी तरह सिद्ध-साहित्य में प्रयुक्त संगीत को देशी संगीत मानकर अभिहित किया गया है। वैदिक ऋचाएँ

भी गेय हैं, लेकिन उन्हें गन्धर्व प्रणाली में रखकर, वैदिक भाषा को देवभाषा का सम्मान देते हुए, देवोचित संगीत कहा गया है। सिद्धों के छन्दों की स्वरमयता को मानवोचित रूप देकर इसे लोकजनित संगीत कहा गया है। बाद में इसे संगीतकार पाणिनि ने नियमों से आबद्ध कर दिया। इस प्रकार भाषा और संगीत का सम्मिश्रण हो गया, फलत: वह परवर्ती अपभ्रंश 'पुरानी हिन्दी' के रूप में जनजीवन तथा साहित्य-सृजन, दोनों में केन्द्रित हो गई।

सातवीं शती के उत्तरार्द्धवाली अपभ्रंश भाषा तथा 'पुरानी हिन्दी' बहुत-कुछ समरूप हैं। महापंडित राहुल सांकृत्यायन ने अपनी प्रसिद्ध पुस्तक 'हिन्दी काव्यधारा' की भूमिका में अपभ्रंश भाषा को हिन्दी से सर्वथा भिन्न नहीं माना है। इसी से वे सरहपा को हिन्दी का प्रथम कवि मानते हैं। सरहपा का समय आठवीं शती निर्धारित किया गया है।

इस साहित्यिक परम्परा के प्रथम युग को राहुल जी ने लगभग 250 वर्ष और पीछे ले लिया है। इस युग को वे सिद्ध सामन्त युग (760 ई. से 1300 ई. तक) नाम देते हैं। इस युग का एक छोर उन्होंने सरहपा (760 ई.) और दूसरा छोर राजशेखर सूरि (1300 ई.) को माना है। इस प्रकार परिनिष्ठित अपभ्रंश और उसके परवर्ती रूप 'अवहट्ट तथा 'पुरानी हिन्दी' को राहुल जी एक ही साथ लेकर इस समग्र युग की हिन्दी साहित्य का आदिकाल मानते हैं। राहुल जी से पूर्व पं. चन्द्रधर शर्मा गुलेरी ने भी हेमचन्द्र के व्याकरण के दोहे, मुंज तथा अन्य अपभ्रंश—कवियों के मुक्तक पद्यों का संग्रह प्रस्तुत करते समय इनकी भाषा को स्पष्टत: 'पुरानी हिन्दी' कहा था।

परवर्ती अपभ्रंश को 'पुरानी हिन्दी' संज्ञा देनेवाले विद्वानों का प्रमुख तर्क यह है कि यहाँ आकर भाषा में असाधारण परिवर्तन हो गया। उसका ढाँचा बिलकुल बदल गया। उसने नए सुबन्तों की, तिङन्तों की सृष्टि की। ऐसी सृष्टि की है, जिससे वह हिन्दी से अभिन्न हो गई और संस्कृत, प्राकृत, पालि से भिन्न हो गई (राहुल सांकृत्यायन... हिन्दी काव्यधारा...अवतरणिका, पृ. 9)

7वीं, 8वीं शताब्दी से अपभ्रंश साहित्य पर्याप्त मात्रा में उपलब्ध होने लगता है। इस युग के सबसे प्राचीन कवि हैं—स्वयम्भू। इस कालावधि को अपभ्रंश का स्वर्ण-काल कहा गया है। स्वयम्भू रचित काव्य हैं—'पउमचरिउ'। इसे 7वीं शताब्दी की रचना माना जा सकता है। इस युग में रचित अन्य महत्त्वपूर्ण कृतियाँ हैं—

1. महापुराण, पुष्यदन्त (दसवीं शती)

2. भविषयत्त कहा—धनपाल (10वीं शती)

3. बाहुबली चरिउ—धनपाल

ये कृतियाँ जैन सम्प्रदाय के आराध्य पुरुषों से सम्बन्धित हैं। उनका मुख्य विषय है—कर्मफल-प्राप्ति। ये कथाएँ मुख्यत: शान्त रस में केन्द्रित हैं। कहीं युद्ध वर्णन, कहीं साहसिक वर्णन और कहीं प्रेम कथा। किन्तु सबकी परिणति अन्तत: वैराग्य में हुई है।

जैन साहित्य में प्रबन्ध काव्यों के अतिरिक्त मुक्तक काव्य भी प्रभूत मात्रा में रचे गए हैं। जैसे—योगीन्द्र का योगसार, मुनि राम साहु का 'पाहुड़' 'दोहा' और सुप्रभाचार्य का वैराग्यसार। इसी युग में हेमचन्द्र का प्राकृत व्याकरण-छन्दोनुशासन, राजशेखर का प्रबन्ध कोश तथा मेरुतुंगाचार्य द्वारा रचित 'प्रबन्ध चिन्तामणि' तथा पुरातन प्रबन्ध संग्रह, 'प्राकृत पैंगलम्' आदि। इन रचनाओं पर दृष्टि डालते हुए यह कहा जा सकता है कि हिन्दी की अनेक काव्यधाराओं का गहरा सम्बन्ध अपभ्रंश से है। अपभ्रंश के काव्य रूपों, छन्दों और कथानक रूढ़ियों का गहरा प्रभाव हिन्दी काव्य पर पड़ा है। हिन्दी का सन्त काव्य, सूफी प्रेमाख्यानक काव्य, राम-कृष्णपरक भक्ति काव्य, वीर काव्य और श्रृंगार काव्य मूलत: अपभ्रंश से प्रेरित है। हिन्दी सन्त काव्य का मूलाधार है—सिद्ध, नाथ, जैन परम्परा। सिद्ध कवियों ने वज्रयानी साधना-पद्धति की तान्त्रिक प्रवृत्तियों का प्रचार किया था। उनका विरोध करते हुए गोरखनाथ ने योग मत का आश्रय लेकर शुद्ध यौगिक साधना की नींव डाली। सिद्धों ने भागवती प्रज्ञा के प्रति महाराग व्यक्त करते हुए जो काव्य-परम्परा विकसित की, उसे नाथ कवियों ने खंडित या पुनर्गठित करके शुद्ध साधना में बदल दिया।

इस युग में सूफियों की जो मसनवी शैली प्रचलित हुई, वह अपभ्रंश के कथा काव्यों से प्रेरित है। ये कथा काव्य प्राय: लोकजीवन में केन्द्रित हैं। दोनों में मिलती-जुलती रूढ़ियाँ हैं—मंगलाचरण, आत्म-निवेदन, सज्जन दुर्जन-चर्चा आदि। इनका छन्दोविधान भी प्राय: समान है। अपभ्रंश की 'कड़वक' शैली भी कालान्तर में दोहा, चौपाई में ढल गई और हिन्दी काव्य में विलयित हो गई।

भक्ति काव्य के बीज दोनों भाषाओं की काव्य कृतियों में विद्यमान हैं। इसी प्रकार शौर्य और श्रृंगार का मिश्रण दोनों में दिखाई देता है। हेमचन्द्र के दोहों में इसके उदाहरण भरे पड़े हैं। यह भी उल्लेखनीय है कि हिन्दी चरितकाव्य की प्रवृत्ति अपभ्रंश से ही शुरू हुई है। इसके अतिरिक्त नीति कथन और अन्योक्ति प्रणाली का स्रोत भी अपभ्रंश में देखा जा सकता है। अपभ्रंश काव्य में लौकिक श्रृंगार है तो प्रतीकात्मक आध्यात्मिक श्रृंगार भी है। यह भी ज्ञातव्य है कि हिन्दी

सन्त कवियों का निर्गुण तत्त्व चिन्तन अपभ्रंश परम्परा से ही आया है। स्वच्छन्द प्रणय के वर्णन भी अधिकांशत: अपभ्रंश से प्रेरित हैं। वीर काव्य की ओजस्वी भाषा भी अपभ्रंश से होती हुई डिंगल में आई हैं। अपभ्रंश के पद प्राय: लोक प्रचलित राग-रागिनियों में गाए जाते थे। ये सिद्धों के 'चर्या पद' से प्रभावित थे। इन्हें देशी नाम दिया गया था। कविता में तुकान्त की परम्परा इन्होंने ही शुरू की थी। इन कवियों ने चार-चार छन्दों के कड़वक बनाए। इनका प्रचलित छन्द है—पद्धणिया और चौपइ अर्थात् चौपाई। अपभ्रंश काव्य-परम्परा में नख-शिख वर्णन, संयोग-वियोग वर्णन, नगर वर्णन और ॠतुवर्णन बहुत किया गया है। नाम परिगणना भी जमकर कराई गई है। भाषा के स्तर पर एक विशिष्ट प्रवृत्ति दिखाई देती है। वह है —ध्वन्यात्मकता अर्थात् अनुकरणात्मक शब्द-प्रयोग की। जैसे—

'झिरमिर झिरमिर झिरमिर ये मेहा बासन्त।'

स्थूलि भद्र फाग इसी से प्रेरित है। वीरकाव्यों में अमृत ध्वनि छन्द का प्रयोग किया गया है। तात्पर्य यह है कि परवर्ती अपभ्रंश और प्राचीन हिन्दी काव्य परस्पर पूरक हैं।

परवर्ती अपभ्रंश और 'पुरानी हिन्दी'

हिन्दी भाषा और साहित्य के आदिकाल का उद्‌भव कब से माना जाएगा? यह विवाद वर्षों से लम्बित है। प्रारम्भिक इतिहासकारों का मत था कि अपभ्रंश के बाद हिन्दी भाषा का जन्म हुआ है। इस मत को निरस्त करते हुए राहुल जी ने यह स्थापना की थी कि परवर्ती अपभ्रंश ही 'पुरानी हिन्दी' है। प्रसिद्ध भाषाविद् गुलेरी जी ने अनेकानेक प्रमाणों के माध्यम से यह सिद्ध किया था कि संस्कृत, पालि और प्राकृत की परम्परा में जो 'देस भाषाएँ' विकसित हुईं, उन्हें ही अपभ्रंश, अवहट्‌ट, अवहंस आदि नाम दिए गए हैं। विद्यापति ने उसे 'देसिल बयना' कहा था। राजस्थान में उसे डिंगल कहा गया था। आदिकाल के तान्त्रिकों और योगमार्गी बौद्धों ने उसे 'प्राकृताभास भाषा' कहा था। वस्तुत: इस भाषा का सिद्धों, जैन कवियों और नाथ कवियों ने भरपूर उपयोग किया है। राहुल जी ने सिद्धनाथ कवियों की खोज करते हुए 'प्राचीन काव्यधारा' नामक ग्रन्थ में छठी शताब्दी उत्तरार्द्ध से आठवीं शताब्दी तक सैंतालीस कवियों को इस भाषा से सम्बद्ध सिद्ध किया है। गुलेरी जी ने हेमचन्द्र के व्याकरण में प्रयुक्त दोहों से और भोज, मुंज आदि कवियों की रचनाओं से इस भाषा के कई नमूनों की ओर ध्यानाकर्षण किया है। इन पुराविदों के अनुसार अपभ्रंश का प्रयोग पाँचवीं शताब्दी से शुरू हुआ है। कालिदास ने 'विक्रमोर्वशीयम्' नामक नाटक में प्रथम बार जनसामान्य के लिए अपभ्रंश संवादों का प्रयोग किया। भोज ने 'सरस्वती कंठाभरण' में इस भाषा को स्थान दिया। इन विद्वानों के अनुसार वर्धन युग अर्थात् छठी शताब्दी में प्राकृत और अपभ्रंश दोनों भाषाओं का समानान्तर विकास हुआ है। उस युग में अपभ्रंश के 24 प्रकार और देसभाषाओं के 18 भेद विकसित हुए। इनका उपयोग गुणाढ्य, राजशेखर आदि ने भी किया है।

कतिपय विद्वानों का यह भी मत है कि अपभ्रंश कोई पृथक् भाषा नहीं थी। वस्तुत: प्राकृत भाषाओं के बोलचाल वाले रूप को ही अपभ्रंश कहा गया था, क्योंकि बोलचाल से जुड़ जाने के कारण उनका शब्दानुशासन अस्त-व्यस्त हो गया था। यह विचारणीय है कि कोई भी अपनी भाषा को अपभ्रंश अर्थात् भ्रष्ट

नहीं कहना चाहेगा। यह आक्षेप प्राकृत और संस्कृत के महापंडितों द्वारा किया गया था। वस्तुत: प्राकृत का साहित्यिक रूपे 'महाराष्ट्री प्राकृत' हो गया था और अपभ्रंश जनभाषा (वर्नाक्युलर) रूप में परिणत हो गई थी। यही कारण है कि अपभ्रंश के स्वतन्त्र भेद विकसित हुए, बल्कि प्राकृत के भेदों (जैसे—मागधी, नागर, शौरसेनी आदि) को ही अपभ्रंश के साथ जोड़ दिया गया।

इसी अपभ्रंश से ब्रज, अवधी, खड़ीबोली, मैथिली, राजस्थानी आदि का आविर्भाव हुआ है। यह परम्परा सातवीं शताब्दी से पूरे वेग के साथ आरम्भ हुई। इसीलिए डॉ. रामकुमार वर्मा ने अपभ्रंश से प्रभावित आदिकाल को सन्धिकाल का नाम दिया। आचार्य रामचन्द्र शुक्ल ने उसको 'देसभाषा' नाम दिया। आचार्य हजारीप्रसाद द्विवेदी ने यह स्थापित किया कि इस अपभ्रंश से राजस्थानी, डिंगल, मैथिली,—अवहट्ट, ब्रज-अवधी, पंजाबी, गुजराती, मराठी, अरबी, फारसी आदि का जो मिला-जुला रूप विकसित हुआ, उसे ही कालान्तर में आभीर संस्कृति से युक्त हिन्दी कहा गया है।

ज्ञातव्य है कि 'पुरानी हिन्दी' की यह लेखन-परम्परा सातवीं शताब्दी से शुरू हुई है। इस परम्परा का प्रथम कवि है—पुष्य, जिसका एक नामान्तर 'पुष्प' भी 'शिवसिंह सरोज' में प्राप्त होता है। पुष्य ने सातवीं शताब्दी में 'महापुराण' की रचना की, जिसमें पहली-पहली बार 'पुरानी हिन्दी' भाषा लिखी गई है। इसे भी हिन्दी काव्य का प्रस्थान कहा जा सकता है।

आदिकाल के हिन्दी काव्य की दूसरी रचना है—स्वयम्भू का 'पउमचरिउ' (सातवीं शती) जो 'पद्मपुराण' पर आधारित रामकथा है। दूसरा 'पउमचरिउ' विमल सूरि रचित है।

इसी अवधि (8वीं शताब्दी) में देवसेन ने 'दोहाकोश' की रचना की। स्वयम्भू और देवसेन को अब विद्वान परवर्ती अपभ्रंश अर्थात् पुरानी हिन्दी से जुड़ा हुआ मानने लगे हैं।

इन कवियों की अपेक्षा 7वीं शती के कवि सरहपाद हिन्दी से ज्यादा जुड़े हुए दिखाई देते हैं। सरह ने 758 ई. में 'दोहाकोश' की रचना की। उसकी भाषा का एक नमूना द्रष्टय है—

'करुणा रहित जो सून्यहि लागा।
''नहिं तेहि पावहि उत्तम मागा।।

अर्थात् जो निष्करुण भाव से केवल शून्य की साधना करता है, उसके द्वारा उत्तम मार्ग (सुगति) सहजोपलब्ध्य नहीं है। सरह ने चर्यापदों की रचना भी इसी भाषा में की है। वे दर्शन का दिग्दर्शन करते हुए लिखते हैं—

''जेहि मग पवन न संचरइ रवि ससि नाई प्रवेश।'

यह भाषा स्पष्टत: समकालीन हिन्दी के निकट (बहुत निकट) है। ऐसे ही भाषिक प्रयोग धनपाल रचित 'भविषयत कहा' (10वीं शती) में भी प्राप्त होते हैं।

कल्लोल ने 10वीं शती में 'ढोला मारू रा दूहा' की जो रचना की और रोड़ा ने 10वीं शती में राउरबेल' नामक जो कृति लिखी, उन दोनों में इससे मिलती-जुलती भाषा प्रयुक्त हुई है।

11वीं शती तक आते-आते यह भाषा काफी-कुछ सुस्थिर हो गई। रामसिंह द्वारा रचित 'पाहुड़ दोहा' में इसके समतुल्य कई प्रयोग प्राप्त होते हैं। यही नहीं, 11वीं शती में यह भाषा जन भाषा के रूप में प्रचलित हो गई, जो आगे चलकर अवधी के रूप में अभिहित की गई। इसीलिए इसमें दामोदर महापंडित ने 'युक्ति व्यक्ति प्रकरण' नामक ग्रन्थ की रचना की और उसके माध्यम से संस्कृत भाषा के व्याकरण को जन-जन तक पहुँचाया।

12वीं सदी में इस भाषा में कई महत्त्वपूर्ण हिन्दी रचनाएँ अस्तित्व में आईं। जैसे—अद्‌हमाण का 'सन्देश रासक,' खुसरो कृत 'कुतुब शतक' और 'खालिकबारी'। इस बीच खुसरो ने जो पहेलियाँ लिखीं, वे तो वर्तमान हिन्दी खड़ीबोली के काफी निकट दिखाई दे रही है। खुसरो के प्रसिद्ध पद निश्चय ही आज की हिन्दी के बहुत निकट हैं, जैसे—'बहुत कठिन है डगर पनघट की।'

''काहे को ब्याही विदेश रे, लखी बाबुल मोरे।''

'मोहे अपने रंग में रँग ले पिया।''

''गोरी सोवै सेज पर मुँह पर डाले केश।
चल खुसरो घर आपने रैन भयी चहुँ देश।''

''एक थाल मोती से भरा। सिर के ऊपर उल्टा धरा।''

खुसरो ने अरबी, फारसी, संस्कृत और लोक भाषाओं को मिलाकर मेलभाषा हिन्दी का नया रूप गढ़ा, जो आज तक प्रचलित है। यही नहीं, उन्होंने हिन्दी का पहला शब्दकोश (खालिकबारी) निर्मित किया। उसी क्रम में मुल्ला दाऊद कृत 'चन्दायन' (13वीं शती) विष्णुदास, रामानन्द कृत-रामकाव्य (13वीं शती) विद्यापति कृत कृष्णकाव्य (13वीं शती) और 'प्राकृत पैंगलम/जैसी रचनाएँ अस्तित्व में आईं।

निष्कर्ष यह है कि आदिकालीन हिन्दी साहित्य में अपभ्रंश मिश्रित 'पुरानी हिन्दी' का बहुश: प्रयोग किया गया है। इस अवधि में कई प्रकार की काव्य-परम्पराएँ विकसित हुईं। जैसे—नाथ सिद्ध साहित्य, चारण—रासोकाव्य, प्रशस्ति काव्य, जैन काव्य, सन्त साहित्य, सूफी काव्य, बीसल देव रास जैसे श्रृंगार

काव्य, रामकृष्ण काव्य, ढोलामारू जैसी लोक गाथा, युक्ति व्यक्ति प्रकरण, वर्ण-रत्नाकर, प्राकृत पैंगलम् जैसे व्याकरण ग्रन्थ, नीति काव्य आदि।

इस अवधि में गुजराती के कवि अखा, नरसी मेहता, मराठी के ज्ञानेश्वर, प्राकृत के गुणाढ्य आदि कवियों ने इस भाषा का प्रयोग किया। कालक्रम में यह भाषा काव्यभाषा रूप में स्थापित हुई। अस्तु; सिद्ध है कि प्राकृत से भिन्न और परवर्ती अपभ्रंश से उत्पन्न 'पुरानी हिन्दी' में रची गईं गद्य-पद्य कृतियों का यह सिलसिला 7वीं शताब्दी से 13वीं शताब्दी तक विद्यमान है। इससे लगता है कि हिन्दी का आविर्भाव बोलचाल की भाषा के रूप में छठी शताब्दी से अवश्य शुरू हुआ होगा और 100 वर्षों के भीतर उसने साहित्यिक भाषा का रूप धारण कर लिया होगा। इस प्रकार सिद्ध है कि हिन्दी भाषा ने अपने जीवन के लगभग 1500 वर्ष पूरे कर लिए हैं और अब वह शास्त्रीय भाषा की कोटि में पहुँच गई है।

भारत की जो अन्य शास्त्रीय भाषाएँ हैं, उनमें संस्कृत प्राचीनतम है। भारत की दूसरी प्राचीनतम भाषा है—तमिल। इसकी प्रथम कृति की रचना 400 वर्ष ईसवीपूर्व की मानी जाती है। इस प्रकार तमिल का अस्तित्व लगभग ढाई-तीन हजार वर्ष पुराना है।

तीसरे क्रम में कन्नड़ की गणना की जाती है। कन्नड़ के इतिहास में पूर्वपम्प युग आठवीं शताब्दी तक का माना जाता है। क्योंकि पम्पयुग की शुरुआत 950 ई. से मानी जाती है। कन्नड़ की प्रथम कृति 'कविराज मार्ग' की रचना 815 ई. में बताई गई है। इस प्रकार भाषा रूप में अवश्य ही उसके 1500 वर्ष पूरे हो गए होंगे।

द्रविड़ भाषाओं में तेलुगु भाषा भी काफी पुरानी है। इसका स्फुट साहित्य सातवीं शताब्दी से सम्बद्ध प्रतीत होता है। इतिहासकारों ने इसके आदियुग को पूर्ववर्ती अज्ञात युग माना है।

इस प्रकार तमिल, कन्नड़ ,तेलुगु एवं उड़िया का शास्त्रीय भाषा रूप सहज स्वीकार्य है। अब इनके साथ-साथ हिन्दी का शास्त्रीय रूप विचारणीय है। ऊपर जो तथ्य प्रस्तुत किए गए हैं, उनके अनुसार हिन्दी के अन्तर्गत पंजाबी, गुजराती, बँगला, मैथिली, असमी एवं मराठी बहुत अर्से तक सन्निविष्ट रही हैं। गुजराती में अब जिन कृतियों को सम्मिलित किया जा रहा है (जैसे—भरतेश्वर बाहुबली रास, चन्दन बाला रास, जैन कवियों के फागु, प्रबोध चिन्तामणि, सन्देश रासक आदि) वे हिन्दी साहित्य के इतिहास से भी सम्बद्ध हैं। इसी प्रकार पंजाबी के आदि कवि बाबा फरीद (1173 ई.) बुल्लेशाह, बारिसशाह, गुरु ग्रन्थ साहिब आदि हिन्दी-जगत से भिन्न नहीं है। कुछ ऐसी ही स्थिति मराठी की भी है। सन्त ज्ञानेश्वर

नामदेव, एकनाथ, तुकाराम, रामदास आदि ने प्रभूत मात्रा में हिन्दी में रचनाएँ प्रस्तुत की हैं। पूर्वांचल की भाषाओं में असमिया और बँगला में बाउलगीत, नाम घोषा, चर्यापद, कीर्तन और अंकिया नाट रचे गए हैं। उनकी 'ब्रजबुली' भाषा में हिन्दी का गहरा पुट है। दकनी हिन्दी ने मराठी और तेलुगु, कन्नड़ के साथ जो घनिष्ठ सम्बन्ध स्थापित किया, वह आज भी सुरक्षित है।

निष्कर्ष यह है कि हिन्दी भाषा किसी-न-किसी रूप में भारत की विभिन्न भाषाओं से जुड़ी हुई रही है। दूसरे, उसका प्राचीन रूप यानी परवर्ती अपभ्रंश (पुरानी हिन्दी) के रूप में छठी शताब्दी में और काव्यभाषा वाला रूप सातवीं शताब्दी में अस्तित्व में आया, जो कालक्रम में विकसित होता हुआ आज की मानक हिन्दी के रूप में स्थिर हो गया है। इस प्रकार सिद्ध है कि हिन्दी भाषा साहित्य का इतिहास लगभग डेढ़ हजार वर्ष पुराना है।

अपभ्रंश और हिन्दी के सहसम्बन्ध पर गम्भीर चिन्तन हुआ है। राहुल सांकृत्यायन ने 'हिन्दी काव्यधारा' की भूमिका में अपभ्रंश भाषा को हिन्दी से सर्वथा अभिन्न माना है। वे सरहपा को हिन्दी का प्रथम कवि मानते हैं। सरहपा का समय सातवीं शती निर्धारित किया गया है। हिन्दी साहित्य का परम्परागत इतिहास लगभग डेढ़ हजार वर्ष पूर्व से आरम्भ हुआ है। इस इतिहास को तीन युगों में विभक्त किया जाना उपयुक्त होगा—

1. आदिकाल (700 ई. से 1300 ई.)
2. मध्यकाल (1300 ई. से 1800 ई. तक)
3. आधुनिकाल (1800 ई. से...)

प्रथम युग को राहुल जी ने सिद्ध-सामन्त युग नाम दिया है। इस युग के एक छोर पर उन्होंने सरहपा को और दूसरे छोर पर राजशेखर सूरी (1300 ई.) को माना है। इस प्रकार परिनिष्ठित अपभ्रंश और उसके परवर्ती रूप 'अवहट्ट तथा पुरानी हिन्दी' को राहुल जी एक ही साथ लेकर इस समग्र युग को हिन्दी साहित्य का आदिकाल मानते हैं। राहुल जी से पूर्व चन्द्रधर शर्मा गुलेरी ने भी हेमचन्द्र के व्याकरण का दोहों को मुंज तथा अन्य अपभ्रंश कवियों के मुक्तकों पद्यों संग्रहों को प्रस्तुत करते हुए इनकी भाषा को स्पष्टत: 'पुरानी हिन्दी' कहा है।

अपभ्रंश को 'पुरानी हिन्दी' की संज्ञा देनेवाले विद्वानों का प्रमुख तर्क यह है कि अब भाषा में असाधारण परिवर्तन हो गया। उसका ढाँचा बिलकुल बदल गया। उसने नए सुबन्तों, तिङ्तों की सृष्टि की ओर ऐसी सृष्टि की, जिससे वह हिन्दी से अभिन्न और संस्कृत, प्राकृत, पालि से काफी भिन्न हो गई है। एक भाषावैज्ञानिक तथ्य है कि अपभ्रंश ध्वन्यात्मक संघटना की दृष्टि से भले

ही प्राकृत से अधिक दूर न गई हो, क्योंकि उसकी ध्वनियों का ढाँचा कमोबेश वही रहा, फिर भी उसकी पदरचनात्मक संघटना, उसका व्याकरणिक ढाँचा, संश्लिष्ट कोटि को छोड़कर विश्लिष्ट कोटि का होने लगा। निर्विभक्तिक पदों के प्रयोग और परसर्गों के उदय ने उसके वाक्य-विन्यास में भी ऐसी नवीनता ला दी, जो संस्कृत तथा प्राकृत के लिए अपरिचित थी। पर इतना होते हुए भी जब हम अपभ्रंश के व्याकरणिक ढाँचे का पर्यालोचन करते हैं तो ऐसा जान पड़ता है कि ये प्रवृत्तियाँ अपभ्रंश में केवल बीज रूप में हैं। भारतीय आर्यभाषाओं के भाषावैज्ञानिक अध्ययन की शुरुआत मध्यभारतीय आर्यभाषा के इसी अन्तिम युग, अर्थात् अपभ्रंश काल से हुई। इसी काल में उन भाषागत प्रवृत्तियों के दर्शन होने लगते हैं, जो आगे भारतीय आर्यभाषा की भेदक विशेषताएँ बन गईं।

परवर्ती अपभ्रंश को पुरानी, हिन्दी मान लेने का अर्थ यह नहीं है कि अपभ्रंश की समस्त कृतियाँ, केवल हिन्दी की ही सम्पत्ति हैं। ऐसी दशा में अन्य भारतीय आर्यभाषाओं के विद्वानों को आपत्ति हो सकती है। वस्तुस्थिति तो यह है कि, 'सारी आधुनिक उत्तम भाषाएँ पहले अपभ्रंश से जुड़ी हुई और बारहवीं-तेरहवीं शताब्दी में अपभ्रंश से अलग होती दीख पड़ती हैं। इस दृष्टि से उस समय तक, जबकि अपभ्रंश का साहित्यिक रूप सर्वथा अविभक्त मिलता है, अपभ्रंश भाषा को एक स्वतन्त्र इकाई के रूप में ही लेना ठीक होगा। 'पुरानी' विश्लेषण लगाकर एक भाषावैज्ञानिक नामकरण की कल्पना उसी समय से करनी चाहिए, जब स्पष्ट रूप में उसकी भेदक विशेषताएँ प्रस्फुटित होती हुई दिखाई दें। इस आधार पर हिन्दी साहित्य की परम्परागत ऐतिहासिक धारणा के द्वारा मान्य आदिकाल 700 ई. से 1300 ई. तक की भाषा को 'पुरानी हिन्दी' कहना अधिक ठीक होगा। यही युग है, जिसकी कृतियों में अपभ्रंश काल की भाषा की अपेक्षा विश्लिष्ट प्रकृति अधिक स्पष्ट हो गई है। भले ही मध्ययुग के आरम्भ में नए धार्मिक और सांस्कृतिक जागरण के कारण भाषा का ढाँचा अत्यधिक प्रभावित हुआ हो और उसने तत्सम बहुलता और अर्द्धतत्सम बहुलता के कारण 'पुरानी हिन्दी' की ध्वन्यात्मक संघटना को भी परिवर्तित कर दिया हो, किन्तु उसके व्याकरणिक या पदरचनात्मक रूपों का विकास बहुत हद तक उसी दिशा में होता रहा, जिसके स्पष्ट भेदक लक्षण आदिकाल की भाषा में थे।

अपभ्रंश एवं देस भाषाएँ

अपभ्रंश के कवियों ने अपनी भाषा के लिए 'अवहट्ट' 'अवभंश', 'अवहंस' आदि नामों के अतिरिक्त देशी, देश्य या देशी शब्द का भी प्रयोग

किया है। अपभ्रंश शब्द की भाँति ही यह शब्द भी मूलत: उन शब्दों के लिए प्रयुक्त मिलता है, जो जनसामान्य की देसभाषा में मिलते हैं और जिनकी व्युत्पत्ति संस्कृत शब्दों से सिद्ध नहीं की जा सकती। इस शब्द का सर्वप्रथम प्रयोग भरत के नाट्यशास्त्र में मिलता है। वहाँ उन्होंने तत्सम और तद्भव शब्दों की कोटि से भिन्न शब्दों की एक तृतीय कोटि भी मानी है, जिसे वे 'देशी मत' कहते हैं। अन्यत्र वे 'देसभाषा' शब्द का प्रयोग प्राय: सभी प्राकृत विभाषाओं के लिए करते हैं, जिसमें अपभ्रंश का भी समावेश हो जाता है। भरत के इस उल्लेख से 'अपभ्रंश और 'देशी' इन दो शब्दों का केवल इतना ही सम्बन्ध ज्ञात होता है कि 'देशी' उस समय की समस्त विभाषाओं के लिए प्रयुक्त सामान्य संज्ञा है, जिसमें अपभ्रंश भी अन्तर्भुक्त है। कालान्तर में 'देशी' या देशीवयण' (देशी वचन) का प्रयोग विशिष्ट प्राकृत के लिए भी होने लगा। प्राकृत जैन-कवि पावलिप्त ने 'तरंगवती-कथा' में अपनी भाषा को 'देसिवयण' कहा है, जो वस्तुत: महाराष्ट्री के लिए प्रयुक्त हुआ है। प्राकृत वैयाकरणों में इस शब्द का सर्वप्रथम प्रयोग करनेवाले चंड हैं, जिन्होंने अपने 'प्राकृत लक्षण' ग्रन्थ में 'देशी-प्रसिद्ध' शब्द का प्रयोग उन संस्कृतेतर तथा प्राकृतेतर शब्दों के लिए किया है, जो उस समय की बोलियों में प्रयुक्त होते थे। यहाँ यह नाम भाषा-विशेष का संकेत नहीं करता। ईसा की नवीं शती से अपभ्रंश-कवि 'देशी' शब्द का प्रयोग अपने काव्यों की उस भाषा के लिए करते दिखाई पड़ते हैं, जिसे प्राकृत वैयाकरण और आधुनिक भाषाशास्त्री अपभ्रंश कहते हैं। इस सम्बन्ध में स्वयम्भू से लेकर बाद तक के अपभ्रंश के कवियों के उद्धरण दिए जा सकते हैं। अपभ्रंश-काल के बाद भी इस शब्द का प्रयोग भारतीय आर्यभाषाओं के लिए मिलता है, ठीक उसी तरह, जिस तरह भारतीय आर्यभाषाओं के कई प्राचीन कवि अपनी भाषा को 'प्राकृत' कहते हैं। जिस तरह 'जूनी गुजराती' के कवि पद्मनाभ ने अपनी भाषा को 'प्राकृत कहा है और चंडीदास ने 'श्रीकृष्ण संकीर्तन' में बँगला के लिए 'प्राकृत' शब्द का प्रयोग किया है, उसी तरह सन्त ज्ञानेश्वर मराठी के लिए 'देशी' शब्द का प्रयोग करते हैं और दूसरी ओर विद्यापति ठाकुर 'कीर्तिलता' की भाषा को अवहट्ट के साथ-ही-साथ 'देसिल बयना' कहते हैं। वस्तुत: 'देशी' एक सामान्य संज्ञा है, जिसका अर्थ समसामयिक कथ्य शैली से है। यह प्रयोग ठीक उसी तरह होता है, जिस तरह अंग्रेजी शब्द 'वर्नाक्यूलर' का। इसलिए जिस तरह 'पुरानी हिन्दी' शब्द का प्रयोग भाषावैज्ञानिक दृष्टि से परवर्ती अपभ्रंश-काल की भाषा के लिए ठीक है उसी तरह 'देशी' शब्द भी। इस सम्बन्ध में 'देशी' शब्द पर कुछ और विचार करना आवश्यक है। प्राकृत वैयाकरणों के अनुसार 'देशी' शब्द वे हैं,

जिनकी संस्कृत अर्थात् तत्सम और प्राकृत अर्थात् तद्भव रूपों से व्युत्पत्ति नहीं जोड़ी जा सकती। प्राकृत वैयाकरण यह मानते हैं कि प्राकृत का प्रत्येक शब्द, रूप और अर्थ की दृष्टि से संस्कृत से ही विकसित नहीं माना जा सकता। संस्कृत के महापंडित शब्दार्थ—निरुक्ति—कुशलता के अनुपात में ही कुछ ऐसे शब्दों को देश्य घोषित करते हैं, जिन्हें अन्य विद्वान तत्सम अथवा तद्भव मानते हैं। 'देशी' शब्दों में अनेक ऐसे हैं, जिनका सम्बन्ध स्पष्टत: संस्कृत मूल शब्द या धातु से है, किन्तु जिनका कोई ठीक-ठीक रूप संस्कृत में नहीं मिलता। हेमचन्द्र ने 'देशी नाममाला'' में ऐसे ही शब्दों की तालिका, उनके समानान्तर संस्कृत शब्दों के साथ, संकलित की है। इस ग्रन्थ के आरम्भ में वे बताते हैं—'मैंने यहाँ उन शब्दों को निबद्ध किया है जो संस्कृत निरुक्ति और कोश में लक्षण के अनुसार न तो सिद्ध ही हैं और न प्रयुक्त ही। और जो गौणी या लक्षणा आदि शक्तियों के द्वारा भी व्युत्पादित नहीं किए जा सकते। कथ्य—भाषा में ऐसे अनन्त शब्दों का प्रयोग पाया जाता है, जो देश-विदेश में प्रयुक्त होते हैं, इसलिए 'देशी' पारिभाषिक संज्ञा उन शब्दों के लिए है, जो अज्ञात मूल होकर प्रकृत सहज कथ्यशैली में प्रयुक्त हैं।

प्राकृत तथा अपभ्रंश में उपलब्ध इन 'देशी' शब्दों का इतिहास निस्सन्देह मनोरंजक है। प्राकृत वैयाकरणों ने ऐसे अनेक शब्दों और धात्वादेशों को देशी मान लिया है जो किसी-न-किसी रूप में संस्कृत शब्दों से व्युत्पन्न जान पड़ते हैं। इसी तरह ऐसे भी अनेक देशी शब्द हैं, जिनका मूल उद्गम द्रविड़ तथा आग्नेय परिवार के शब्दकोश में ढूँढ़ा जा सकता है। इतना ही नहीं, अनेक देशी शब्द मूलत: ध्वन्यनुकरण के आधार पर बनाए गए जान पड़ते हैं। इन 'देशी' शब्दों की सम्पदा अपभ्रंश-काल में पर्याप्त है। यह शब्द राशि भारतीय आर्यभाषाओं में उत्तरोत्तर बढ़ती गई है।

आदिकाल का नामकरण

हिन्दी साहित्येतिहास के आरम्भिक युग को अधिकांशत: 'आदिकाल' के नाम से अभिहित किया गया है। इसका सही नामकरण और कालसीमा-निर्धारण बहुत दिनों से विचाराधीन है। इसके लिए सर्वप्रथम डॉ. ग्रियर्सन ने 'चारणकाल' नाम सुझाया और इसकी व्याप्ति 643 ई. से 1000 तक स्वीकार की। तत्पश्चात् मिश्रबन्धुओं ने उसका परिविस्तार करते हुए आदिकाल को 1387 ई. तक माना। उन्होंने इसको 'प्रारम्भिक काल' कहा। इतिहास-लेखन के क्रम में रामचन्द्र शुक्ल ने इसे 'वीरगाथाकाल' नाम दिया। उन्होंने इसकी अवधि 993 ई. से 1381 तक निर्धारित की। शुक्ल जी ने वीरगाथा सम्बन्धी 12 पुस्तकों के आधार पर इस युग के लक्षण-निरूपण और नामकरण का प्रयास किया था। अपने ग्रन्थ के वक्तव्य में उन्होंने जिन बारह कृतियों का उल्लेख किया है, उनमें खुमाण रासो, हम्मीर रासो, विजयपाल रासो और 'कीर्तिलता' परवर्ती काव्य-कृतियाँ हैं। खुसरो, विद्यापति और वीसलदेव रास के रचयिता नरपतिनाल्ह वीरगाथा काव्य-परम्परा से सम्बद्ध न होकर श्रृंगार और नीति काव्य-परम्परा से सम्बद्ध हैं। चन्दबरदाई कृत 'पृथ्वीराजरासो' और 'परमाल रासो' अवश्य वीरगाथाएँ हैं, किन्तु उनका अधिकांश अप्रामाणिक है। शेष दो कृतियाँ—'जयचन्द प्रकाश' और 'जयमयंक जसचन्द्रिका उन्हें उपलब्ध नहीं हुईं। ऐसी स्थिति में आचार्य शुक्ल द्वारा सन्दर्भित सामग्री तथा उनकी मान्यता सन्दिग्ध प्रतीत होती है।

आदिकाल, विशेषत: सिद्ध काव्य पर गहन मनन करते हुए राहुल सांकृत्यायन ने 'हिन्दी काव्यधारा' में चौरासी सिद्धों का उल्लेख किया है। उन्होंने उसे 'देशी भाषा' ही माना है। राहुल जी ने 'हिन्दी काव्यधारा' में 47 कवियों की रचनाएँ संगृहीत करके सरह (760 ई.) को प्रथम हिन्दी कवि घोषित किया है। साथ ही उनके 'दोहाकोश' का उन्होंने सम्पादन भी किया है। राहुल जी की यह खोज महत्त्वपूर्ण है, पर पूरे युग को सिद्धों-सामन्तों तक सीमित कर देना तथ्य युक्त नहीं है। इस युग पर विचार करते हुए डॉ. रामकुमार वर्मा ने इसे 'सन्धिकाल' एवं 'चारणकाल' नाम दिए। सन्धि से उनका तात्पर्य है—संस्कृत और देशी-विदेशी भाषाओं का समन्वय। यह हर भाषा साहित्य में बारम्बार होता रहता है, इसलिए

किसी एक युग को 'सन्धिकाल' नहीं कहा जा सकता। चारणकाल नाम तो डॉ. ग्रियर्सन बहुत पहले सुझा गए थे, किन्तु इस युग में चारण काव्य के अतिरिक्त दर्जनों काव्य-प्रवृत्तियाँ पाई जाती हैं, अत: इस शब्द में भी अव्याप्ति दोष है।

इस युग पर विचार करते हुए डॉ. 'रसाल' ने अपने इतिहास में 'जयकाव्य' और आचार्य विश्वनाथ प्रसाद मिश्र ने 'वीरकाव्य' नाम सुझाया है। ये दोनों संज्ञाएँ भी अधूरी हैं।

इन सबकी अपेक्षा तासी द्वारा प्रस्तावित 'अर्ली एज' शुक्ल जी के द्वारा प्रयुक्त तथा आचार्य हजारीप्रसाद द्विवेदी के शब्दों में व्यवहृत 'आदिकाल' नाम ही अपेक्षाकृत ज्यादा स्वीकार्य हुआ है। डॉ. बच्चन सिंह की यह शंका कि 'आदि' और 'अनादि' जैसे शब्दों से किसी आदिम स्थिति का आभास होता है, तर्कसंगत नहीं है। वस्तुत: प्रत्येक इतिहास का एक आदि (प्रस्थान) बिन्दु होता है और दूसरा अद्यतन।

डॉ. नगेन्द्र ने भी आदिकाल को ही समीचीन माना है और समस्त विवादों का समाहार करते हुए इसे मध्य सातवीं शती से चौदहवीं शती के उत्तरार्द्ध तक स्थापित किया है।

स्पष्ट है कि इस युग के लिए आदिकाल नाम ही अब रूढ़ हो गया है। इस पूरी अवधि में तीन भाषिक धाराएँ प्रवाहित होती दिखती हैं—

1. संस्कृत धारा—जो नवीं से ग्यारहवीं शताब्दी तक मुख्यत: कन्नौज और कश्मीर में केन्द्रित रही है। इससे आनन्दवर्द्धन, अभिनवगुप्त, क्षेमेन्द्र, राजशेखर, जयदेव, रामानन्द आदि सम्बद्ध रहे हैं। इनमें से कुछ रचनाकार हिन्दी की ओर भी उन्मुख हुए हैं।

2. प्राकृत, पालि-काव्यधारा, जिसमें मध्यदेश के जैन, बौद्ध, सिद्ध आचार्य विशेष सक्रिय रहे हैं। इन्होंने पुराणों की पुनर्रचना लोकभाषा के साथ जोड़कर की। पुष्यदन्त, देवसेन, मेरुतुंग, स्वयम्भू, विमलचन्द सूरि, हेमचन्द्र आदि को इस धारा से सम्पृक्त माना जाता है।

3. देशी या देसभाषा—जिसमें अपभ्रंश/ पुरानी हिन्दी के रचनाकार गण्यमान हैं।

यह ज्ञातव्य है कि छठी, सातवीं शती के मध्य जब 'पुरानी हिन्दी' का जन्म हुआ, तब संस्कृत, पालि, प्राकृत आदि की रचनाएँ भी पूरी मात्रा में की जा रही थीं। उसी बीच रामानुज (1060 ई.), निम्बार्क (1100 ई.), मध्वाचार्य (1197 ई.), रामानन्द (1292 ई.) आदि आचार्यों के सम्प्रदाय भी अपने-अपने स्थान पर सक्रिय थे। हिन्दी कवियों ने इन पूर्ववर्ती भाषाओं, काव्य-प्रवृत्तियों और

विचारधाराओं का उपयोग किया। तत्कालीन कवियों ने प्राय: कई-कई भाषाओं में रचनाएँ कीं, जैसे—जयदेव तथा रामानन्द ने संस्कृत के साथ-साथ हिन्दी में भी लिखा। ज्ञानेश्वर ने मराठी-हिन्दी दोनों में लिखा और पुष्यदन्त, स्वयम्भू आदि ने प्राकृत हिन्दी का मिला-जुला प्रयोग किया। अब्दुर्रहमान, धनपाल, रामसिंह, देवसेन आदि की रचनाओं में इन भाषाओं का मिला-जुला प्रयोग दिखाई देता है। जो रचनाएँ प्राकृत-अपभ्रंश के प्रभाव से लगभग पूरी तरह मुक्त रही हैं, वे हैं—खुमाण रासो, ढोला मारूरा दूहा, वीसलदेव रास, पृथ्वीराज रासो, मुंज रासो, परमाल रासो, जयचन्द्र प्रकाश, जयमयंक जस चन्द्रिका, चन्दनबाला रास, स्थूलिभद्र रास, रेवन्तगिरि रास, वसन्त विलास, नेमिनाथ रास, कुतुब शतक और खुसरो की पहेलियाँ। इनके ठीक विपरीत भरतेश्वर बाहुली रास, राउलबेल, वर्ण रत्नाकर, हम्मीर रासो और सिद्धों, श्रावकों, नाथों द्वारा रचित काव्यों में परवर्ती अपभ्रंश का प्रभाव अपेक्षाकृत अधिक दिखता है।

यह भी ज्ञातव्य है कि आदिकाल में पालि, प्राकृत और पुरानी अपभ्रंश से भिन्न जो साहित्य रचा गया, उस पर बौद्ध दर्शन से प्रेरित-प्रभावित सिद्धों और नाथों का गहरा प्रभाव था और किंचित् जैन श्रावकों का भी। इनके अतिरिक्त देस भाषा की डिंगल-पिंगल शैली में जो रासो ग्रन्थ रचे गए, उन्हें मुख्यत: चार वर्गों में विभाजित किया जा सकता है—(1) वीरगाथाएँ (2) प्रेमाख्यान (3) नीति एवं अध्यात्म परक काव्य (4) विविध विषयक। इस बीच जो भाषा विकसित हुई, उसमें प्राकृत, पिंगल, डिंगल, अवहट्ट, ब्रजबुली आदि के अतिरिक्त अवधी, पुरानी राजस्थानी, मैथिली, पंजाबी, लहंदी, गुजराती, मराठी, अरबी, फारसी आदि का पर्याप्त प्रभाव देखा जा सकता है।

समग्र रूप से विचार करने पर इस युग में 11 प्रकार की प्रवृत्तियाँ परिलक्षित होती हैं—

1. सिद्ध काव्य
2. नाथ काव्य
3. चारण काव्य, रासो काव्य एवं प्रशस्ति काव्य
4. श्रृंगार काव्य
5. जैन काव्य
6. सूफी काव्य
7. सन्त काव्य
8. राम काव्य
9. कृष्ण काव्य

10. लोक काव्य

11. गद्य रचनाएँ, व्याकरण एवं संग्रह ग्रन्थ

इनका क्रमशः विवेचन करते हुए ही आदिकाल के इतिहास का पुनर्लेखन करना उपयुक्त होगा।

साहित्येतिहास-दर्शन की दृष्टि से, जैसे-जैसे समय आगे बढ़ता जा रहा है, उसी अनुपात में मध्यकाल एवं आदिकाल की अवधि भी आगे बढ़ती जाएगी। जब आदिकाल को तेरहवीं शती तक विस्तारित करना होगा और उसमें सन्त नामदेव, अखा को सूफी कवि मुल्ला दाऊद, बुल्लेशाह, फरीद आदि को, रामकाव्य धारा के कवि ईश्वरदास, विष्णुदास को कृष्णकाव्य धारा में विद्यापति आदि को रखना न्यायोचित होगा।

उपर्युक्त प्रवृत्तियों के आधार पर यह भी कहा जाना तथ्याश्रित होगा कि आदिकाल में प्रायः सभी प्रवृत्तियों का अंकुरण हुआ है, जैसे—शृंगार, भक्ति, नीति, नाथ, सिद्ध, जैन काव्य, वीर काव्य, सन्त-सूफी काव्य, लोक काव्य भाषा चिन्तन आदि। अस्तु, इसका नामकरण 'आदिकाल' ही औचित्यपूर्ण है।

काल-निर्धारण की समस्या

आदिकाल से सम्बन्धित सम्प्रति जो आकर ग्रन्थ या अभिलेख प्राप्त हैं, उनके काल-निर्धारण को लेकर अधिकतर इतिहासकार परस्पर असहमत हैं। आचार्य रामचन्द्र शुक्ल उसे 'वीरगाथा काल' कहते हैं और 993 ई. से 1318 ई. तक उसकी समय-सीमा निर्धारित करते हैं। उनसे पूर्व मिश्रबन्धुओं ने उसे 'प्रारम्भिक काल' नाम दिया और उसे 643 ई. से 1343 ई. तक विद्यमान माना। मिश्रबन्धुओं से पूर्व ग्रियर्सन ने इसे 'चारणकाल' नाम दिया और 643 से 1000 ई. तक इसकी व्याप्ति स्वीकार की। उसी क्रम में राहुल जी ने आदिकाल को सिद्ध सामन्त काल कहकर छठी शताब्दी तक पहुँचाया। दूसरी ओर आचार्य हजारीप्रसाद द्विवेदी, डॉ. रामकुमार वर्मा, डॉ. रसाल आदि ने इसकी शुरूआत 1000 ई. से स्वीकार की। यहीं नहीं; गुलेरी जी ने 11वीं शती तक परवर्ती अपभ्रंश की उपस्थिति महसूस की तथा डॉ. शिवप्रसाद सिंह ने 12वीं शती तक।

तात्पर्य यह है कि हिन्दी भाषा साहित्य के जन्म का यह प्रकरण सात सौ वर्षों तक व्याप्त है। यह स्वत: प्रमाण है कि आदिकाल के सम्बन्ध में विद्वानों ने यथेष्ट शोध-सर्वेक्षण नहीं किया है। इसके मुख्य दो कारण रहे होंगे—

1. आधारभूत कृतियों का अभाव
2. शोध-समीक्षापूर्ण इतिहास-दृष्टि की कमी।

अपभ्रंश-प्रेरित पुरानी हिन्दी तथा देशी भाषाओं की आरम्भिक अनगढ़ कृतियों को यथाविधि, यथासमय सुरक्षित-संरक्षित नहीं किया गया, क्योंकि तब उनकी ऐतिहासिक महत्ता का पूर्वाभास नहीं हो पाया होगा। मूल साक्ष्यों के अभाव में आज आदिकाल के सही इतिहास-निर्माण के समक्ष अनेक बाधाएँ विद्यमान हैं।

दूसरा इससे बड़ा कारण है— शोध-दृष्टि के अभाव का। हिन्दी के अधिकतर पुराने विद्वान संस्कृत के मार्ग से चलकर आए हैं। उनका यह विश्वास रहा है कि संस्कृत युग-युग तक पूरे देश में व्याप्त थी। अस्तु, अब तक उन्होंने हिन्दी भाषा के प्रस्थान-काल को स्थगित रखा है। गुलेरी जी संस्कृत के प्रकांड पंडित थे। हिन्दी के प्रति भी वे निष्ठावान् थे। उन्होंने संस्कृत के बाद की भाषा को परवर्ती

अपभ्रंश एवं 'पुरानी हिन्दी' नाम दिया किन्तु उसका आरम्भ 11वीं शती से माना। आचार्य हजारीप्रसाद द्विवेदी 1000 ई. से पहले इसीलिए हिन्दी का उद्‌भव नहीं स्वीकार कर पाए। दूसरी ओर हैं राहुल जी। बौद्ध मत से प्रभावित होने के कारण उन्होंने प्राकृतों को जनभाषा की मान्यता दी और परवर्ती अपभ्रंश एवं हिन्दी को एक घोषित किया। बौद्ध मत का उत्कर्ष काल है—वर्द्धन युग। इसीलिए राहुल जी ने छठी शती से हिन्दी साहित्य का मंगलारम्भ मान लिया। वस्तुत: ये दोनों स्थितियाँ विचारणीय हैं।

यह सही है कि अपभ्रंश तथा हिन्दी हूबहू एक नहीं हैं, किन्तु यह भी सही है कि अपभ्रंश से ही पुरानी हिन्दी का विकास हुआ है। इसी के साथ-साथ यह भी विचारणीय है कि संस्कृत, पालि, प्राकृत, अपभ्रंश, डिंगल, अवहट्ट आदि भाषाओं-विभाषाओं का लगभग समानान्तर विकास होता रहा है। जब संस्कृत पूर्णत: नियमबद्ध होकर विद्वत्-समाज में केन्द्रित हो गई तो बौद्धों-जैनों, नाथों, सिद्धों, सन्तो ने जनभाषा के रूप में अपभ्रंश को प्रश्रय दिया। कालक्रम में धर्म-दर्शन, प्रशासन और साहित्यिकता से जुड़ जाने के कारण ये अपभ्रंश भाषाएँ भी भद्र समाज तक व्याप्त होने लगीं। इन्हीं से जनभाषा का आविष्कार करते हुए अपभ्रंश-क्षेत्रों में इसके कुछ अलग-अलग रूप प्रचलित हुए जैसे—गुजरात में नागर अपभ्रंश, पश्चिमी प्रदेशों में शौरसेनी अपभ्रंश, राजस्थान में पुरानी राजस्थानी डिंगल, मिथिला क्षेत्र में अवहट्ट, पूर्वांचल में पूर्वी अवधी, हरियाणा में ब्राचड़ आदि। छठी शताब्दी में वर्द्धन-युग या बौद्ध-जैन काल के अन्तर्गत पालि-प्राकृत को जहाँ-जहाँ तक फैलाया गया था, विशेषत: बिहार, महाराष्ट्र, पंजाब, गुजरात, राजस्थान, हरियाणा, उत्तर प्रदेश, छत्तीसगढ़, झारखंड, हिमाचल प्रदेश, मध्य प्रदेश, असम, उत्तराखंड, जम्मू-कश्मीर और नेपाल में, वहाँ देस-भाषाओं का बहुत-तेजी से विकास हुआ। धीरे-धीरे एक सदी के भीतर उसमें साहित्य भी रचा जाने लगा। इसे हम 'पुरानी हिन्दी' कह सकते हैं। इस अवधि की जो रचनाएँ प्राप्त हैं, वे मध्य 6-7वीं शती से 13वीं सदी के बीच तक स्थिर की जा सकती हैं। 'प्राकृत पैंगलम्' एक ऐसी कृति है, जिसमें सातवीं से बारहवीं शती तक की रचनाएँ संगृहीत हैं। उसके अतिरिक्त कोई ऐसी महत्त्वपूर्ण कृति आज तक नहीं मिल पाई है, जिसके आधार पर यह सिद्ध किया जा सके कि हिन्दी काव्य की शुरुआत छठी शती से पहले ही हो गई थी। सभी इतिहासकारों ने जो अपने-अपने मत रखे हैं, उन सबका मध्यमान निकालने से यही मत स्थिर किया जा सकता है कि उस युग में कई समर्थ रचनाकारों के विवरण उपलब्ध हुए हैं। जैसे—(1) 'पउमचरिउ' के रचयिता स्वयम्भू (2) आठवीं शती के जैन कवि पुष्यदन्त,

जिन्होंने प्राकृत में 'महापुराण' ग्रन्थ का निर्माण किया। यह स्मरणीय है कि शिवसिंह सेंगर ने इन्हें पुष्य या पुंड नाम दिया है और इन्हीं से हिन्दी का आरम्भ माना है। (3) तीसरे कवि हैं—सरहपा, जो सिद्ध काव्य-परम्परा से सम्बन्धित हैं। प्राप्त प्रमाणों के अनुसार इनका आविर्भाव 758 से 769 के मध्य अर्थात् 7वीं शती के अन्तिम चरण में हुआ था। इन्होंने पूर्वी हिन्दी में जिस दोहाकोश की रचना की है, वह इसी अवधि में रचा गया प्रतीत होता है।

अत: आज अधिकतर विद्वान सरहपा को ही हिन्दी का आदिकवि मान रहे हैं।

इस प्रकार सिद्ध होता है कि हिन्दी साहित्य का आदिकाल 7वीं शती के साथ ही शुरू हुआ और यह 13वीं शताब्दी उत्तरार्द्ध तक चलता रहा, क्योंकि तब तक अपभ्रंश तथा देशी भाषाओं का प्रभाव विद्यमान था। कबीर के रचनाकाल तक इन बोलियों की यह पंचमेल खिचड़ी चलती रही, फिर अपभ्रंश प्रेरित यह पुरानी हिन्दी दो काव्यभाषाओं में स्पष्ट रूप से विभाजित हो गई। एक पूर्वी अर्थात् अवधी, भोजपुरी, दूसरी पश्चिमी अर्थात् ब्रज, बुन्देली, राजस्थानी।

इसी क्रम में अन्यान्य विभाषाओं तथा बोलियों का विकास हुआ है, जिसे बृहत्तर हिन्दी-जगत कहा जा सकता है।

आदिकालीन परिस्थितियाँ

साहित्य अपने समकालीन देशकाल से और चतुर्दिक् व्याप्त सामाजिक, सांस्कृतिक, आर्थिक, राजनीतिक व्यवस्था से किसी-न-किसी रूप में प्रेरित अवश्य होता है। हिन्दी के आदिकालीन साहित्य के सही मूल्यांकन हेतु उसकी विभिन्न प्रकृतियों का विश्लेषण इस निकष पर अपेक्षित है।

हिन्ही भाषा का प्रयोग सर्वप्रथम सिद्धों द्वारा किया गया। 7वीं शताब्दी से ही हिन्दी जनभाषा के रूप में प्रतिष्ठा प्राप्त कर रही थी। इसलिए सिद्धों ने अपभ्रंश मिश्रित हिन्दी को माध्यम बनाया। इस जनभाषा में सिद्धों ने जो साहित्य लिखा, वह बहुत रहस्यवादी नहीं है, किन्तु उसमें गेयता का गुण स्पष्ट दिखाई पड़ता है।

यह सुविदित है कि बौद्धधर्म विकृत होकर वज्रयान सम्प्रदाय के रूप में देश के पूरबी भागों में बहुत दिनों से चला आ रहा था। इसके अनुयायियों में तन्त्र-मन्त्र, जादू- टोना, आचार-विचार में पंच मकारादि—मत्स्य, मांस, मुद्रा और मैथुन की बड़ी प्रतिष्ठा थी। ये तान्त्रिक, योगी सिद्ध कहलाते थे। इनका समय सातवीं से तेरहवीं सदी माना गया है। ये बिहार से लेकर असम तक फैले हुए थे। बिहार के नालन्दा और विक्रमशिला नामक प्रसिद्ध विद्यापीठ इनके प्रमुख केन्द्र थे। इनकी भाषा सन्धा भाषा कहलाती है। इन सिद्धों की संख्या 84 मानी गई है। इनके सरहपा, शबरपा, भुसुकपा, लुइपा, विरपा, गुंडरीपा आदि के नाम विशेषत: उल्लेखनीय हैं। इन सिद्धों के कुछ उदाहरण प्रस्तुत हैं—

1. ''जोइन तँह बिनु खनहि न जीवनि।
तो मुँह चुम्बी समरस पीवनि।''

(योगिनी! मैं तेरे बिना क्षण भर के लिए भी जीवित नहीं रह सकता। मैं तेरे चुम्बन द्वारा कमल रस का पान करता हूँ।)

2. तो बिनु तरुणी णिरन्तर णेहे कोहि कि लल्माई एणवि देहे।'' अर्थात तेरे निरन्तर नेह के बिना इस देह द्वारा ज्ञान प्राप्त नहीं हो सकता।

स्पष्ट है कि इन सिद्धों ने महाभैरवी त्रिपुर सुन्दरी, प्राय: अवर्ण, आदिम, वन्य जाति की स्त्रियों के साथ वामाचारपूर्वक जो भोग विलास किया, उसे

वज्रयान, तान्त्रिक साधना, अघोर पन्थ, श्मशान साधना, कौल कापालिक क्रिया, बलि आदि का नाम दे दिया। इससे अन्ध विश्वास, अकर्मण्यता, पशुभोग, हत्या, पलायन आदि कुप्रवृत्तियों को बढ़ावा मिला। क्रमश: समाज शिथिल हो गया, विदेशियों से परास्त हो गया और निरन्तर भ्रष्टतर होता चला गया।

आदिकालीन कवियों में राष्ट्रीय भावना अंचल केन्द्रित रही है। कारण यह है कि उस समय भारतवर्ष अनेक खंडों (प्रान्तों) में विभाजित था। प्रत्येक प्रान्त के अलग-अलग राजा थे। कवि-भावना भी इन्हीं प्रान्तों, क्षेत्रों तक सीमित थी। काव्य-सृजन भी उसी के अनुरूप होता रहा। दूसरे, रासो काव्यों में अंकित वर्णन प्राय: इतिहास की कसौटी पर खरे नहीं उतरते हैं। इस काल के कवियों का काव्य राजाओं की झूठी (मनगढ़न्त) प्रशंसा करता रहा है, ऐतिहासिक लेखा-जोखा नहीं। इन काव्यों में अतिरंजना की प्रधानता पाई जाती है। यथा निम्न पंक्तियों में विद्यापति ने अपनी पदावली में काल्पनिकता का आश्रय लेते हुए वर्णन किया है—

सचल चीर रह पयोधर सीमा। कनक बेल अनि पड़ि गेल हीया।।
ओनुक करतहिं चाहि किए देहा। अब छोड़ब मोरि तेजब नेहा।।
एसन रह नहि पाओब अनरा। इसे लागि रोए गरए जल धारा।।

आदिकाल की सामाजिक स्थिति और भी दयनीय थी। ब्राह्मण, वैश्य और शूद्र के अतिरिक्त समाज अन्य अनेक वर्गों, जातियों और उपजातियों में विभक्त हो गया था। विघटनकारी शक्तियों को प्रोत्साहन मिल रहा था। लेकिन सब मिलकर समाज में ही वर्ग थे—उच्चवर्ग और निम्नवर्ग। उच्चवर्ग पढ़ा-लिखा, ज्ञानी, धनी और विलासी था तथा निम्नवर्ग, निर्धन, गँवार और मूर्ख था। जातिगत बन्धन अत्यन्त कठोर था। ब्राह्मण का स्थान सर्वोपरि था। क्षत्रियों का राजनीतिक और वैश्यों का आर्थिक महत्त्व बराबर बना रहा। किन्तु शूद्रों की स्थिति निम्नतर हो गई है। वे हेय दृष्टि से देखे जाने लगे। हिन्दू समाज में उनकी दशा शोचनीय थी। भारतीय समाज छोटी-छोटी टुकड़ियों में बँट जाने के कारण व्यापक दृष्टिकोण या सामाजिक आदर्श खो बैठा। समाज में संकीर्णता उत्पन्न हो गई। खान-पान और विवाह आदि के अनेक प्रतिबन्ध लगा दिए गए। नाथ, योगियों और सिद्धों के साहित्य में इसकी कुछ प्रतिक्रिया दिखाई पड़ती थी। कुछ स्मृतिकारों ने शूद्रों के प्रति उदारता का दृष्टिकोण अपनाया है। आगे चलकर साहित्य में यही स्वर अधिक तीव्र रूप से सुनाई पड़ता है। वर्ण-व्यवस्था की ही तरह इस बीच आश्रम व्यवस्था भी छिन्न-भिन्न हो गई, उसमें केवल दिखावा मात्र रह गया था। नारी की स्थिति बड़ी शोचनीय थी। उसे कोई सामाजिक मर्यादा प्राप्त नहीं थी। वह

पुरुष की भोग्या मात्र समझी जाती थी। वह कोई चेतन इकाई न होकर मात्र एक सम्पत्ति बनकर रह गई थी। वह अपहरण करने की, बेचने और खरीदने की तथा भोग करने की वस्तु समझी जाती थी।

इस काल के भारतीय नारी के जीवन में धार्मिक मत-मतान्तरों का प्रचार था। तरह-तरह के अन्धविश्वास फैले थे। ब्राह्मण, बौद्ध, जैन सभी प्रमुख धर्म अनेक मत-मतान्तरों में विभाजित थे। वे आपस में संघर्षरत रहा करते थे। ब्राह्मण धर्म शैव, वैष्णव और शाक्त आदि धार्मिक सम्प्रदायों में विभक्त हो गया था। वैष्णव धर्म, ऊँच-नीच, छुआछूत आदि पाखंडों से ग्रस्त हो गया था। शैव मतावलम्बी कौल, कापालिक, पाशुपत आदि सम्प्रदायों में विभक्त होकर बौद्धों की अनेक गुह्य साधनाओं और कदाचार को अपना चुके थे। बौद्ध धर्म तन्त्र-मन्त्र, जादू-टोना, व्यभिचार आदि के कारण जर्जर हो चुका था। उसके भी हीनयान, महायान, वज्रयान आदि अनेक साम्प्रदायिक रूप विकसित हो गए थे। बौद्धधर्म की श्रेष्ठता विच्छिन्न हो चुकी थी। जैनधर्म का समाज पर कोई विशेष प्रभाव नहीं रह गया था। वह भी श्वेताम्बर और दिगम्बर, इन दो शाखाओं में विभक्त था। हिन्दी साहित्य के आदिकाल के उदय में मूल कारणों में तत्कालीन अव्यवस्थित धार्मिक, राजनीतिक, सामाजिक एवं साहित्यिक प्रवृत्तियाँ ही रही हैं। विदेशी मुस्लिम एवं यवन आक्रमणकारियों तथा विकृत धार्मिक भावना से सन्त्रस्त होकर आदिकालीन काव्य का उदय हुआ।

समग्र रूप से यह स्वीकार्य है कि इस काल में अनेक प्रकार के धार्मिक मत-मतान्तर प्रचलित थे। उनका रूप काफी विकृत हो गया था। भारतीय धर्म-साधना में उथल-पुथल मची हुई थी। तन्त्र-मन्त्र, जादू-टोना का प्रभाव बढ़ गया था। निष्कर्षत: आदिकालीन परिस्थितियाँ अत्यन्त दयनीय थीं, जिसका स्पष्ट प्रभाव समकालीन कवियों काव्यों पर परिलक्षित होता है।

आदिकाल सामान्य पृष्ठभूमि के सन्दर्भ में यह भी ज्ञातव्य है कि समूचा देश गुप्तकाल में एक सुदृढ़ सूत्र में बँधा हुआ था। गुप्त सम्राट परम भागवत वैष्णव थे, किन्तु सभी सम्प्रदायों के प्रति उदार भी थे। उस युग में कालिदास, आर्यभट्ट-जैसी विभूतियाँ प्रकट हुईं। कालान्तर में जब गुप्त साम्राज्य का पतन हो गया तो कई खंड राज्य स्थापित हो गए सिन्धु प्रदेश में विदेशियों का प्रवेश हो गया, जिससे जनजीवन संकटग्रस्त हो गया। इन्ही विषम परिस्थितियों में संस्कृत साहित्य की जगह कई अपभ्रंश भाषाओं का जन्म हुआ, जिनमें एक को 'पुरानी हिन्दी' कहा जाता है। यह 7वीं शताब्दी का पूर्वार्द्ध काल था। उस समय वर्द्धन-युग चल रहा था। पहले सत्ता मगध और पाटलिपुत्र में केन्द्रित थी। जब

कान्यकुब्जों की शक्ति बढ़ी तो कान्यकुब्ज प्रदेश शक्ति का केन्द्र हो गया। इसी के साथ गुजरात में प्रतिहार साम्राज्य की स्थापना हुई। उसी बीच महमूद गजनवी का आक्रमण हुआ। तुर्कों के आक्रमण अगले कई शताब्दियों तक चलते रहे। उनसे समय-समय पर गहड़वाल, बुन्देला, परमार, चौहान तथा राजपूतों के युद्ध हुए। इस युग के सामन्तों की बहुत बड़ी समस्या यह थी कि वे अपने तथाकथित स्वाभिमान, वंशगत गौरव और देह बल के मद में चूर थे। वे विदेशी बर्बर आक्रमणकारियों से भिड़कर मरना तो जानते थे, पर उनके छल-बल का सही मुकाबला करके जीतना नहीं जानते थे। उन्हें एक झंडे के नीचे आना, एकजुट होकर लड़ना भी गवारा न था। विदेशियों के पास तेज घोड़े थे, जिरहबख्तर था। उन्होंने तोप का आविष्कार कर लिया था। भारतीय योद्धा हाथी पर छत्र लगाकर, बैठकर युद्ध करते थे, जैसे कोई उत्सव मना रहे हों। वे कई अन्धविश्वासों से ग्रस्त भी थे, फलत: अफगान, तुर्की, यूनान आदि देशों के लुटेरों तथा खिलजी, लोदी, तुर्क, तुगलक, सुल्तान, यवन, पठान, मुगल आदि आक्रमणकारियों का वे सामना नहीं कर पाए। हिन्दी कवियों ने इनका काफी साथ भी दिया और उपेक्षा भी प्रदर्शित की। इस बीच कई युद्ध हुए। देश पराधीन होता चला गया। प्राय: चारों ओर सामन्ती व्यवस्था कायम हो गई तथा केन्द्रीय शासन विघटित हो गया। फिर क्षेत्रीय संकीर्णता विकसित हो गई। राष्ट्रभक्ति अब राजभक्ति में बदल गई और जनता राजनीति के प्रति उदासीन हो गई। इन विषम परिस्थितियों के कारण बौद्धिक स्तर क्रमश: क्षीण होता चला गया। समाज में अन्धविश्वास, ज्योतिष, ग्रह-नक्षत्र, शकुन, मुहूर्त विचार, छुआछूत, पर्दा आदि की प्रथाएँ तेजी से फैल गईं। हिन्दी भाषा और साहित्य पर इन सबका गहरा प्रभाव पड़ा। इसी बीच जमींदारी व्यवस्था से आई असुरक्षा के कारण विदेशी व्यापार घट गया था। समुद्री यात्रा निषिद्ध हो गई थी। किसान, कारीगर, मजदूर, सब गरीबी के शिकार हो गए थे। प्राय: सर्वत्र इस्लाम का प्रवेश हो गया था। हिन्दू धर्म अवतारवाद, परलोक, पुनर्जन्म, प्रारब्ध, मूर्तिपूजा आदि में बिखर गया था। बौद्धों में हीनयान, वज्रयान, सहजयान जैसे कई मत-मतान्तर खड़े हो गए थे। उनकी प्रतिक्रिया में नाथपन्थी योगमत शुरू हो गया था। जैनियों में भी इसीलिए भारी विघटन हुआ।

इस बीच कई अन्त्यज जातियाँ चिन्हित की गई हैं। समाज में नए-नए परिवर्तन तेजी से हो रहे थे। विवाह-पद्धति बदल रही थी। बाल-विवाह, बहु विवाह, अनमेल विवाह, जौहर प्रथा, सतीप्रथा, पर्दाप्रथा, वेश्यावृत्ति, दहेज आदि समस्याओं के नए-नए रूप इस बीच उद्घाटित होते दिखाई देते हैं। वस्तुत: इसी संक्रमणकालीन चेतना की देन है हिन्दी साहित्य।

आदिकाल की भाषिक पृष्ठभूमि

हिन्दी भाषा एवं साहित्य के आरम्भ काल को लेकर अनेक प्रकार के विवाद विद्यमान हैं। यह उल्लेखनीय है कि 'गार्सा द तासी' ने इस समस्या पर विचार नहीं किया था।

शिव सिंह सेंगर ने प्रथम बार यह संकेत किया कि अवन्तीपुर के राजा भोज के पिता राजा मान ने पूषी या पुष्य नामक एक बन्दीजन को अलंकार विद्या पढ़ाई और उस बन्दीजन ने संस्कृत अलंकारों को हिन्दी भाषा तथा दोहा छन्द में प्रस्तुत करते हुए एक काव्य की रचना की। वही हिन्दी कविता का प्रथम प्रस्थान है।

आचार्य हजारीप्रसाद द्विवेदी का अनुमान है कि यह पुष्य बन्दीजन (नवीं शताब्दी) अपभ्रंश कवि पुष्यदन्त हैं। अन्तर यह है कि सेंगर जी ने उसका रचनाकाल 713 ई. माना था और द्विवेदी जी ने उसे 9वीं शताब्दी में स्थापित किया है।

कर्नल टॉड ने अपने ग्रन्थ में पुष्य या पुंड कवि का उल्लेख किया है। डॉ. ग्रियर्सन चूंकि सेंगर और टॉड के उक्त मत से सहमत नहीं हुए, इसलिए यह विवाद बरकरार रहा।

शुक्ल जी ने अपने इतिहास में हिन्दी साहित्य का आरम्भ 1050 वि. से माना है। उनका मत रहा है कि परवर्ती अपभ्रंश, 'प्राकृताभास' हिन्दी और 'पुरानी हिन्दी' एक ही हैं। इसका प्रचलन 7वीं शती के तान्त्रिकों और योगमार्गी बौद्धों की रचनाओं से हुआ था। भोज के समय से हम्मीरदेव के शासनकाल तक भाषा का यह रूप बराबर चलता रहा। शुक्ल जी अपभ्रंश को हिन्दी का पूर्वरूप मानते थे, किन्तु सिद्धों की रचनाओं को वे शुद्ध साहित्य की दृष्टि से स्थान नहीं दे पाए।

यही स्थिति आचार्य हजारीप्रसाद द्विवेदी की रही। उनके अनुसार अपभ्रंश बोली छठी-सातवीं शती तक जीवित रही। अपभ्रंश और हिन्दी में स्पष्ट भेद है। यद्यपि खड़ीबोली, ब्रजभाषा, अवधी आदि उसी से विकसित हुई हैं, वहीं से

प्राचीन काव्य-रूप भी आए है, फिर भी अपभ्रंश और पुरानी हिन्दी का पार्थक्य विचारणीय है।

राहुल सांकृत्यायन और गुलेरी जी ने 'पुरानी हिन्दी' का पूरी दृढ़ता के साथ समर्थन किया। इसी से प्रेरित होकर डॉ. रामकुमार वर्मा ने अपभ्रंश प्रभावित काव्य को 'सन्धिकाल' और 'पुरानी हिन्दी की काव्य-परम्परा को 'चारण काल' नाम दिया।

डॉ. गणपतिचन्द्र गुप्त ने अपने तथाकथित 'वैज्ञानिक इतिहास' में हिन्दी भाषा का उद्‌भव 1000 ई. से माना और शालिभद्र सूरि (12वीं शती) कृत 'भरतेश्वर बाहुबली रास' (1184 ई.) को प्रथम कृति घोषित किया उसके अनुसार अपभ्रंश और हिन्दी दो पृथक् भाषाएँ हैं। गुप्त जी आदिकाल में मुख्यत: धार्मिक रास काव्य-परम्परा को परिलक्षित करते हैं। जैन काव्य को वे इससे अलग रखते हैं, जबकि मुनि जिनविजय 'बाहुबली रास' को जैन-काव्य-परम्परा का प्रवर्तक ग्रन्थ मानते हैं।

कुछ विद्वानों का यह भी मत रहा है कि अपभ्रंश कोई स्वतन्त्र भाषा नहीं थी। जब प्राकृत भाषा 'देस भाषाओं' में परिणत होने लगी तो उसके बोलचाल वाले रूप को अपभ्रंश, अवहट्ट और देसभाषा नाम दे दिया गया। स्तर के आधार पर हिन्दी का उद्‌भव छठी शताब्दी के आरम्भ में माना गया है। वस्तुत: गुलेरी जी की यही स्थापना रही है कि सातवीं शताब्दी से ग्यारहवीं शताब्दी तक अपभ्रंश की प्रधानता रही। ग्यारहवीं शताब्दी में वही 'पुरानी हिन्दी' में परिणत हो गई। राहुल जी ने 'हिन्दी काव्यधारा' में अपभ्रंश को 'देशी भाषा' कहा। उनका मत है कि अपभ्रंश एवं हिन्दी में केवल शब्दावली का अन्तर है। दोनों ने संस्कृत, पालि और प्राकृत को अपनाया है। अपभ्रंश का ढाँचा क्रमश: बदलता चला गया और फिर कालान्तर में वह संस्कृत, पालि, प्राकृत से अलग हो गई। इस प्रकार जहाँ गुलेरी जी परवर्ती अपभ्रंश को हिन्दी में शामिल करते हैं, वहीं राहुल जी सम्पूर्ण परवर्ती अपभ्रंश को पुरानी हिन्दी मानते हैं।

कालान्तर में मिश्रबन्धु, डॉ. श्यामसुन्दर दास, डॉ. शिवप्रसाद सिंह, डॉ. नामवर सिंह और अन्यान्य शोधकर्ताओं ने इन भाषाओं की अभेदता की पुष्टि की। डॉ. शिवप्रसाद सिंह ने परवर्ती अपभ्रंश को 'अवहट्ट' कहा और उसे 12वीं शताब्दी से जोड़ा। उनके अनुसार अद्‌दहमाण, विद्यापति और 'प्राकृत पैंगलम्' के लेखक ने इसे 'देसिल बयना' कहते हुए लोकजीवन में उतार लिया है। तात्पर्य यह है कि अपभ्रंश का विकसित रूप है—अवहट्ट। इस प्रकार अपभ्रंश के तीन भेद स्थिर किए गए—पहला परिनिष्ठित, दूसरा प्राकृताभ्रंश, तीसरा अवहट्ट।

इसी सन्दर्भ में डॉ. सुनीतकुमार चटर्जी का मत विचारणीय है। उनका कथन है कि हिन्दी 13वीं शती में सर्वसाधारण की भाषा साहित्यिक अपभ्रंश ही थी। डॉ. उदयनारायण तिवारी का मत है कि हेमचन्द्र (13वीं शताब्दी के पूर्व) का काल संक्रान्ति काल था, जिसमें देशी भाषाएँ संस्कृत से अलग हो रही थीं।

'उक्ति व्यक्ति प्रकरण' के लेखक दामोदर महापंडित ने अपनी समकालीन देसभाषा को अपभ्रंश कहा है, किन्तु देखा जाए तो उनके द्वारा दिए गए उदाहरण अपभ्रंश न होकर अवधी भाषा के हैं, जैसे—

"जस जस धरमु बाढ़, तस तस पापु घाट।
जैसे जैसे धरमु जाम, तैसे तैसे पापु खाम।
जहाँ जहाँ धरम नांद, तहाँ तहाँ पापु मांद।"

इस भाषा को 'प्राकृत पैंगलम्' का लेखक 'प्राकृत' कहता है और टीकाकार अवहट्ट मानता है। तात्पर्य यह है कि देशी भाषाएँ बहुत दिनों तक अपभ्रंश के नाम से चलती रहीं। इतिहासकारों ने उस युग में 18 देशी भाषाओं की गणना कराई है। कुछ लोगों ने 27 अपभ्रंशों का उल्लेख किया है। हिन्दी से जुड़ी अपभ्रंश को प्राय: ग्राम्य अपभ्रंश कहा गया है। इसके नागर, उपनागर, पैशाची, ब्राचड, शौरसैनी-जैसे रूपों की काफी विवेचना की गई है।

भाषा के इस विकास क्रम में 'हिन्दी' शब्द का प्रचलन 'सियरूल औलिया' नामक ग्रन्थ में मिला है। उनका एक वाक्य है—'बजवाने हिन्दी खोज वाला है।' इस वाक्य में 'हिन्दी' शब्द आया है और खाड़ीबोली का प्रयोग हुआ है। इसी क्रम में अमीर खुसरो ने अपनी पुस्तक 'नूहसिपहर' में 'हिन्दुई' शब्द का प्रयोग किया है। अन्यत्र वे हिन्दी शब्द का भी प्रयोग करते हैं, जैसे—

'हिन्दी बोलते आवसी आए
मुँह देखे जो इसे बताए।'

हिन्दी के समानान्तर प्राय: सभी मध्यदेशीय भाषाओं का जन्म क्षेत्रीय अपभ्रंशों से हुआ है और प्राय: इन सभी में सिद्ध, नाथ, जैन तथा बौद्ध साहित्य रचा गया है। अस्तु, यह सहजत: स्वीकार्य है कि परवर्ती अपभ्रंश ही 'पुरानी हिन्दी' है, जिसका विकास 7वीं शती में हुआ था।

7 (क) आदिकालीन हिन्दी विभाषाएँ

हिन्दी एक विराट भाषिक समूह है, जिसमें शताधिक विभाषाएँ और बोलियाँ हैं। इनमें कुछ बहुत पुरानी हैं। आदिकाल में हिन्दी की जिन जनपदीय बोलियों की विद्यमानता का प्रमाण उनके साहित्य से प्राप्त होता है, उनमें उल्लेखनीय हैं—

1. कोसली

अवध के लगभग दो दर्जन जिलों में, पूर्वोत्तर के मुजफ्फरपुर, तिरहुत मिथिला क्षेत्र में, नेपाल की तराई में तथा दक्षिण कोसल के बघेलखंड, छत्तीसगढ़ आदि क्षेत्रों में व्याप्त अवधी भाषा लगभग 1200 वर्ष पुरानी है। वह देश-देशान्तर में लगभग दस करोड़ लोगों में और सूरीनाम, फिजी आदि देशों में प्रचलित है। उसका साहित्य अतिसमृद्ध है। उसकी तीन प्रमुख कृतियाँ आदिकाल में पाई जाती हैं—

1. उक्ति व्यक्ति प्रकरण 2. राउलबेल 3. चान्दायन।

इनके अतिरिक्त सिद्धों के चर्या गीतों, सन्तों की बोली बानी, गोरख बानी, सन्देश रासक, कीर्तिलता, हेमचन्द्र व्याकरण, कुमारपाल प्रतिबोध, प्रबोध चिन्तामणि, वर्णरत्नाकर, प्राकृत पैंगलम् आदि में काफी अवधी शब्द हैं। इस भाषा में चरितकाव्य, सूफी प्रेमाख्यान, रामकाव्य, नीतिकाव्य, हास्य व्यंग्य, सन्तकाव्य, व्याकरण ग्रन्थ, टीका अनुवाद आदि की रचनाएँ हुई हैं। इसका लोक साहित्य बहुत पुराना है। इसके मुख्य तीन रूप हैं—पूर्वी, पश्चिमी एवं मध्य या बैसवारी। यह अर्द्धमागधी अपभ्रंश से विकसित हुई है। आदिकालीन साहित्य की यह केन्द्रीय भाषा प्रतीत होती है।

2. पिंगल

यह ब्रजभाषा का पुराना नाम है। मुनिवर पिंगल को छन्द:शास्त्र का प्रणेता माना जाता है। इसीलिए छन्द:शास्त्र को पिंगलशास्त्र भी कहा जाता है। राजस्थान में पुरानी राजस्थानी को डिंगल और पुरानी ब्रजभाषा को पिंगल कहा गया है। यह परवर्ती शौरसेनी अपभ्रंश का रूपान्तरण है। इसे 'नाग भाषा' भी कहा गया है। 'प्राकृत पैंगलम्' की एक टीका में पिंगल को परवर्ती अपभ्रंश ही माना गया है। इसका नया रूपान्तर है—ब्रजभाषा अथवा ब्रजी। यह भाषा मथुरा, अलीगढ़, धौलपुर, एटा, मैनपुरी आदि क्षेत्रों में ज्यादा बोली जाती है। इसकी अनेक उपबोलियाँ हैं। काव्य और लोक साहित्य की दृष्टि से यह हिन्दी की सबसे समृद्ध भाषा है। इसका प्रयोग हिन्दी जगत के साथ-साथ हिन्दीतर राज्यों एवं विदेशों में भी हुआ तथा हो रहा है।

ब्रजभाषा का उद्‌भव 1000 ई. के आस-पास सिद्ध किया गया है। मध्यकाल में यह भाषा अपने शिखर पर पहुँची दिखाई देती है। आदिकालीन ब्रजभाषा पर अपभ्रंश का गहरा प्रभाव रहा है। हेमचन्द्र ने अपने व्याकरण में अधिकतर उदाहरण ब्रजभाषा से दिए हैं। 'सन्देश रासक', 'छिताई वार्त्ता' आदि में ब्रज का

काफी पुट है। इसका कुछ अवशेष 'ब्रजबुलि' में दिखाई देता है। ब्रजबुलि का प्रथम प्रयोग ईश्वरचन्द्र के काव्य में हुआ है। रवीन्द्र नाथ ने भी भानुसिंह उपनाम से उसमें कुछ रचनाएँ की हैं। ब्रज का ही एक रूपान्तर बुन्देली में दृष्टिगत होता है। दूसरा मालवी में दिखाई देता है और तीसरा कन्नौजी में परिलक्षित होता है। चौथा रूप असम (शंकरदेव, माधवदेव) के काव्य एवं बँगला में प्राप्त होता है। भाषा भंडार की दृष्टि से यह बहुत समृद्ध है। आदिकालीन ब्रज में गद्य कृतियों की भी बहुत खोज हुई है। यों इस भाषा का पूर्ण पल्लवन, कुसुमन, प्रतिफलन मध्य काल (भक्ति काव्य एक रीति काव्य) परम्परा में हुआ है। आदिकाल में तो इसका बीज वजन हो ही गया था।

3. डिंगल

यह राजस्थानी का पूर्व प्रचलित नाम है। इसको नामित करने का श्रेय कर्नल टॉड को है। कालान्तर में तेस्सोतरी ने पुरानी राजस्थानी का जो विवेचन किया, उससे डिंगल का सही रूप प्रकट हुआ।

डिंगल का अस्तित्व लगभग 1000 वर्ष पुराना है। 'कुवलयमाला' में राजस्थान की 18 देस भाषाओं का उल्लेख हुआ है। उनमें एक 'मरु भाषा' भी है। सूर्यमल्ल ने 'वंश भाष्कर' में इसको 'मरु बाणी' कहा है। कुछ लोग इसके लिए मारवाड़ी शब्द का भी प्रयोग करते हैं।

राजस्थानी एक बहुत बड़े क्षेत्रफल की भाषा है। यह सिन्धी, पंजाबी, लहंदा, बाँगरू, ब्रजी, बुन्देली, मराठी, गुजराती आदि भाषाओं से काफी सम्बद्ध है। इसके अन्तर्गत कई बोलियाँ हैं। जैसे—मारवाड़ी, मेवाती, जयपुरी, हाड़ौती, नीमाड़ी आदि। इसका विकास शौरसेनी अपभ्रंश के उप नागर रूप से हुआ है।

डिंगल को कुछ विद्वान चारणों की भाषा मानते हैं। कहीं-कहीं इसे 'भाट भाषा' कहा गया है। तेस्सोतरी के अनुसार डिंगल का अर्थ है अनियमित। पं. हरप्रसाद शास्त्री ने इसकी व्युत्पत्ति 'डगर' से मानी है, जिसका अर्थ है जांगड देश की भाषा। पुरुषोत्तम दास ने इसे 'डिम' अर्थात् डमरू की ध्वनि जैसी भाषा कही है। यह वीररस प्रधान भाषा है। मोतीलाल मेनारिया ने इसको अतिरंजना पूर्ण माना है। गणपति चन्द्र गुप्त ने इसे डंगल—क्षेत्र की भाषा कहा है। नरोत्तमदास स्वामी के मतानुसार डिंगर नामक एक छन्दशास्त्रकार पर इसका नामकरण हुआ है। डॉ. सुकुमार सेन ने इसे डिंगल अर्थात् गँवारू माना है। इसका प्रथम प्रयोग बाँकीदास के काव्य 'कुकवि बत्तीसी' (1814 ई.) से सिद्ध किया गया है। डिंगल

के कवियों में नरपति नाल्ह, कर्णीदान, ईश्वरदास, सूर्यमल्ल आदि की गणना की जाती है। इस प्रकार स्पष्ट है कि बहुप्रयुक्त और बहुव्याप्त होने के कारण यह भी एक पुरानी भाषा है।

4. मैथिली

यह मिथिला क्षेत्र (बिहार) से सम्बन्धित भाषा है। कुछ लोगों का मत है कि इसकी व्युत्पत्ति 'मथ' अर्थात् समुद्र मन्थन से हुई है। यह प्रदेश वैशाली, विदेह और अंग राज्य को मिलाकर बना है। मैथिली का एक पुराना नाम है—'देसिल बयना'। इसकी एक अन्य संज्ञा है—तिरहुतिया। इसका प्रथम उल्लेख 1771 में प्राप्त हुआ। मैथिली नाम 18वीं शती से प्रचलित हुआ है। इसका प्रयोग चम्पारन, मुजफ्फरपुर, दरभंगा, सन्थाल परगना आदि में है। इसकी कई उप बोलियाँ हैं। ब्राह्मणों की मैथिली मुख्यत: बँगला से प्रभावित है। कुछ लोग इसे कैथी लिपि में लिखते हैं। इस समय मैथिली संविधान की 8वीं सूची में दर्ज हिन्दी से भिन्न एक स्वतन्त्र भाषा है।

इस प्रकार आदिकाल में हमें हिन्दी की ये चार विभाषाएँ प्राप्त होती हैं—

1. कोसली या अवधी 2. पिंगल या ब्रजभाषा 3. डिंगल अथवा राजस्थानी 4. मैथिली। आदिकालीन कवियों की भाषा न्यूनाधिक रूप में इन चारों से परिपूर्ण दिखाई देती है।

प्राचीन काव्य रूप

पुरानी हिन्दी के सिद्ध-नाथ साहित्य में अनेक काव्य रूपों के प्रारम्भिक बीज विद्यमान हैं। इनमें सर्वप्रथम उल्लेखनीय है लोकवार्ता। प्राचीनकालीन अपभ्रंश में सर्वप्रथम लोक मानस द्वारा लोककाव्य की रचना हुई। मानव शास्त्रियों के अनुसार प्रत्येक सभ्यता में और प्रत्येक भाषा में सर्वप्रथम नृत्यगीतों की उत्पत्ति हुई। इस दृष्टि से हिन्दी में उल्लेखनीय है—(1) रासक। इनकी रचना कई जैन कवियों ने की है। किसी ने लकुड़ राशि रचा तो किसी ने दंडक रासक। कुछ साधकों ने उपदेश रसायन रास की रचना की है। इन रासकों में नृत्यगीत, अभिनय और उपदेश—इन चारों का समावेश किया जाता था।

(2) इस युग में सट्टक नामक उपरूपक की रचना की गई। इसे विद्वानों ने क्रीड़ा काव्य माना है। इसमें अद्भुत को प्रधान रस माना गया है। इसमें नाटिका के भी कुछ लक्षण दिखाई देते हैं।

(3) नाटिका का भी प्रयोग 'पुरानी हिन्दी' में हुआ है। यह देसभाषा की एक विशिष्ट विधा थी। इस पद्यबद्ध नाटिका में हास्य-विनोद का पुट अधिक रहता था।

(4) प्राचीन काव्य में यत्र-तत्र 'प्रेक्षणक' नामक एक नृत्य गीत का सन्दर्भ आया है, जिसका प्रदर्शन सार्वजनिक स्थानों पर किया जाता था।

(5) इस युग में 'छलिक' नामक एक नृत्य रूपक के भी कुछ संकेत प्राप्त हुए हैं।

(6) इस युग में 'स्वाँग' नामक लोकनाट्य विधा का आविष्कार हुआ। एक स्थल पर सिद्ध कांडपा ने लिखा है—

'टालो डोंबि तोए सम करिबै सांग।'

इससे स्पष्ट है कि सिद्ध साधना से जुड़ी डोमिनियाँ यह स्वाँग करती थीं।

(7) फागु नामक ऋतुगीत इसी युग में आरम्भ हुआ। इसका गायन प्राय: बसन्त ऋतु में किया जाता था। पुराने कवियों में स्थूलभद्र जम्बूस्वामी आदि ने अनेक फागु गीतों की रचना की है। जैन कवियों द्वारा फागु उच्च कोटि के हैं।

(8) इस युग की एक लोकप्रथा थी चरचरी। यह एक लोकनृत्य काव्य था।

आज इसे चाचर कहा जाता है। कुछ विद्वानों ने इसे रास का एक भेद या दंडक रासक का पर्याय माना है।

आख्यायिका—यह कथात्मक लेखन की विधा है। ईश्वरदास ने अवधी में 'सत्यवती कथा' लिखकर इसका प्रथम प्रयोग किया था। प्रेससागर, विश्राम सागर, सुखसागर, नासिकेतोपाख्यान आदि में इसी का प्रयोग किया गया है। आगे चलकर इसी की परिणति अफसाना, गल्प कादम्बरी और कहानी में हुई है।

उलटबासी—नाथ, सिद्ध और सन्त कवियों ने इस विधा का आविष्कार करके इसके द्वारा अपने गूढ़ रहस्य-दर्शन का प्रदर्शन किया है उलटबासी का प्रत्येक कथन प्रचलित शब्दार्थ से भिन्न होता है। जैसे कबीर की एक प्रसिद्ध उलटबासी है, बरसेगा कम्बल भीगेगा पानी। संकेत यह है कि साधना की चरमसीमा पर पहुँच जाने के बाद ध्याता और ध्येय की सारी स्थितियाँ उलट जाती हैं। उलटबासियों की रचना सिद्धनाथों एवं इन शास्त्र विमुख प्रायः निरक्षर सन्त कवियों ने यह जताने के लिए की थी कि हमारे पास पुस्तकीय शास्त्र ज्ञान न सही, पर लोक ज्ञान अकूत मात्रा में है। उलटबासी को सीधा करना स्वयं में 'क्विज' की तरह कलाकौतुकी सूझ और मनोविनोदपूर्ण क्लिष्ट कर्म माना गया था। सन्त काव्य में यह विधा बहुत प्रचलित रही है। इसमें प्रायः 'सन्धा भाषा' का प्रयोग हुआ है, जिसे मिली-जुली पंचमेल खिचड़ी कहा गया है।

कौव्वाली—हिन्दी में इसका आविष्कार अमीर खुसरो ने किया था। इसमें एक-एक पक्ति की कई-कई आवृत्तियाँ होती हैं। यह दो टोलियों के बीच गाई जाती है। कौव्वालों की प्रस्तुति, उनकी वेशभूषा और तत्पर बुद्धि चित्ताकर्षक होती है। यह अधिकतर सूफी साधकों की इश्किया शायरी से जुड़ी दिखाई देती हैं। यों, शृंगार हास्य, व्यंग्य और युगचेतना के स्वर भी इसमें पाए जाते हैं।

ख्यात—पुरानी राजस्थानी की यह विधा लोक कथा के रूप में प्रचलित रही है। इसे आख्यायिका का एक विशिष्ट प्रयोग भी कहा जा सकता है। इस विधा की कुछ कृतियाँ पुरानी ब्रज में भी रची गई हैं।

गजल—यह भी फारसी से आई मूलतः इश्किया शायरी थी। तसब्बुक के साथ भी यह विधा जुड़ी हुई रही है। हिन्दी कवियों ने इसे युग बोध से जोड़ दिया। 5 से 15 शेरों (मतलों) से युक्त हिन्दी गजल में रदीफ काफिया, मकता आदि कुछ बदले दिखाई देते हैं। भारत में इसका प्रचलन सूफी साधक ख्वाजा चिश्ती एवं खुसरो द्वारा हुआ। दक्खिनी हिन्दी के आदिलशाह, कुतुबशाह ने इसे अपनाया। इस विधा में भारतेन्दु, निराला, दिनकर, गुलजार, बशीरबद्र, अदम गोंडवी, दुष्यन्तकुमार, शिवओम अम्बर, कुँवर बेचैन आदि का विशिष्ट योगदान

है। नीरज ने इसे 'गीतिका' और मोहन अवस्थी ने 'अनुगीत' नाम दिया था। सम्प्रति मंचों पर यह बहुत लोकप्रिय है। दुष्यन्त को इसे शिखर पर पहुँचाने का श्रेय प्राप्त है।

गाथा काव्य— इसका आरम्भ 'गाहा सप्तसती' से माना जाता है। हिन्दी लोक साहित्य में यह विधा बहुव्याप्त है। कुछ प्रसिद्ध गाथाएँ हैं—सरवन, भरथरी, नल दमयन्ती, सोरठी, बिहुला, लोरिकी, चनैनी, रसोलिया आदि।

गूढ़काव्य— हिन्दी के सिद्ध काव्य एवं रीतिकाव्य में इस विधा को विशेष स्थान मिला है। इसमें शब्द का गूढार्थ लक्षणा व्यंजना के सहारे प्रस्तुत किया जाता है। हिन्दी कवियों ने संस्कृत गूढ़ काव्य से प्रेरित होकर एक-से-एक विलक्षण प्रयोग किए हैं, जो कलात्मक चमत्कार के रूप में सराहनीय हैं। इसका एक रूप जैन कवियों के 'समन्झाय' (स्वाध्याय) और 'कुलुक' में द्रष्टव्य है। उलटवाँसी, पहेली आदि इससे मिलती-जुलती विधाएँ हैं।

चर्यापद— सिद्ध काव्य परम्परा में चर्या गीतों की रचना अर्द्धमागधी अपभ्रंश में हुई है। इनमें गुरु भक्ति, नैरात्म्य कायायोग, सहज, शून्य आदि की चर्चा की गई है। इसे वज्रगीत भी कहा गया है। इनमें बुद्धचर्या, बौद्धों की दिनचर्या, कापालिकों की क्रिया तथा जाग्रतावस्था के गायन की प्रवृत्ति पाई जाती है। राहुल जी ने हिन्दी काव्यधारा में इसके कई उदाहरण दिए हैं।

चम्पू काव्य— यह गद्य-पद्य मिश्रित विधा है। प्राचीन ब्रज, राजस्थानी, अवधी आदि भाषाओं में कई चम्पू काव्य मिलते हैं। यह परम्परा संस्कृत में बहु प्रचलित रही है। हिन्दी में प्रसाद जी ने कई चम्पू लिखे थे, जो 'चित्राधार' में संकलित हैं। 'यशोधरा' (मैथिलीशरण गुप्त) फेरि मिलिबो (अनूप शर्मा), राम रावण विरोध (देवीप्रसाद पूर्ण) आदि ने भी चम्पू विधा में यथेष्ट सफलता प्राप्त की है। इसका आरम्भ 10वीं शती के 'राउल बेल से माना जाना चाहिए।

चरितकाव्य— हिन्दी कवियों ने अनेक पौराणिक पात्रों, ऐतिहासिक पुरुषों एवं लोकनायकों के जीवन वृत्त से सम्बन्धित चरिउ या चरित काव्य परम्परा चलाई है। प्रमुख चरित हैं—ध्रुव, प्रह्लाद, शबरी, जटायु, केवट, भीष्म, कर्ण, द्रोणाचार्य, अर्जुन, अहल्या भरत, लक्ष्मण, धर्मराज, बिदुर, एकलव्य, कुन्ती, द्रौपदी, महाराणा प्रताप, शिवाजी, लक्ष्मीबाई, गाँधी, सुभाष, आजाद, भगतसिंह आदि। इनमें सर्वाधिक लोकप्रिय हुई है—सुदामा चरित की परम्परा। कृष्ण-सुदामा-मैत्री को लेकर अनेक काव्य, नाटक, संगीत आदि रचे गए हैं, जिनमें नरोत्तमदास का 'सुदामा चरित' तो सुपरिचित है ही, इसके अतिरिक्त हिन्दी में लगभग सत्तर महत्त्वपूर्ण 'सुदामा चरित' समय-समय पर लिखे गए हैं कुछ

विद्वानों का यह मत है कि यह विधा जैन कवि कनकामर (13वीं, शती) से शुरू हुई है और उनकी कृति 'करकंड चरिउ' इस विधा का प्रस्थान ग्रन्थ है। हालाँकि इसके पूर्व 'पउमचरिउ' की रचना हो चुकी थी। उसकी भाषा परवर्ती अपभ्रंश है। जीवनी इसी 'चरिउ' विधा का परिविस्तार है, जो आज भी बहुव्याप्त है।

ढकोसले—खुसरो ने इस विधा को स्वतन्त्र रूप में विकसित किया था। इसमें परस्पर असम्बद्ध बातें एक छन्द में गूँथी जाती हैं, जैसे—

"खीर पकाई जतन ते, चरखा दिया चलाय
आया कुत्ता खा गया, तू बैठी ढोल बजाय।"

दो सुखने—कवि अमीर खुसरो ने दो सुखने के अनेक प्रयोग किए हैं। इसमें पूर्वार्द्ध में प्रश्न होता है और उत्तरार्द्ध में उनका एक उत्तर होता है, जैसे— "बाँभन प्यासा क्यों? गदहा उदासा क्यों? लोटा न था।" यहाँ लोटा ब्राह्मण के अर्थ में पात्र है और गदहे के अर्थ में लोटना क्रिया से सम्बन्धित है।

परिचयी काव्य—सन्तकवियों ने आत्म परिचय देते हुए इस विधा का प्रायः उपयोग किया है।

बचनिका—यह विधा अनेक विभाषाओं में प्राप्त होती है। टीका ग्रन्थों में प्रायः वार्तिक के रूप में इसका प्रयोग हुआ है। राजस्थानी में बचनिकाएँ बहुत लिखी गई हैं। ये हिन्दी की प्राचीनता की साक्षी हैं। इनमें जनसाधारण की समझाइस पर जोर दिया जाता रहा है।

बात—वार्ता साहित्य से विकसित यह विधा राजस्थानी में बहुत लोकप्रिय रही है। 'बात' को लोक कथा का ही एक रूप माना जाता है। हिन्दी कथा साहित्य, मुख्यतः कहानी। के विकास में इस विधा का उल्लेखनीय योगदान रहा है। राजस्थान में 'बात' का लेखन सम्पादन आज भी देखा जा रहा है। विजयदान देथा द्वारा संकलित 'बाताँ री फुलवारी' इस कथन का प्रमाण है। इस सन्दर्भ में 'छिताईवार्ता' (नारायणदास) को सर्वाधिक प्राचीन कहा जा सकता है।

बानी—सन्त कवियों के उपदेशों (संग्रहों) को प्रायः 'बानी' का नाम दिया गया है। इस क्षेत्र में 'गोरखबानी', सबदी दादू की अनभै बानी, धर्मदास द्वारा संकलित कबीर बानी, अखानी बानी, जगजीवन साहब की बानी, कवि जगन्नाथ की बानी, रज्जब बानी आदि सुविदित हैं। सम्प्रति इसे रचनावली कहा जा सकता है।

बारहमासा—षड्ऋतु वर्णन में और प्रायः विरह काव्यों में कई हिन्दी कवियों ने बारहमासे लिखे हैं। सन्देश रासक एवं बीसलदेव रास से बारहमास अति प्रसिद्ध हैं। सूफी काव्य बारहमासों से भरा पड़ा है। यह परम्परा वर्तमान

काल तक चली आई है। हिन्दी कवियों ने विरह वर्णन के क्रम में बारहमासे का और मिलन प्रसंग में छमासे (षड्ऋतु) का बहुत वर्णन किया है। बारहमासा का प्रारम्भिक प्रयोग श्वेताम्बर जैनों की रचनाओं में मिलता है। हिन्दी जैन कवियों ने राजुल और नैमिनाथ की प्रेमकथा को केन्द्रित कर अनेक बारहमासे लिखे हैं। ये तेरहवीं शताब्दी से मिलने लगते हैं। जैनेतर बारहमासों में एक श्रेष्ठ प्रयोग सूफी कवि जायसी का है। माधवानल कामकन्दला में भी बारहमासा मिलता है। हिन्दी में स्वतन्त्र बारहमासा सत्रहवीं सदी से प्राप्त होते हैं। अकबर के दरबारी कवि गंग का बारहमासा सबसे प्राचीन है। कुछ प्रसिद्ध बारहमासों के रचयिता है—वृन्द, बोधा, रसनिधि, केशवदास, नरहरि बन्दीजन सुन्दर कविराय, मंडन, कुन्दन, कृपाराम, सेनापति, चिन्तामणि, जसवन्त सिंह, देव, घनानन्द, भिखारीदास, दूल्हा आदि। इसके अतिरिक्त हिन्दी कवियों ने बारामासी भी लिखी है, जिनमें उल्लेखनीय हैं—गणेश, लालदास, रसखान, मंडन आदि।

व्याहलौ— जैनाचार्यों एवं तीर्थंकरों द्वारा रचित विवाहपरक इस विधा में लौकिक विवाहों का वर्णन हुआ है, साथ ही इसमें आत्मसंयम रूपी कन्या का जो विवाह ब्रह्मचारी या उसके दूतों के साथ होता है, उसका रूपक प्रस्तुत किया गया है। ढोला छन्दों में रची होने के कारण इसे 'ढोलिया' भी कहा गया है।

नखशिख वर्णन— पुरानी हिन्दी के कृति राउल बेल और छिताई चरित से यह वर्णन शुरू हुआ। मधुरोपासना एवं रस शास्त्रीय नायिका भेद के अन्तर्गत 'नखशिख' या 'शिख नख' की परम्परा यहाँ अर्से से बहुत लोकप्रिय रही है। इन कृतियों में एक-एक अंग का चित्रण हुआ है, मुख्यतः 'नयन पचासा', 'अलक शतक' एवं 'तिलक शतक' में। सांगोपांग सौन्दर्य का वर्णन भी इन काव्यों में हुआ है। यह परम्परा संस्कृत, प्राकृत, अपभ्रंश और फारसी से भी प्रेरित रही है। इन काव्यों का प्रचलन विद्यापति से माना जाता है। हिन्दी रीति काव्य परम्परा में इसका आकर्षण सर्वाधिक रहा है। सौन्दर्य बोध, कला चेतना, विलास वृत्ति, परदा प्रथा और पांडित्य प्रदर्शन हेतु इस प्रवृत्ति को बहुत प्रश्रय दिया गया है। सूरदास, बलभद्र मिश्र, तोष, चन्द्रशेखर वाजपेयी, कृपाराम, नन्दराम, चिन्तामणि, देव, पद्माकर, केशव, कुलपति, ग्वाल, सुखदेव, प्रतापसाहि आदि द्वारा वर्णित नखशिख सुप्रसिद्ध हैं।

नाम माला कोश— यह समान्तर कोश या पर्याय कोश का प्राचीन रूप है। संस्कृत के 'अमरकोश' से प्रभावित होकर कई हिन्दी कवियों ने अकारादि क्रम से उपयोगी शब्दों को छन्दोबद्ध रूप में एकत्र संयोजित किया है। हिन्दी में माला, मालिका, नाममाला और रागमाला नाम से अनेक ग्रन्थ लिखे गए हैं।

किसी में शब्दार्थ-विवेचन है, किसी में राग-रागिनी का। इनमें नन्ददास कृत 'नाम माला कोश' सर्व प्रसिद्ध है। इसी प्रकार नवल सिंह का 'रामायण कोश' भी बड़ा उपयोगी सिद्ध हुआ है। इस परम्परा की शुरुआत 'खालिकबारी' (अमीर खुसरो) से हुई है। यद्यपि आदि कवि सरहपाद ने स्वरचित दोहा संग्रह को 'दूहा कोश' का नाम दिया था, किन्तु वह अकारादि क्रम में न होने के कारण संग्रह ही कहा जाएगा, कोश नहीं। नाममाला में 'थिसारस' शैली दिखाई देती है। कालान्तर में 'कोश विज्ञान' का विकास हुआ, जिसके अनुसार शब्द कोश, विश्वकोश, सन्दर्भ कोश, पात्र कोश, सूक्ति कोश, मुहावरा-लोकोक्ति कोश और विभिन्न सैकड़ों प्रकार के कोश हिन्दी में प्रकाशित हुए हैं।

पँवारा— इस इतिवृत्त को वीर गाथा या विवरणिका भी कहा जा सकता है। हिन्दी लोक वांग्मय (अवधी, ब्रज, बुन्देली, भोजपुरी, मैथिली, राजस्थानी आदि) में ऐतिहासिक घटनाओं पर आधारित तथा वीर पूजा भावना से ओत-प्रोत पँवारे बहुव्याप्त हैं। पँवारा अथवा 'पवाँड़ा' विधा कीर्तिगाथा, वीरगाथा आदि से सम्बद्ध रही है। चारण साहित्य में इसका प्रयोग बहुधा वीर कृत्यों या वीर गाथाओं के लिए हुआ है। राजस्थानी में पाबू जी के पवाँडे आज भी गाये जाते हैं। ये लोक काव्य के रूप में प्रसिद्ध हैं। इसे 'फड' भी कहा जाता है।

पद-भजन-कीर्तन— ये भक्ति काव्य के सर्वाधिक लोकप्रिय छन्द रूप हैं। भक्ति काव्य परम्परा के अनेक कवियों ने अपनी पदावली -भजनावली प्रस्तुत की है। इसलिए यह शैली एक विशिष्ट काव्य के रूप में स्थापित हो गई है। हरियाणवी में 'जिकड़ी' नाम से इस शैली में रामकथा लिखी गई है। असम के शंकरदेव, माधवदेव आदि ने ब्रजावली में जो कीर्तन घोषा शैली अपनायी थी, वह हिन्दी के बहुत निकट है। अष्टछापी कवि तो मूलतः कीर्तनिया कवि थे। इन सबके संकलनों की बड़ी खपत तीर्थ, मेलों और धार्मिक समारोहों में दिखाई देती है।

पहेली— यह संस्कृत 'प्रहेलिका' से विकसित हुई है। लोकभाषा में इसे 'बुझौवल' कहते है। इसके सहारे बुद्धि की परीक्षा ली जाती थी और दंड या पुरस्कार दिया जाता था। खसरो एक पहेली में कहते हैं—''खुसरो कह 'दिया' उसका नाँथ अर्थ करी नहीं छोड़ो गाँव।'' इसमें 'दिया' शब्द में ही पहेली का उत्तर निहित है। इसे 'मिलानी' भी कहा जाता है।

बेलि— यह प्राचीन राजस्थानी की एक विशिष्ट विधा है। बेलि का अर्थ है—कथामूल का पल्लवन या वृत्त वल्लरी का विस्तार इसके अन्तर्गत प्रायः प्रणय- परिणय एवं प्रबोध की कथा लिखी जाती रही है। 'बेलि' का प्रचलन

कालान्तर में अधिक तो नहीं हुआ, फिर भी लगभग 50 बेलि काव्यों का सन्दर्भ श्री अगर चन्दर नाहटा ने 'प्राचीन काव्यों की रूप परम्परा' में दिया है। इनमें उल्लेखनीय है—दादू कृत 'कायाबेलि' और राठौड़ पृथ्वीराज री कही 'बेलि किसन रुक्मिणी'।

मंगल काव्य—यह विद्या भी विवाहोत्सव से सम्बन्धित रही है। मध्ययुगीन भक्ति काव्य में अनेक मंगल काव्य रचे गए हैं, जिनमें तुलसी कृत 'जानकी मंगल', 'पार्वती मंगल' एवं नन्ददास, नरहरि दास तथा विष्णुदास रचित 'रुक्मिणीमंगल' शिवादास कृत 'भवानी मंगल', ब्रजराज रचित 'राधामंगल' आदि काव्य काफी लोकप्रिय रहे हैं। इनकी एक विशिष्ट प्रवृत्ति को राजस्थानी में 'धवल' नाम भी दिया गया है, जिनकी संख्या डेढ़ दर्जन के ऊपर है।

मसनवी—सूफी कवियों के प्रबन्ध विधान, विशेषतः दोहा चौपाई में लिखे गए कड़वक बद्ध कथानक को मसनवी कहा जाता है। यह शिल्प अवधी, भोजपुरी में ज्यादा लोकप्रिय हुआ है। मसनवी में अनेक प्रकार की कथा रूढ़ियाँ पाई जाती हैं। इसकी कथा में इतिहास एवं लोक संस्कृति के साथ-साथ कई प्रतीकों, अन्योक्ति समासोक्ति आदि का प्रयोग पाया जाता है।

मुकरी—इसमें प्रश्न का उत्तर उसी पंक्ति के भीतर छिपा होता है, जैसे—

'बीसों का सिर काट लिया
ना मारा ना खून किया।'

इसका उत्तर है नाखून, जो स्वयं अन्तिम पंक्ति में इंगित है। मुकरी को 'कह मुकरी' भी कहा गया है, जिसका अर्थ है कहकर मुकर जाना। भारतेन्दु ने भी नए जमाने की कुछ मुकरियाँ लिखी थीं। जैसे- तीन बुलाए तेरह आए. क्या सखि साजन नहि गेजुएट, चार पक्तियों के इस बन्द में 3 में विवरण और चौथे में मना करते हुए एक उत्तर होता है। वस्तुतः यह कुतूहल पूर्ण विधा है।

रासो—आदि काल के चारण कवियों ने अनेक रासो काव्य लिखे हैं, जैसे—पृथ्वीराज रासो (चन्दबरदाई), खुमाण रासो (दलपति), हम्मीर रासो (जोधराज), बुद्धिरासो (जल्ह), परमाल रासो (जगनिक), राम रासो (माधवदास), विजय पाल रासो (नल्ह) आदि। रासो के प्रारम्भिक रूप अपभ्रंश में भी प्राप्त होते हैं। रासक, रासायण, रास, रसिया आदि इसके प्रतिरूप हैं।

सन्देश काव्य—यह परम्परा कालिदास के मेघदूत से आरम्भ हुई है। दूर देश की प्रियतमा द्वारा विभिन्न माध्यमों की सहायता से किया गया सन्देश-प्रेषण हिन्दी कवियों का प्रिय विषय रहा है। इन्होंने कभी पवन एवं नदी को दूत बनाया, कभी भ्रमर, काक, हंस, कपोत को और कभी डाकिया को। इस प्रवृत्ति को लेकर

रची गई कृतियों में 'प्रियप्रवास' (हरिऔध), 'नलदमन' (सूरदास लखनवी), 'नूरजहाँ' (गुरुभक्त सिंह), 'यशोधरा' (मैथिलीशरण गुप्त) आदि महत्त्वपूर्ण हैं। इसकी शुरुआत अद्धहमाण कृत सन्देश रासक से हुई है।

सबदी—यह परम्परा नाथ साहित्य से शुरू हुई है। डॉ० पीताम्बर दत्त बड़थ्वाल ने गोरखनाथ की अनेक सबदियों का सम्पादन 'गोरखबानी' में किया है। इसका गहरा प्रभाव पंजाबी के सन्त-कीर्तन और सन्त कवियों के सबद (पद) पर पड़ा है। यह मात्र छन्द नहीं है, बल्कि शब्द साधना का उपक्रम है।

उपर्युक्त काव्य रूपों में भी कई रूप आज भी किसी-न-किसी रूप में विद्यमान हैं। स्पष्ट है कि नए-नए काव्य रूपों के प्रचलन का प्रथम श्रेय आदिकाल को दिया जा सकता है।

आदिकाल की प्रमुख प्रवृत्तियाँ

सिद्ध काव्य

बिहार से असम तक फैले तथा नालन्दा और विक्रमशिला विश्वविद्यालयों से जुड़े 84 सिद्धों की जनश्रुतियाँ काफी प्रसिद्ध हैं। बख्तियार खिलजी द्वारा दोनों स्थानों के उजाड़े जाने पर ये तितर-बितर हो गए थे। इनका साहित्य बहुत देर बाद काफी अस्त-व्यस्त रूप में मिला है; अत: वह अब हिन्दी के इतिहास-विकास में विचारणीय है। सिद्ध-साहित्य को प्राय: सभी विद्वान हिन्दी का प्रस्थान बिन्दु मानते हैं। सब स्वीकारते हैं कि जनता पर अपने मत का प्रभाव डालने के लिए सिद्धों ने संस्कृत के अतिरिक्त अपभ्रंश मिश्रित देस भाषा में भी रचनाएँ की थीं। यह अब बहुमान्य अभिमत है कि सिद्धों में सबसे पुराने कवि 'सरह' सरोजवज्र या सरहपाद हैं, जिनका समय डॉ. विनयतोष भट्टाचार्य ने वि. सं. 690 निश्चित किया है। सरह ने अपने 'दोहाकोष' द्वारा सिद्धमत का प्रचार किया और जनभाषा में समाज सुधार की आवाज उठाई। तांत्रिक साधना पर जोर, पंडितों को डाँट-फटकार, वाममार्ग ग्रहण करने का उपदेश, मद्य एवं स्त्रियों (डोमिनी, रजकी) का सेवन, घट के भीतर विहार एवं अटपटी (साधनात्मक) वाणी का प्रयोग उनकी काव्य-रचना के अंग थे।

वस्तुत: 'महासुखवाद' का प्रवर्तन कर जब बौद्धधर्म वज्रयान में परिणत हो गया तो वज्रयान ने 'शून्य विज्ञान' और 'महासुख' को निर्वाण का आवश्यक अंग बताया और निर्वाण के सुख का स्वरूप सहवास सुख के समान बताकर मद्य एवं स्त्री सेवन पर जोर दिया, फलत: वह पतन के गर्त में जा गिरा। इससे सिद्ध है कि चाहे कैसा भी शुद्ध एवं सात्त्विक धर्म हो, गुह्य और रहस्य-साधना के कारण वह विकृत होकर पाखंड पूर्ण हो जाता है। वज्रयान इसका प्रमाण है।

बौद्धधर्म में तन्त्र-मन्त्र की विकृति से प्रेरित होकर निर्वाण प्राप्त करनेवाले कवि साधक 'सिद्ध' कहे गए। उन्होंने एक विशेष प्रकार की काव्यभाषा

अपनायी। अन्तस्साधनात्मक अनुभूतियों का संकेत करनेवाली यह प्रतीक भाषा (सन्धा भाषा) इन सिद्धों के काव्य की विशिष्ट भाषा थी। इसमें अपभ्रंश के साथ कई जनपदीय विभाषाओं की शब्दावली समाविष्ट है।

इसी परम्परा में नाथों तथा कबीर आदि सन्त-साधकों ने सन्धा भाषा का उपयोग किया है। यही 'उलटवाँसी' नाम से जानी जाती है। अब तक ज्ञात सिद्धों में प्रथम हैं—सिद्ध सरहपा (7वीं सदी)। उन्होंने सहज जीवन पर बल देते हुए 'सहजयान' का प्रवर्तन किया था। वर्णाश्रमादि व्यवस्थाओं का विरोध करते हुए सिद्धों ने नैरात्म्य भावना, सहज शून्य, कायायोग तथा समाधि की विभिन्न अवस्थाओं का वर्णन किया है।

सिद्धों का निवास-स्थल मध्यदेश का पूर्वी क्षेत्र माना जाता है। नाथों का भी काफी सम्बन्ध इन सिद्धों से रहा है, लेकिन गोरखनाथ के शिव स्वरूप माने-जाने के कारण इनका सिद्ध विरोधी शैव होना भी प्रतीत होता है। सिद्धों से उनका कई स्तरों पर विरोध दिखाई देता है। वर्णाश्रमादि का विरोध करते हुए ब्रह्मचर्य, वाक्संयम, शारीरिक-मानसिक शुचिता, मद्य मांस के त्याग के साथ गोरखनाथ ने पतंजलि के योग को लेकर हठयोग (सूर्यचन्द्र योग) का प्रवर्तन किया, जिसे 'नाथ सम्प्रदाय' कहा जाता है।

वस्तुत: बौद्धधर्म जब हिन्दू धर्म से प्रभावित होकर धार्मिक आन्दोलन में सक्रिय हुआ तो उसे सिद्ध सम्प्रदाय कहा गया। तान्त्रिक क्रियाओं में मन्त्र द्वारा सिद्धि चाहने के कारण ये सिद्ध कहलाये। इन सिद्धों की कुल संख्या 84 मानी गई है। राहुल सांकृत्यायन तथा हजारीप्रसाद द्विवेदी ने सिद्धों के कई नामों का उल्लेख किया है, जिनमें प्रमुख हैं—सरहपा, शबरपा, कण्हपा, लुइपा, डोम्भिपा, कुक्कुरिपा। इनके नाम के आगे लगा 'पा' शब्द सम्मानसूचक है और 'पाद' का संक्षिप्त रूप है। इनमें अब तक प्राप्त 14 सिद्धों द्वारा जनभाषा में लिखित काव्य को सिद्ध काव्य कहा जाता है। ये रचनाएँ वस्तुत: बौद्धधर्म (वज्रयान) के प्रचार हेतु की गईं थीं। इस साहित्य का रचनाकाल सातवीं से तेरहवीं शती के मध्य का है। इनकी रचनाएँ दो काव्य रूपों में मिलती हैं— 1. दोहाकोश 2. चर्यापद। सिद्धाचार्यों द्वारा लिखित दोहों का संग्रह 'दोहाकोश' के नाम से जाना जाता है तथा उनके द्वारा रचित पदों को 'चर्यापद' या 'चर्यागीत' कहा जाता है।

सिद्धों के साहित्य में भौतिक भोगों को सोत्साह स्वीकार किया गया है। वहाँ गृहस्थ जीवन पर विशेष बल दिया गया है। इन्होंने बाह्य अनुष्ठानों (पाखंडों) का विरोध कर अपने शरीर में ही परमात्मा का निवास माना है। सिद्धों के साहित्य में

गुरु का विशेष महत्त्व प्रतिपादित किया गया है। उनके अनुसार शरीर में स्थित ब्रह्म की प्राप्ति गुरु की कृपा द्वारा ही सम्भव है। विविध तान्त्रिक क्रियाओं का विश्लेषण गुरु ही कर सकता है, जिससे अभीष्ट की प्राप्ति हो सकती है। सिद्ध साहित्य, नैरात्म्य भावना, कायायोग, सहज शून्य की साधना और भिन्न प्रकार की समाधि जन्य अवस्थाओं का वर्णन विशेष विस्तार के साथ हुआ है। इसकी भाषा को अर्द्धमागधी अपभ्रंश के निकट माना जाता है। चूँकि इस साहित्य की भाषा को अपभ्रंश तथा हिन्दी के सन्धि काल की भाषा माना जाता है, अत: इसे 'सन्ध्या या सन्धा भाषा' का नाम दिया गया है। यह निश्चित है कि सिद्ध कवियों का उद्देश्य काव्य-रचना नहीं था। उन्होंने मात्र अपने सिद्धान्तों की व्यापक अभिव्यक्ति के लिए जनभाषा का आश्रय लिया था। इनकी भाषा-शैली में अक्खड़पन भी है और प्रतीकात्मकता भी। इसका प्रभाव सन्त काव्य पर पड़ा। इन्होंने अपनी बात तन्त्र-मन्त्र के सहारे विशिष्ट शब्दों के माध्यम से की है। सर्वप्रथम राहुल सांकृत्यायन ने इन्हें स्वीकारते हुए लिखा—''ये कवि हिन्दी काव्यधारा के प्रथम स्रष्टा थे। इन्होंने दोहा, सोरठा, चौपाई, छप्पय आदि कई छन्दों की सृष्टि की, जिनको हिन्दी कवियों ने बराबर अपनाया है।''

सिद्ध साहित्य की प्रमुख प्रवृत्तियाँ

सिद्धों के मतानुसार सर्वाधिक महत्त्वपूर्ण है—

(1) काया साधना। इसका गहरा सम्बन्ध योग साधना से है। उनके अनुसार निर्वाण काय, सम्भोग काय और धर्म काय की स्थिति नाभि, हृदय और कंठ में होती है। आगे चलकर सिद्धों ने महासुखकाय की स्थापना की, जिसकी स्थिति मस्तिष्क में होती है। इस मान्यता के अनुसार परम सत्य काया के भीतर विद्यमान होता है।

(2) चित्त की प्रधानता सिद्ध साधना का मुख्य बिन्दु है। चित्त को पहचानना ही परम ज्ञान है। सच्चे सिद्ध का अर्थ है, जो अपने को सबमें व्याप्त देखे। सरह कहते हैं— 'रे मूर्ख! तू अपने को पहचान। ध्येय, धारणा, तप और ज्ञान से कुछ नहीं मिलेगा। आत्मज्ञान ही सबसे बड़ा ज्ञान है।

(3) सिद्धों ने माना कि निर्वाण ही परम पद है और वह शून्यवाद की दशा है। जब साधक विषयासक्ति से मुक्त हो जाता है, तभी निर्वाण की प्राप्ति होती है।

(4) सिद्धों की एक विशिष्ट श्रेणी है—'युगनद्ध'। इसमें दाम्पत्य युग्म के कई प्रतीकों का प्रयोग किया गया है। शून्यता और करुणा से समन्वित परम तत्त्व को ये साधक युगनद्धता ही मानते रहे हैं।

(5) सिद्धों का परम साध्य है सहजानन्द। यह सहज निद्रा की स्थिति है। इस मनोदशा को प्राप्त कर लेने के बाद भीतर परम उल्लास भर जाता है और ऐन्द्रिय विकार नष्ट हो जाता है।

(6) सिद्धों की विचारधारा प्रवृत्तिवादी है। वे यह मानते रहे कि जो भव का विधान पूर्वक उपभोग करता है, वह फिर राग लिप्त नहीं होता। विषय से मुक्त होने के लिए विषय की साधना आवश्यक है।

(7) सिद्धों ने गुरु को अत्यधिक महत्त्व दिया है, क्योंकि गुरु ही साधक को विश्व प्रपंच से मुक्त कर सकता है।

(8) सिद्धों ने सहज साधना और हठयोग का यथेष्ट समन्वय किया है। उनके अनुसार सदाचार, स्वानुभूति, मध्यम मार्ग और गुरु उपदेश, ये सभी प्रयोजनीय हैं। वे भौतिकता और निर्वाण को एक ही सिक्के के दो पहलू मानते हैं।

(9) सिद्धों ने जिस महासुख की कल्पना की है वह शून्य तत्त्व का परम फल है।

(10) सिद्धों का परम प्रतिपाद्य है रहस्यानुभूति। इसको उन्होंने कमल कुलिष साधना का नाम दिया है।

(11) सिद्ध कवियों ने पाखंड विखंडन पर बड़ा जोर दिया है। उनके अनुसार मन्त्र व्यर्थ है। सम्प्रदाय अनावश्यक है। कुल मिलाकर प्रयोजनीय है अभिज्ञान और पूर्णता का अभ्यास।

इस प्रकार सिद्ध है कि सिद्ध साहित्य की ये मूलभूत प्रवृत्तियाँ अपने देशकाल से प्रेरित प्रभावित रही हैं। इनके पीछे एक सुदृढ़ दार्शनिक पृष्ठभूमि है और नवजागरण की सदिच्छा भी।

सिद्धों की काव्यकला

अनेक इतिहासकारों ने इस साहित्य को काव्य कला विहीन और साम्प्रदायिक, मात्र उपदेश परक सृजन माना है। इसका प्रमुख कारण यह है कि सम्पूर्ण साहित्य किसी को उपलब्ध नहीं हुआ है और इस काव्य का विधिवत कलात्मक परीक्षण नहीं किया गया है।

वस्तुस्थिति यह है कि सिद्ध साहित्य में रस, अलंकार, प्रतीक, रूपक आदि अनेक काव्योपकरण भी विद्यमान हैं।

सिद्ध काव्य का प्रमुख रस है—शृंगार रस। इन कवियों ने नायक-नायिका के विरह-मिलन का बहुश: वर्णन किया है। कवि गुंडरीपा एक छन्द में अपनी योगिनी से आलिंगन और मुख चुम्बन (रसपान) की याचना करते हैं—

'तो मुह चुम्बी कमल रस पीवम'

सबरपा कहते हैं कि उनकी प्रियतमा ऊपरी पर्वत शिखर पर है। वह कंठ में गुंजमाल पहने है। वह सहज सुन्दरी है। वह कर्ण भूषण धारण किए हुए है। भाँति-भाँति के वृक्ष और पुष्प पल्लवित हो रहे हैं और उस मुक्त विजन में यह सहज सुन्दरी विचरण कर रही है—

'ऊँचा-ऊँचा पाबत तहि बसह सबरी बाली
मेरांगि पीच्छ पर इण सबरी गिवत गुंजरी माली।'

इन रचनाओं में प्रतीकात्मक भाषा के सहारे योगिनियों के समागम की प्रक्रिया वर्णित हुई है।

सिद्धों ने जहाँ-जहाँ नवजागरण की बात की है, वहाँ भी उनका वाग्वैदग्ध्य प्रकट हुआ है। वे व्यंग्य का सहारा लेकर कहते हैं कि मिट्टी, पानी और कुश लेकर संकल्प लेना, होम के धुएँ से आँखें नष्ट करना, नंगा होकर केश लुंचन करना, मूंड़ मुंड़ाना, घंटा बजाना ये सब व्यर्थ क्रिया कर्म है। उनके शब्दों में—

'देहा सरसी' अर्थात् देह ही महातीर्थ है। सिद्धों के काव्य में जनजीवन, जीविकोपार्जन और खानपान के अनेक काव्योपम उल्लेख हैं। किसी ने कलालों के मद-निर्माण का रूपक सजाया है, किसी ने धुनियों द्वारा रुई धुनने की क्रिया का सूक्ष्म प्रतीक-विधान किया है और किसी ने जुलाहों के वस्त्र बुनने की प्रक्रिया का बिम्ब बनाया है।

उलटवाँसियों का प्रयोग सिद्ध काव्य में बहुत हुआ है। वे कहते हैं कि कच्छपी पीठ भाग से दुही जा रही है। ससुर गहरी नींद में सो रहा है। बहू जाग रही है। चोर उसका कर्णाभूषण लिए जा रहे हैं। ज्ञातव्य है कि यहाँ कच्छपी सहस्रार है। कर्णाभूषण सहजानन्द है। ससुर योग निद्रा है और बहू है महासुख की प्रतीक। सिद्ध कवियों ने लम्बे-लम्बे रूपक बताए हैं। एक पद्य में कहा गया है कि गंगा और यमुना के बीच नौका प्रवाहित है। नौका वाहिनी मातंगी उसे सतगुरु के निर्देशानुसार लक्ष्य तक पहुँचाएगी। इस नौका में पाँच पतवार हैं। जब पानी बहुत बढ़ जाता है तो गगन शून्य पात्र से उसे उलीच दिया जाता है—

'गंगा जमणा माझे बहइ नाई
पाँच केंणुआल पणंते मांगे पीठत कच्छी बांधी
चंद सूज्य द्विचक्का सिठि सहार पुलिदा।'

यहाँ गंगा (इंगला), युमना (पिंगला), बज्रकपाट (दसमद्वार), दीपक (ब्रह्मग्नि), चन्द्र (प्रज्ञा), सूर्य (शक्ति), सास (माया), ननद (वासना), तरुवर

(सृष्टि), गाय (इन्द्रियाँ), बैल (मन), नौका (काया), हरणी (भवभय), मेघ (करुणा) आदि के प्रतीक हैं।

इन कवियों ने सन्धा भाषा का प्रयोग किया है। इन्होंने दो काव्य रूपों (1) चर्यापद (2) दोहा की रचना ज्यादा की है। वज्रगीतों और उलटवाँसियों की भी यहाँ भरमार है।

इस प्रकार यह कहा जा सकता है कि सिद्ध कवियों ने काव्य के प्राय: समस्त उपादानों का उपयोग किया है, जिससे उनका सृजन काव्यकला से ओत-प्रोत दिखाई देता है।

आदिकवि सरहपाद

सिद्ध सरहपाद (690 वि.) हिन्दी के आदिकवि हैं। अब तक जिन 14 सिद्धों की रचनाएँ मिली हैं, उनमें ये सर्वोपरि हैं।

सरहपा को 'सरोरुहवज्र', राहुलभद्र भी कहा गया है। कुछ लोगों ने इन्हें वज्रयान का संस्थापक माना है और आठवीं शती के पूर्वार्द्ध में स्थिर किया है। सरह को राहुलभद्र के बाद बौद्ध तन्त्र का महाचार्य और महायोगी बताया गया है। इनकी 32 कृतियों की चर्चा हुई है, जैसे—कायाकोश, दोहाकोश, सरहपाद गीतिका, चर्यागीत, स्वाधिष्ठान क्रम, वाक् कोश, चिरस्वर वाश्रगीता, वलिविधि, चारमूल, महाकाल स्तोत्र आदि।

सम्प्रति इनकी एकमात्र प्राप्त कृति है—'दोहाकोश', जो अर्द्धमागधी शौरसेनी अपभ्रंश से प्रभावित पिंगल ग्रन्थ है। इन दोहों में गुरु महिमा का मंडन और पाखंडों का खंडन किया गया है, जैसे—'पंडिय सअल सत्य बक्खाणय। देहहि बाहु बसन्त ण जाणय।' अर्थात् शास्त्र व्यर्थ है। बुद्धि तो भीतर है।

सरहपा विज्ञानवादी शून्यतावादी दार्शनिक थे। उनके अनुसार चित्त की चेतना ही सर्वोपरि होती है। सरह (सरहपा) अपने चर्यागीतों और दोहों के कारण प्रसिद्ध हुए हैं। इनके जीवनवृत्त का बहुत प्रामाणिक साक्ष्य प्राप्त नहीं है। कुछ लेखकों ने इन्हें ब्राह्मण, कुछ ने क्षत्रिय और कुछ ने शबर (बहेलिया) वंश से जोड़ा है। उनके आत्म सन्दर्भों से इतना स्पष्ट है कि शास्त्रार्थ में उत्तीर्ण होकर उन्होंने नालन्दा विश्वविद्यालय में शिक्षा प्राप्त की और फिर वहीं अध्यापन-कार्य किया। शायद बाद में जाति बदल गई। यों विद्वान शिक्षक होने के कारण अधिकतर विद्वानों ने उन्हें ब्राह्मण माना है।

सरहपा जाति-पाँति और बाह्य आडम्बरों के विरोधी थे। उन्होंने कई सम्प्रदायों में व्याप्त व्यभिचार की निन्दा की है। सरह क्रान्तिकारी थे। उन्होंने महामुद्रा की

अवधारणा से प्रेरित होकर शबर जाति की एक कन्या से विवाह किया था और तत्कालीन समाज में स्त्री की दयनीय दशा के विरुद्ध आन्दोलन शुरू किया था। जो आक्रामकता कबीर की रचनाओं में दिखाई देती है, वह सर्वप्रथम सरहपा में प्राप्त होती है। उन्होंने पाखंडी साधकों को कोसते हुए कहा—

जइ रागभा बिअ होर मुक्ति न गुणह सिआलह।
लोमुजाटणे अत्थि सिद्धि सा जुवइ णिअम्बर।
पिच्छी गहणो दिद्ध मोक्ख तो मोरह चमरह
उच्छे भोअणें होइ जाण ना करिह तुरंगह।

काया की कृच्छ साधना के स्थान पर उन्होंने सहज मार्ग पर बल दिया। वज्रयान के बाद सहजयान आता है। यानी सहजयान बज्रयान की सिद्धावस्था है। बज्रयान की समस्त साधनाओं को पार कर जब व्यक्ति आत्म साक्षात्कार कर लेता है, तब उसे साधनाओं की आवश्यकता नहीं रहती। इस सहज सत्य को स्पष्ट करते हुए सरहपा ने वन्य जीवन व्यतीत करने का समर्थन किया—

'सरहे गहण गुहरि मग अहिआ।
पसू लोअ जिमि रहिआ।।'

सामाजिक और धार्मिक कृत्रिमता, घुटन और रूढ़ि ग्रस्तता के विरुद्ध यह एक तीखा व्यंग्य है। वे 'पसू लोअ' से ऐसा बिम्ब प्रस्तुत करते हैं, जो कृत्रिमता के विरुद्ध स्वतन्त्र जीवन को सजीव ढंग से उभारता है। इसी को आदिम जनजातीय समूह की ओर लौटना कहते हैं। शास्त्रवाद के एक विशेष वर्ग तक सीमित होने के कारण उससे हटकर लोक जीवन की ओर जाने की प्रक्रिया अपभ्रंश काल से शुरू हो गई थी। इसकी प्रतिध्वनि कबीर में भी सुनाई पड़ती है। एक तरफ तो पंडित लोग शास्त्र ज्ञान के प्रकाश में परम तत्त्व का ज्ञान-दान कर रहे थे तो दूसरी ओर सरहपा देहस्थ बुद्ध को पहचानने पर जोर दे रहे थे, जिसकी पहचान उनके अनुसार सहज मार्ग से ही हो सकती है—

'पंडिअ सअल सत्य बक्खाणअ
देहहिं बुद्ध वसन्त ण जाणअ।।'

बौद्ध सिद्धों को गृहस्थ धर्म के विरुद्ध बताया जाता है, पर तथ्य यह है कि जो भारतीय जीवन-दर्शन निवृत्ति मूलक था, उसे सिद्धों ने अपने तरीके से रागोन्मुखी बनाया, आसक्तिमूलक नहीं। राग में विराग की धारणा इन्हें शैवों, जैनों और शाक्तों से अलग कर देती है। सरह के मतानुसार समस्त बाह्य व्यर्थ और निस्सार है। सरह जैन, शैव, बौद्ध किसी मत के समर्थक नहीं रहे। वे मूल रूप से करुणा के कवि थे। उनके शब्दों में—

''करुणा रहित जो शून्यहि लागा।
नहिं तेहि पावै उत्तम मागा।।''

सरह के शब्दों में साक्षर होना सरल है और निरक्षर होना बहुत कठिन—

'अक्खर वाड़ा सअल जगु, नाहि निरक्खर कोइ।'

सरहपा ने अपनी समकालीन सामाजिक कुरीतियों पर जमकर प्रहार किया। उनका साधना-क्रम योगदर्शन से प्रेरित रहा है। एक स्थल पर वे कहते हैं—

'जहि मग पवन न संचरइ, रबि ससि पाइ पबेस।
तहिं बढ़ि चित्त बिसम कर, सरये कहिउ उदेस।।'

अर्थात् जहाँ मन, पवन संचरित नहीं होता, जहाँ रवि, शशि की भी पहुँच नहीं है वहीं विश्रान्ति का चरम बिन्दु मिलता है।

सरह के दोहों में बड़े गहन और गूढ़ रूपकों तथा प्रतीकों का प्रयोग किया गया है, जिनमें कवित्व का यथेष्ट पुट है। सरह ने दोहा के अतिरिक्त सोरठा, उलटवाँसी, मुकरी और पहेली का भी प्रयोग किया है। उनकी शब्दावली, अर्द्धमागधी, अवधी, प्राकृत, परवर्ती अपभ्रंश से प्रभावित होती हुई पूर्वी हिन्दी का आदिम स्वरूप है। अस्तु, उन्हें हिन्दी का प्रथम कवि स्वीकार करना सर्वथा तथ्याश्रित होगा।

सरह मुख्यत: सुधारवादी थे। उन्होंने अन्त: साधना पर जोर दिया। वे सहजयान के प्रवर्तक थे। वाममार्ग के अनुरूप उन्होंने मद्य एवं स्त्रियों की सही सेवन विधि बताई और रहस्य साधनापूर्ण वाणी में महा सुखवाद, शून्य विज्ञान, सहवास, निर्वाण आदि का रहस्य समझाते हुए पंडितों को फटकार लगाई। तान्त्रिक विधान, योग साधना, कायायोग, नैरात्म्य भावना, आत्मिक निग्रह, साम्प्रदायिक चिन्तन तथा षट्चक्र भेदन सिद्धों का मुख्य विषय रहा है। इन कवियों ने कई शाबर मन्त्र और भाषा चित्रकाव्य लिखे थे। दरअसल बौद्धधर्म की विकृतियों से निर्मित वज्रयान का, उनकी प्रतीक परक सन्धा भाषा का इन 84 सिद्धों ने भरसक उपयोग किया और सहजयान का प्रवर्तन किया। इन सिद्धों ने नैरात्म्य भावना, काया योग, समाधि का विस्तृत वर्णन किया है। नालन्दा से विक्रमशिला तक इनका सम्प्रदाय बहुत प्रचलित रहा है। सरहपा का भी वही कर्मक्षेत्र रहा है। खिलजी शासक द्वारा दोनों स्थानों के उजाड़े जाने पर सिद्ध-साधना अस्त-व्यस्त हो गई। सरहपा ने संस्कृत और देसभाषा दोनों में जो रचनाएँ की थीं, वे भी नष्ट-भ्रष्ट की गईं।

स्पष्ट है कि सरह ही हिन्दी कविता के पुरस्कर्ता हैं, इसलिए बहुमत द्वारा वे ही आदि हिन्दी कवि रूप में मान्य हैं। सरहपा के अतिरिक्त अन्य उल्लेखनीय

सिद्ध कवि शबरपा, लुइपा, डोम्भिपा, कुक्कुरिया, कण्हपा, शान्तिपा आदि हैं। **शबरपा** को सरहपा का शिष्य माना जाता है। अनुमानत: इन्होंने 16 ग्रन्थों की रचना की, जिनमें 'चर्यापद' इनकी सबसे प्रसिद्ध कृति है। इन्होंने स्वाभाविक जीवन पर बल देते हुए माया-मोह का विरोध किया है। चौरासी सिद्धों में **लुइपा** का सर्वोच्च स्थान माना जाता है। ये शबरपा के शिष्य थे। इनके काव्य में दर्शन एवं रहस्य भावना का प्राधान्य है। **डोम्भिपा** ने 21 ग्रन्थों की रचना की, जिनमें 'डोम्बि-गीतिका' प्रमुख है। **कुक्कुरिपा** ने लगभग 16 ग्रन्थों का प्रणयन किया। इनके काव्य का मूल विषय साधना एवं गुरु का महत्त्व प्रतिपादन करना था। **कण्हपा** ने सर्वाधिक कृतियों की रचना की। इनकी रचनाएँ 74 मानी गई हैं, जिनमें 'कण्हपाद गीतिका' तथा 'दोहा कोश' प्रमुख हैं। इनके ग्रन्थ दर्शन तथा तन्त्र पर आधारित हैं। **शान्तिपा** अनेक विहारों का भ्रमण कर प्राचीन धर्मग्रन्थों का अध्ययन तथा धर्म-प्रचार करते थे। उन्होंने सहजानन्द का प्रचार किया।

सरहपाद का प्रादुर्भाव एक ऐसे युग में हुआ था जिसमें वसुबन्धु, दिग्नाग और धर्मकीर्ति के महायान-धर्म का विकास अपने शिखर पर हुआ था। बौद्धधर्म का हीनयान और महायान विकास की चरम सीमा तक पहुँचा हुआ था। इस नए धर्म को मन्त्रयान, वज्रयान या सहजयान की संज्ञा मिली थी। इस नए धर्म के प्रणेता सरहपाद थे। उन्होंने बौद्धों के क्षणिक और अनात्मवादी दर्शन को और आगे बढ़ाते हुए नागार्जुन के माध्यमिक या शून्यवादी दर्शन तथा असंग के योगाचार एवं विज्ञानवादी दर्शन तक पहुँचाया था। उन्होंने शील, समाधि और प्रज्ञा सम्बन्धी पुरानी परम्पराओं और कई अवधारणाओं का पुनर्मूल्यांकन किया। इनको उन्होंने व्यर्थ की रूढ़ियाँ घोषित किया। उधर ब्राह्मण धर्म में कई नए दार्शनिक सम्प्रदाय उदित हो रहे थे। पाशुपत धर्म उत्तर और दक्षिण में काफी प्रभावशाली था। गुप्त कालीन वैष्णव धर्म ह्रासोन्मुख हो चला था। शंकर के मायावादी अद्वैतवाद का विज्ञानवादी स्वरूप प्रकट हो रहा था। शंकराचार्य जी सरहपाद के समकालीन थे। आदिगुरु शंकराचार्य जी, बौद्ध एवं ब्राह्मण धर्म के समन्वयक थे और सरहपाद सिद्ध साधना के प्रवर्तक थे।

सरह का स्थिति काल भाषा की दृष्टि से एक नए युग का सन्धि काल है। ईसा पूर्व पाँचवीं-छठी सदी में भाषा ने नया रूप धारण किया, जिसके नमूने बुद्ध वचन-त्रिपिटक एवं अशोक की धर्मलिपियों में मिलते हैं। इस बीच श्लिष्ट से अश्लिष्ट रूप में भाषा का नया परिवर्तन हुआ। यह एक बहुत बड़ी क्रान्ति थी। इसे प्राकृत की उत्तराधिकारिणी भाषा कहा गया। इस भाषा का श्रेष्ठ प्रयोग महाकवि वाण के 'हर्षचरित' में मिलता है।

यह सुविदित है कि प्राकृत भाषा, ईसा की पाँचवीं सदी तक प्रचलित रही। छन्दस, पालि और प्राकृत भाषा में भेद होते हुए भी तीनों श्लिष्ट थीं, किन्तु अब यह नई भाषा श्लिष्ट से अश्लिष्ट की ओर जा रही थी। इस भाषा को अपभ्रंश के नाम से जाना जाता था। वाण ने ''भाषा कवि: ईशान: परिमित्र'' का एक जगह जो उल्लेख किया है, वहाँ वाण का मन्तव्य अपभ्रंश से है। राहुल सांकृत्यायन का यह कथन इस सन्दर्भ में विचारणीय है—

''अपभ्रंश संस्कृत-पालि प्राकृत के श्लिष्ट भाषा कुल से उत्पन्न, पर अश्लिष्ट होने से एक नए प्रकार की भाषा है। वह उक्त तीनों भाषाओं से दूर तथा हमारी हिन्दी तथा कई आधुनिक भारतीय भाषाओं की माता-मातामही ही नहीं, बल्कि उसी प्रकृति की भाषा है।''

स्पष्ट है कि इसी नई भाषा के सन्धिकाल में सरह का प्रादुर्भाव हुआ। सरहपाद को हम इस अपभ्रंश का प्रथम कवि असंदिग्ध रूप में घोषित कर सकते, क्योंकि सरहपाद के पहले किसी अन्य कवि की कृतियाँ आज तक सुलभ नहीं हुई हैं, अत: अपभ्रंश के आदिकवि के रूप में सरहपाद का ही नाम लिया जा सकता है।

यह उल्लेखनीय है कि सरहपाद जिस पुरानी हिन्दी भाषा के आदिकवि हैं, वही कई दृष्टियों से नए युग की नई भाषा मानी जा रही है। छन्दस में वैदिक साहित्य की रचना हुई तथा पालि में बुद्ध वचनों की, अर्द्धमागधी भाषा में जैनागम की रचना हुई तो सिद्धों ने अपने दर्शनिक विचारों को सामान्य जनता तक पहुँचाने के लिए परवर्ती अपभ्रंश यानी पुरानी हिन्दी का माध्यम ग्रहण किया।

सरह के कई नाम हैं। महा महोपाध्याय हरप्रसाद शास्त्री ने सरहपाद के सरोरुहवज्र, पद्मवज्र, राहुलभद्र आदि पर्याय बताए हैं। तिब्बती समाज में इन्हें रत्नमति, देवपुत्र, रत्नबुद्धि तथा बोधिसत्त्व कहा गया है।

प्राप्त नवीन तथ्यों के आधार पर कहा जा सकता है कि सिद्ध सरहपाद का जन्म पूर्व बिहार के 'राज्ञी' नामक नगरी में हुआ था। वे जाति के ब्राह्मण थे। तिब्बती ग्रन्थों के आधार पर उनका जन्म-स्थान पूर्वी भारत के राज्ञी नामक नगर के अन्तर्गत सरोली नामक गाँव है। इन्हें ब्राह्मण पिता और डाकिनी माता का पुत्र कहा गया है। एक तिब्बती अनुश्रुति के अनुसार इनका जन्म उड़ीसा में बताया गया है। बहुमतानुसार सरहपाद उच्च ब्राह्मण कुल के थे। उन्हें धनाभाव नहीं था। पाल-काल में मगध के ब्राह्मणों की आर्थिक स्थिति में कोई ह्रास नहीं दिखाई देता। पाल राजा यद्यपि सौगत थे, परन्तु उनके मन्त्री महामन्त्री प्राय: ब्राह्मण होते थे। मगध के ब्राह्मणों के हृदय में बुद्ध और बोधिसत्त्वों के प्रति अगाध श्रद्धा

थी। सरहपाद को सिद्ध और योगेश्वर कहा गया है, किन्तु उन्हें महान ब्राह्मण कहकर भी स्मरण किया गया है। सरहपाद ने अपने दोहाकोश के पहले ही दोहा में तत्कालीन ब्राह्मण धर्म पर प्रहार किया है—

"ब्राह्मणहि म जाणन्त हि भेउ। एँवई पढ़िअउ ए चउबेउ।"
"मट्टि पाणि कुस लई पढ़न्त। घरहीं बइसी अग्गि हुणन्त।।"

इससे प्रभावित होकर बौद्धों ने सरहपाद को महाब्राह्मण कहकर उनकी प्रशंसा की। सरहपाद के बाल्यकाल का नाम राहुलभद्र था। सरोजवज्र नाम से उनके वज्रयानी होने का संकेत प्राप्त होता है। सरह बाल्यकाल से ही मेधावी थे, किन्तु प्राय: प्रकृतिस्थ नहीं रहते थे। बाल्यकाल में ही उन्होंने चारों वेदों, व्याकरण, कोश, काव्य आदि का अध्ययन कर लिया था। बौद्धधर्म एवं दर्शन के प्रति आकृष्ट होने के कारण उन्होंने बौद्ध दर्शन के ग्रन्थों का अध्ययन किया। इस सन्दर्भ में आचार्य अभयदत्त श्री का यह कथन है कि वे ब्राह्मण होते हुए भी बौद्ध धर्म के प्रति श्रद्धा रखते थे। आचार्य अमित से धर्मोपदेश सुनते थे। गुह्य धर्म के प्रति उनका विश्वास सुदृढ़ हो गया था। वे ब्राह्मण और बौद्ध, दोनों धर्मों के विधानानुसार सम्वर परम्पराओं का पालन करते थे। वे दिन में ब्राह्मण धर्म के अनुसार कार्य करते थे और रात में बौद्धों के अनुसार। यह भी प्रमाण मिला है कि दीर्घकाल तक सरहपाद ने नालन्दा में अध्ययन किया। सरहपाद ने नालन्दा में प्रवेश पाने से पूर्व यथेष्ट योग्यता प्राप्त कर ली थी, क्योंकि तब द्वार-परीक्षा में उत्तीर्ण होने पर ही नालन्दा में मेधावी छात्रों को प्रवेश मिलता था। नालन्दा में रहते हुए सरहपाद ने आचार्य हरिभद्र से शिक्षा प्राप्त की। हरिभद्र, शान्तिरक्षित को दूसरा धर्मकीर्ति कहा गया है। इस तथ्य के सहारे सरह के काल-निर्णय में काफी सहायता मिलती है। दर्शन और प्रमाणशास्त्र के महामंडित शान्तिरक्षित भोट सम्राट खिघोड दे चन् के समय तिब्बत गए। वहा उनका 'समये' नामक महाविहार या संघाराम बनवाया। एक परम्परा के अनुसार इसी सन्दर्भ में 776-800 ई. और दूसरी परम्परा के अनुसार 823-835 ई. का उल्लेख मिलता है। इस दृष्टि से शान्तिरक्षित का जन्म 693 ई. माना जा सकता है। यह भी विचारणीय है कि सरहपा शान्तिरक्षित के शिष्य हरिभद्र के छात्र रह चुके थे। हरिभद्र राजा धर्मपाल के समकालीन थे। यह समय 770-815 ई. का था। निश्चय ही सरहपा धर्मपाल के समकालीन थे।

नालन्दा में सरहपा कई वर्षों तक रहे। तत्पश्चात् अध्यापक बनकर बहुत वर्षों तक उन्होंने बौद्ध शास्त्रों का अध्यापन किया। सरहपा खुले मस्तिष्क के व्यक्ति थे। अश्वघोष के 'बुद्धचरित', 'सौन्दरनन्द', 'सारिपुत्त प्रकरण',

गुणाढ्य की 'बृहद्कथा', भास और कालिदास की काव्य कृतियों, प्रवरसेन के 'सेतुबन्धु, दंडी तथा भवभूति के काव्य ग्रन्थों का उन्होंने अवगाहन किया था। महायान का गढ़ होते हुए भी नालन्दा में अशोक के समय से चली आ रही विनय-परम्परा मानी जाती थी। वहाँ भिक्षु स्त्री-विरत थे। मद्यपान नहीं करते थे। उनके शरीर पर भिक्षुओं के चीवर सदा बने रहते थे। राहुल भद्र को यह बेकार लगा होगा। उन्होंने इसका विरोध किया और चीवर का परित्याग भी किया। एक बार इन्होंने मदिरा का सेवन किया तो वहाँ के ब्राह्मणों ने राज्य निष्कासन के ध्येय से राजा रत्नपाल से शिकायत की। राजा ने सत्य न्याय हेतु सरहपाद के पास जाकर कहा कि आपने ब्राह्मण होते हुए भी मदिरा पान कर उचित कर्म नहीं किया। प्रत्युत्तर में सरहपा ने कहा, 'मैंने मदिरा पान नहीं किया' फिर भी शपथ खानी हो तो आप सभी ब्राह्मणों की सभा आहूत करें। सभी लोगों के एकत्र होने पर सरहपा ने कहा, ''मैंने यदि मदिरा पान किया हो तो मेरा हाथ जल जाए और नहीं पीया हो तो हाथ न जले।'' इतना कहकर इन्होंने गर्म तेल में अपना हाथ डाला, पर हाथ नहीं जला।'' इस दृश्य को देखकर राजा ने लोगों से निर्णय जानना चाहा। ब्राह्मणों ने पुन: दण्ड की पुष्टि की। परन्तु इसके बाद भी वे नहीं जले।

इनके सरहपाद नामकरण का भी एक औचित्य है। सरह असाधारण मस्तिष्क के पुरुष थे। खुली बगावत करने के लिए उन्होंने शर-कार (वाण बनानेवाले) की एक पुत्री को अपने साथ रख लिया और स्वयं सरकंडे का शर बनाने लगे, जिससे उनका नाम सरहपा पड़ गया। उनके भक्तों ने श्रद्धा प्रतीक 'पाद' शब्द जोड़कर उन्हें सरहपाद कहना शुरू कर दिया। सरह की इस बगावत से रुष्ट होकर यद्यपि कालान्तर में सनातनी समाज और सुधारक बौद्धों ने उनका विरोध किया, पर उनके भक्तों की संख्या अपेक्षाकृत अधिक थी। सरह अपनी महामुद्रा शर-कार कन्या के साथ अकेले विचरण करते रहे। विचरण भूमि नालन्दा से श्रीपर्वत तक व्याप्त थी। एक साधक 'श्री पद्म करपो' का अभिमत है कि यह कन्या एक नाग जाति 'डोम' या चांडाल की लड़की थी। कुछ समय पश्चात् शर की कन्या, (जो उनके पास प्रचारिका रूप में रहती थी) को लेकर वे अन्यत्र चले गए। वे विहार में साधना करते थे तथा पत्नी भोजनादि की व्यवस्था करती थी। एक बार उनकी फरमाइश पर पत्नी ने मूली की सब्जी बनाकर साधना स्थल तक पहुँचा दी। किन्तु उनकी साधना में व्यावधान न हो, ऐसा सोचकर वह उन्हें जगा नहीं पाई। बारह वर्षों के बाद जब उनकी साधना समाप्त हुई तो पत्नी से उन्होंने पुन: मूली की सब्जी की माँग की और तब उसने इनकी इच्छा पूर्ति की।

कालान्तर में सरहपा ने पत्नी से श्रीपर्वत जाकर साधना करने की चर्चा की। प्रत्युत्तर में उसने कहा कि यदि बारह वर्ष तक साधना में निमग्न रहने पर भी एक छोटी-सी वस्तु मूली की सब्जी का निमित्त नहीं तोड़ सके तो श्रीपर्वत जाने से क्या लाभ? फलतः उसकी दृष्टि ही बदल गई। उन्हें सत्य की अनुभूति होने लगी और उन्होंने 'निमित्त' एवं विकल्पना को सदा के लिए त्याग कर 'महामुद्रा' परम सिद्धि का लाभ पाया।

सिद्धाचार्य सरहपाद अपने विचारों को समाज के समक्ष निरन्तर रखते रहने के पक्षधर थे। ध्यान के साथ करुणा पर भी उनकी गहरी आस्था है, क्योंकि करुणा के बिना ध्यान व्यर्थ है।

आचार्य सरहपाद के नाम के सम्बन्ध में जिस तरह अनेक शोधकों ने अनेक मत व्यक्त किए हैं, उसी तरह उनकी रचनाओं के सम्बन्ध में भी अध्येताओं के अनेक मत हैं। सरहपाद न केवल अपभ्रंश के ही कवि थे, अपितु, कई संस्कृत ग्रन्थों, विशेषकर तन्त्रों की टीका भी उनके नाम से विरचित हैं, जो शायद तिब्बत में सुरक्षित हैं। इस प्रकार की रचनाओं की संख्या सात है। इनकी लोकप्रियता के सम्बन्ध में साहित्यकारों के अलग-अलग मत हैं। आचार्य शिवपूजन सहाय उनके प्रसिद्ध ग्रन्थों की संख्या 16 मानते हैं। महापंडित राहुल सांकृत्यायन ने उनके रचनाओं को दो वर्गों में विभक्त किया है। उनकी रचनाओं की एक श्रेणी तन्त्रपरक ग्रन्थों की है। द्वितीय श्रेणी में परवर्ती अपभ्रंश या 'पुरानी हिन्दी' में लिखित रचनाएँ आती हैं। उनकी तन्त्रपरक रचनाएँ हैं—

1. बुद्ध कपाल तन्त्र पंजिका
2. बुद्ध कपाल साधन
3. बुद्ध कपाल मंडल विधि
4. त्रैलोक्य वशंकर लोकेश्वर साधन अभयाकर
5. त्रैलोक्य वशंकर लोकेश्वर साधन रत्नाकर
6. त्रैलोक्य वशंकरावलोकितेश्वर साधना अमोघवज्र
7. त्रैलोक्य वशंकर लोकेश्वर साधन।

सिद्धाचार्य सरहपाद की परवर्ती अपभ्रंश या 'पुरानी हिन्दी' की कविताएँ तिब्बती संग्रह के तन्त्र विभाग में संगृहीत हैं। इन रचनाओं को देखने से सरहपाद के स्वतन्त्र विचारों का स्पष्ट बोध हो जाता है। ये कृतिया हैं—

1. दोहाकोश गीति,
2. दोहाकोश नामक चर्यागीति
3. दोहाकोशोपदेश गीति

4. दोहा नाम
5. दोहा टिप्पण
6. कायकोश वज्रगीति
7. वाक्कोश रुचिर स्वर वज्रगीति
8. चितकोशा वज्रगीति
9. कायवाक्चित्ता मनसिकार
10. दोहाकोश महामुद्रोपदेश
11. द्वादशोपदेश गाथा
12. स्वाधिष्ठान क्रम
13. तत्त्वोपदेश शिखरदोहा
14. भावना दृष्टि चर्याफल दोहा गीति
15. वसन्त तिलक दोहाकोश गीतिका
16. महामुद्रोपदेश वज्रगुह्य गीति।

सरहपा की रचनाएँ दोहाकोश एवं दोहागीति के नाम से प्रसिद्ध हैं। उनकी सर्वाधिक उल्लेखनीय कृति 'दोहाकोश नामक चर्यागीत' में दोहों की अपेक्षा चौपाइयाँ अधिक हैं। 'दोहा' शब्द का प्रयोग आज जिस रूप में होता है, वह सरह की ही देन है। तिब्बत में आज भी सात दोहाकोश भारतीय वेदों की तरह पूज्य हैं। इसमें सरहपा का दोहाकोश सर्वमान्य है।

यहाँ सरहपाद के कुछ दोहों की प्रस्तुति अपेक्षित है—

(क) अलिओ! धम्म—महासुह पइसइ।
लवणों जिमि पाणिहि विलिज्जइ मन्तह मन्ते सन्ति ण होइ।
पडिलभिति की उट्ठिउ होइ
तरुफल-दरिसण णउ अग्घाइ। वेज्ज देक्खि की रोग पलाइ

(ख) जइ णग्गाविअ होइ मुति, ता सुणह सिआलह।
लेम उपाउण अत्थि सिद्धि, ता बुवइ, णिअम्बह।।
पिच्छी गहणे टिट्ठ मोक्ख, ता मोरह चमरह।
उच्छ-भोअणें होइ जाण, ता करिह तुरंगह।।
सरह भणइ खवणाण मोक्ख, महु किम्पि न भावइ।

(ग) खाअन्त पिअन्ते सुहहिं रमन्ते। णित पुंण चक्का वि भरन्ते।
टदस धम्म सिज्झइ परलोअह। णाह पाए दलीउ भअलोअह।।
जहि मण पवण ण संचरह, रवि ससि णाह पवेस।

तहि बढ़!! चित्त विसाम करु, सरहें कहिअ उएस।

(घ) गुरु-उवएसे अमिअ-रसु, धाव ण पीअउ बंहि।

(च) अक्खर बाढ़ा सअल जगु, णाहि णिरक्खर कोइ।

तावं सें अक्खर घोलिआ, जाव णिरक्खर होइ।।

(छ) अपणे रचि रचि भव निब्बाणा, मिच्छै लोअ बंधावइ अपणा।

अक्खे ण जाणहु अचिन्त जोई, जाम-मरण भव कइसन कोई।।

इन दोहों में व्यक्त आचार्य प्रवर सरहपाद के दार्शनिक विचार अपने आप में महत्त्वपूर्ण हैं। यह सुविदित है कि सरहपाद ने सहजयान या वज्रयान को आजीवन अपनाया; जी महायान का विकसित स्वरूप है। सरह पर असंग के मन्त्राचार और नागार्जुन के शून्यवाद का स्पष्ट प्रभाव है। उन्होंने शून्यता को अर्थात् सभी भौतिक-अभौतिक पदार्थों के नित्यसार से रहित होने को अपनी योग भावना का पर्याय माना है। यही उसकी चरितार्थता है।

राहुल जी ने सरह के दार्शनिक पक्ष का उद्घाटन करते हुए कहा है कि योगाचार एक ही तत्त्व के 'वास्तविक' होने को स्वीकार करता है। वह नित्य नहीं, बल्कि क्षणिक प्रवाह रूपेण सनातन है। इस प्रकार वह अद्वैतवादी हैं। सरह स्वयं अद्वैत तत्त्वों की महिमा गाते हैं। इससे सिद्ध होता है कि उनका झुकाव योगाचार-दर्शन की ओर अधिक है। मायावादियों के घटाकाश और महाकाश की तरह योगाचार-दर्शन भी विज्ञान को वैयक्तिक विज्ञान और महाविज्ञान के रूप में विभाजित करता है। वैयक्तिक विज्ञान को वे प्रवृत्ति-विज्ञान कहते हैं तथा महाविज्ञान को आलयविज्ञान। योगाचार दर्शन के प्रवर्तक असंग के अनुज वसुबन्धु ने "बीचि-तंरग-न्यायेन तदुत्पत्तिः" कहकर आलय विज्ञान की पुष्टि की है। सरह कहते हैं—"आलअ तरु उमलइ, हिण्उइ जगच्छाछन्दा।

वसुबन्धु ने जिस आलय-विज्ञान को समुद्र कहा है, उसे सरह ने स्वच्छन्द बताया है। बौद्धों का अनात्मवाद और अनीश्वरवाद जग जाहिर है। तरुतर कहने से सरह का यही अभिप्राय व्यक्त होता है। भाव और अभाव में ही सारी दुनिया समाहित है। भाव और निर्वाण को एक बतलाकर सरह ने निर्वाण के आकर्षण को कम कर ऐहिक जीवन के मूल्यों को बढ़ावा दिया है। उन्होंने भोगों को त्याज्य नहीं, ग्राह्य ठहराया तथा जगत को सहजानन्दपूरित मानने पर जोर दिया—"भव-णिव्बाणे किम्पिण दूरा" अथवा "मुक्काविथि जे सअल जगु, णाहि णिबद्धो कोवि"। बन्धन का भय दिखलाकर, आतंकित कर निर्वाण के पीछे पागल करने की जो प्रवृत्ति धर्मनायकों में देखी जाती थी, उसकी व्यर्थता सिद्ध करके सरह ने लोगों को निडर

बनाना चाहा। सरह ने मुक्ति को स्वतः सिद्ध वस्तु माना है। उनकी दृष्टि में परमपद एक विशेष अवस्था है। मन की शंकायुक्त स्थिति के मिट जाने पर चंचलता मिट जाती है। यही परम महासुख की स्थिति है। राहुल जी ने शंकर तथा सरह की एक ही स्रोत से निकली दो धाराओं—निर्वाण और मोक्ष की समानता बताते हुए कहा है—''परम और पद-परम महासुख आदि-अन्त-मध्य रहित है। न उसे संसार कहा जा सकता है, न निर्वाण। उसमें 'अपना और पराया' का भेद नहीं है।

इस वर्णन में शांकर वेदान्त में प्रतिपादित मोक्ष का भी कुछ आभास मिलता है। यद्यपि सरह, शंकर के समसामयिक हैं, पर उनका अद्वैतवाद नागार्जुन (ई. दूसरी सदी) और असंग (ई. चौथी सदी) से सम्बद्ध है। तिब्बती अनुश्रुतियों में सरह को कहीं-कहीं कालिदास का समकालीन माना गया है और कालिदास को विदिशा के शुंग राजा भागभद्र का समकालीन माना गया है। एक ही स्रोत से निकले सरह-शंकर के निर्वाण या मोक्ष में इतनी समानता का होना स्वाभाविक ही है।

सिद्ध सरहपाद ने विज्ञानवाद और शून्यवाद के सिद्धान्तों को अपने तान्त्रिक दर्शन में आत्मसात कर एक नए अद्वैतवाद की प्रतिष्ठा की। अमरकोश के रचनाकार अमरसिंह ने शायद इसी दृष्टि से भगवान बुद्ध को 'अद्वयवादी विनायकौ' कहकर स्मरण किया है। वेद में हम इसी एकात्मकता का स्वरूप पाते हैं। वैदिक दर्शन में जगद्गुरु शंकराचार्य और अवैदिक दर्शन में सिद्ध सरहपाद जगत के दो सुमेरु शिखर हैं। शिष्य-परम्परा ने सरह के सैद्धान्तिक पक्ष को मजबूत करने में काफी प्रयास किया। शबरपा, सरह के प्रधान शिष्य थे। उनके दूसरे शिष्यों में योगी नागार्जुन और सर्वभक्ष थे। इन लोगों ने सरह की परम्परा को आगे बढ़ाया। चौरासी सिद्धों की संख्या पूरी होने पर भी यह परम्परा बन्द नहीं हुई, बल्कि आगे बढ़ती ही गई। आज भी उनका यश अक्षुण्ण है। सरह के अनुयायियों में सातवीं-आठवीं शताब्दी के कई सिद्ध हैं, यद्यपि इनकी गणना सिद्धों में नहीं की गई है। इस सिद्ध परम्परा का प्रभाव हमें आज सन्त साहित्य के कवियों पर दिखता है। यह सरह के प्रयत्नों का ही प्रतिफल है। यहाँ हम महापंडित राहुल सांकृत्यायन के इस महत्त्वपूर्ण निष्कर्ष के साथ श्रीभद्र का समर्थन करते हैं—

प्राकृत की महान कृति 'गाथासप्तशती' को पहले 'गाथा-कोश' ही के नाम से पुकारा जाता था। इसमें शक नहीं कि दोहाकोश नाम का प्रचार सरह की इसी कृति द्वारा हुआ। उनकी चार कृतियाँ भिन्न-भिन्न नाम के दोहाकोश हैं। तिब्बत में अब भी प्रचलित परम्परा के अनुसार सात दोहाकोश (दोहाम्जोद बदुन्) सिद्धचर्या

और वज्रयानी योग के प्रेमियों के वेद माने जाते हैं। इनमें सरहपा, लुईपा, विरूपा, कण्हपा, तिलोपा आदि के कोश सम्मिलित हैं। तिब्बती भाषा में सप्तकोश विषयक बहुत बड़ा साहित्य है, जिसके अध्ययन से सिद्धों की विचारधारा पर काफी प्रकाश पड़ सकता है।

इधर सरहपाद को खोजते हुए कुछ नए तथ्य प्राप्त हुए हैं, जैसे—सरहपाद का स्थितिकाल डॉ. विनयतोष भट्टाचार्य द्वारा 623 ई. निर्धारित किया गया है। राहुल जी ने 769 ई. माना था। उनके अनुसार वे राज्ञी नामक नगर में किसी ब्राह्मण परिवार में पैदा हुए थे। वे नालन्दा विश्वविद्यालय में पढ़कर वहीं बौद्धभिक्षु और आचार्य हो गए थे, फिर वे वज्रयानियों से प्रभावित हुए और जंगल में जा बसे थे। वे शर (वाण) बनानेवाली जाति की कन्या से विवाह करके वहीं जंगल में रहने लगे थे। पाद आदर वाचक शब्द है। वज्रतान्त्रिक नागार्जुन इनके शिष्य थे। इनके 32 अनूदित, विरचित ग्रन्थ कहे जाते हैं—कामकोश, अमृत वज्रगीति, चित्तकोश, दोहाकोश गीति, दोहाकोश चर्यागीति, वाक्कोश, आदि। इनकी कविता का विषय है—गुरु महिमा, कायातीर्थ की प्रशंसा एवं सहजमार्ग। इन पर अपभ्रंश का गहरा प्रभाव है। इनकी अपनी प्रतीक भाषा है यथा—''मन्त: हमन्ते रूसन्नि शा होइ। पडिल मित्ति कि उदबि होइ।'' अर्थात् मन्त्र जाप से कुछ नहीं होगा। गिरी हुई दीवार स्वयं नहीं खड़ी होगी केवल वैद्य को देखकर रोग नहीं भागता। वृक्ष को देखने मात्र से पेट नहीं भरता। कवि का निष्कर्ष यह है कि पुरुषार्थ का कोई विकल्प नहीं है।

सरह की गुरु पर गहरी आस्था थी। वे कहते हैं—'गुरु अमीय रषु धा व ण पीव जेहि।' अर्थात् गुरु की कृपा से उनके सम्पर्क में अमृत रस स्रवित होता है। सरह ने बाह्याडम्बरों का बड़ा विरोध किया। वे कहते हैं कि ब्राह्मण तत्त्व की बात नहीं जानते, इसीलिए चारों वेदों को पढ़ने में व्यस्त रहते हैं—

'बम्अणहि मा जाणंत ही धेउ। एवइ पढ़िअउ ए चउ वेउ।'

जैनियों की बड़ी निन्दा सरह ने की है। वे कहते हैं कि अपने लोभ को जीत लेना सबसे बड़ी सिद्धि है। जैन मुनि दिखावा ज्यादा करते हैं। वे लोभ-मोह के ऊपर नहीं पहुँच पाते हैं। सरह ने महासुख की व्याख्या की है। वे कहते हैं कि—

''आइण अंतण मुज्झ गउ'' णा गउ निव्बाड।
एहु सो परम सुख डउ पर डउ पाण।''

स्पष्ट है कि सरहपाद ने कवित्व, दर्शन तथा भाषिक प्रयोग की दृष्टि से अपूर्व भूमिका का निर्वाह किया है।

इसी सन्दर्भ में यह विचारणीय है कि सरह को हिन्दी का प्रथम कवि किस

तर्क के आधार पर स्वीकार किया गया है। इस सन्दर्भ में उल्लेखनीय है कि शिवसिंह सेंगर ने पुष्य नामक कवि को हिन्दी भाषा की जड़ कहते हुए आदिकवि घोषित किया था। उनका यह तर्क इसलिए सर्वमान्य नहीं हुआ कि पुष्य की रचना परवर्ती अपभ्रंश अर्थात् पुरानी हिन्दी की न होकर पूर्ववर्ती है।

(2) डॉ. ग्रियर्सन ने अपने इतिहास में पुष्य को प्रामाणिक नहीं माना। उनके अनुसार 830 ई. में विद्यमान खुमान हिन्दी के प्रथम कवि हैं।

(3) मिश्रबन्धु ने अपने इतिहास ग्रन्थ में आदि हिन्दी कवि पर विचार करते हुए इनके सम्बन्ध में ही अपना मत व्यक्त किया।

(4) आचार्य रामचन्द्र शुक्ल ने एक ओर यह माना कि सरह सिद्धों में सबसे पुराने कवि हैं। दूसरी ओर यह मत भी प्रकट किया कि देसभाषा का सबसे पुराना काव्य है खुमानरासो।

(5) डॉ. रामकुमार वर्मा ने इस रासो काव्य को हिन्दी की प्राचीनतम कृति स्वीकार किया।

(6) आचार्य हजारीप्रसाद द्विवेदी का मत यह रहा कि सिद्ध साहित्य पुरानी हिन्दी का साहित्य नहीं है। वे हिन्दी का आरम्भ नाथ साहित्य से मानते हैं।

(7) चन्द्रधरशर्मा गुलेरी ने माना कि राजा भोज के चाचा परमार नरेश मुंज पुरानी हिन्दी के प्रथम कवि थे। उनके कई छन्द 'प्रबन्ध चिन्तामणि' और 'प्राचीन सुभाषित संग्रह' तथा हेमचन्द्र के प्राकृत व्याकरण में प्राप्त होते हैं।

(8) डॉ. सत्यदेव चौधरी ने 'हिन्दी वाङ्मय' नामक अपने ग्रन्थ में नरपति नाल्ह को प्रथम हिन्दी कवि और उनके प्रसिद्ध महाकाव्य 'वीसलदेव रास' को प्रथम हिन्दी काव्य घोषित किया है।

(9) डॉ. चन्द्रकान्त बाली ने बाबा फरीद को हिन्दी का आदिकवि होने का गौरव प्रदान किया है।

(10) डॉ. गणपतिचन्द्र गुप्त ने शालिभद्र सूरि को हिन्दी का पहला कवि तथा उनकी कृति 'भरतेश्वर बाहुबलि रास' (1184 ई.) को हिन्दी का प्रथम कवि सिद्ध किया है।

(11) इन सबके विपरीत राहुल सांकृत्यायन, प्रसिद्ध इतिहासकार काशीप्रसाद जायसवाल, डॉ. विश्वम्भरनाथ उपाध्याय, डॉ. विनयतोष भट्टाचार्य, धर्मवीर भारती आदि ने सरहपाद को आदि हिन्दी कवि घोषित किया है।

इन तथ्यों के आधार पर यह कहा जा सकता है कि बहुमत सरह के पक्ष में है।

नाथ काव्य

नाथपन्थ का आविर्भाव सिद्ध मत से माना जाता है। इसे योगमार्ग, अवधूत मत, सिद्ध मार्ग, नाथ सम्प्रदाय, अवधूत सम्प्रदाय, कनफटा आदि नाम भी दिए गए हैं। यह मत वामाचार की प्रतिक्रिया में विकसित हुआ था। राहुल जी ने इसे सिद्ध परम्परा का विकास माना है, क्योंकि 84 सिद्धों में कई नाथ भी पाए जाते हैं। नाथपन्थी साधकों के अनुसार यह नाथपन्थ अनादि और अनन्त है। वे शिव को इसका प्रवर्तक मानते हैं, किन्तु अब अधिसंख्य विद्वानों के मतानुसार सम्प्रदाय के रूप में इस पन्थ की स्थापना की थी गोरखनाथ ने, जो सिद्ध मछन्दर (मत्स्येन्द्रनाथ) के शिष्य थे। मछन्दर के गुरु थे जलन्धर। गोरखनाथ का समय राहुल जी के अनुसार 845 ई., पं. हजारीप्रसाद द्विवेदी के अनुसार 9वीं शती, डॉ. पीताम्बरदत्त बड़थ्वाल के अनुसार 11वीं शती, आचार्य शुक्ल और डॉ. रामकुमार वर्मा के अनुसार 13वीं शती माना गया है।

वस्तुत: गुरु मत्स्येन्द्रनाथ नवीं शती उत्तरार्द्ध के थे। इसलिए 10वीं शती पूर्वार्द्ध में इनके जन्म की मान्यता अधिक विवेकपूर्ण ज्ञात होती है। अपने मत-प्रवर्तन के लिए गुरु गोरखनाथ ने एक दर्जन से अधिक रचनाएँ लिखीं, जैसे-सबदी, पद, प्राणसंकली, नरवै बोध, अभैमात्रा जोग, आत्मबोध, गोरखसार, गोरखबोध, पन्द्रह तिथि सप्तवार, ज्ञान तिलक, ज्ञान चौतीसा, पंचमात्रा आदि। डॉ. पीताम्बर दत्त बड़थ्वाल ने 'गोरखबानी' नाम से उनके आध्यात्मिक विचारों का श्रेष्ठ संकलन किया है, जिसमें 'सबदी' सर्वाधिक महत्त्वपूर्ण है। पदों के अन्तर्गत नाद, बिन्दु, सहस्रार, कुंडलिनी आदि की चर्चा की गई है। उसमें हठयोग का विधान किया गया है और ब्रह्मज्ञान का प्रबोध दिया गया है। गोरखनाथ ने सर्वप्रथम समाज सुधार और आत्म परिष्कार का प्रयास किया। उनके पूर्व सिद्ध सम्प्रदाय में वज्रयानी साधना चल रही थी, जो कालक्रम में बड़ी वीभत्स अर्थात् अनिष्टकर हो गई थी। इसलिए गुरु गोरखनाथ ने उसका निषेध करते हुए हठयोग का प्रवर्तन किया। उन्होंने राजपूताना और पंजाब को प्रचार स्थल बनाया। उनकी हठयोग-साधना ईश्वरवाद को लेकर चली, जिसमें मूर्तिपूजा या बहुदेवोपासना की जरूरत नहीं थी, इसलिए कई मुसलमान भी नाथ सम्प्रदाय की ओर आकृष्ट हुए।

नाथों में निम्नवर्ग की अनेक जातियाँ थीं, जो यों तो शास्त्र विमुख थीं, पर पूरी प्रगल्भता के साथ शास्त्रज्ञ पंडितों को ललकारती-फटकारती रहती थी और रहस्य-चेतना का भरसक प्रदर्शन करती रहती थी। नाथों ने गुरु को सर्वाधिक महत्त्व दिया है, इसलिए कि वे बहुअधीत न थे, केवल बहुश्रुत थे। इनके पास पारम्परिक काव्य-भाषा नहीं थी। इन्होंने शौरसेनी, नागर अपभ्रंश से प्रणोदित

ब्रज, खड़ीबोली, पंजाबी, राजस्थानी आदि को मिलाकर एक सधुक्कड़ी भाषा का निर्माण कर लिया था। नाथपन्थ में अनेक संस्कृत ग्रन्थ रचे गए हैं, किन्तु वे सिद्धान्त-प्रतिपादन तक ही सीमित हैं। व्यावहारिक धरातल पर नाथपन्थ का प्रचार हिन्दी ग्रन्थों द्वारा हुआ है। इनमें योग साधना, आत्म निग्रह, श्वास निरोध, भीतरी चक्र, नाड़ियों की स्थिति, अन्तर्मुख साधना आदि की साम्प्रदायिक शिक्षा दी गई है। इनका साहित्यिक महत्त्व कम है सांस्कृतिक महत्त्व ज्यादा है, अत: इनका उपयोग भाषा के विकास और साम्प्रदायिक विचारधारा के इतिहास-निर्माण में ही किया जाना अधिक उपयुक्त होगा। इनका सर्वाधिक महत्त्व यह है कि इन्होंने परवर्ती सन्त काव्य को बानी, साखी, पद, सबद, उलटवाँसी जैसे काव्य रूप दिए एवं सन्धा भाषा, सधुक्कड़ी भाषा जैसे भाषिक प्रयोग प्रदान किए। आचार्य रामचन्द्र शुक्ल ने इन्हें साहित्यिक परम्परा से पूर्णत: पृथक् कर दिया था, जो तर्कसंगत नहीं है, इसलिए कि नाथ-साहित्य में भी एक-से-एक विलक्षण प्रतीक, अलंकार तथा विविध काव्यात्मक प्रयोग प्राप्त होते हैं। भाषा के विकास-विश्लेषण हेतु भी उनका काव्य प्रयोजनीय है।

नाथ-परम्परा में जिन नौ नाथों का वर्णन 'गोरक्ष सिद्धान्त संग्रह' में किया गया है, वे हैं—

1. नागार्जुन 2. जड़भरत 3. हरिश्चन्द्र 4. सत्यनाथ
5. भीमनाथ 6. गोरक्षनाथ 7. चर्पट 8. मछन्दरनाथ
9. मलयार्जुन।

अन्य नाथों में चौरंगीनाथ, गोपीचन्द-भरथरी, चुणकरनाथ, जलन्धरी आदि का भी नाम लिया जाता है। मराठी के प्रसिद्ध कवि ज्ञानेश्वर को भी मूलत: नाथ सन्त कहा गया है। इनकी कुछ हिन्दी कविताएँ भी महत्त्वपूर्ण मानी गई हैं।

यह उल्लेखनीय है कि नाथ पन्थ का चरमोत्कर्ष 12वीं से 14वीं शताब्दी तक दिखाई देता है। नाथों की सबसे बड़ी विशेषता यह रही है कि उन्होंने वर्णाश्रम व्यवस्था का विरोध किया। साथ ही मद्य-मांस का त्याग करके ब्रह्मचर्य एवं वाक्संयम को अपनाते हुए आचार-विचार की शुचिता का व्यापक प्रबोध दिया। उन्होंने 'पातंजल योग' को अपना मूलाधार बनाया तथा रहस्य-दर्शन को जन-जन तक पहुँचाने का प्रयास किया। इसीलिए इस दौर को हिन्दी साहित्य का प्रथम जन-जागरण-काल कहा जा सकता है। हिन्दी की जातीय संस्कृति का उदय सबसे पहले इसी युग में हुआ था। हिन्दी भाषा की प्रकृति का निर्माण भी इसी युग से होता दिखाई देता है। उदाहरणार्थ, देखिए इस दर्शन का कितना गहरा प्रभाव जनजीवन पर पड़ा था—

'आजु खायऔ कल का झखै, वहिका गोरख संग न रखै।'

यह निवृत्ति-भाव नाथों के प्रभाव से जन-जन में फैल गया और इससे इस सम्प्रदाय का व्यापक प्रचार-प्रसार हुआ।

हिन्दी की नाथ-परम्परा में सर्वाधिक महत्त्वपूर्ण हैं—गुरु गोरखनाथ

गुरु गोरखनाथ

इनको नाथ सम्प्रदाय का सर्वोच्च प्रवर्तक माना जाता है। आचार्य हजारीप्रसाद द्विवेदी ने जनश्रुतियों के आधार पर चार योगीश्वरों को नाथ सम्प्रदाय का प्रवर्तक माना है। प्रथम गुरु आदिनाथ अथवा शिव हैं। इनके दो शिष्य थे—जलन्धरनाथ तथा कृष्णपाद अथवा कान्हपाद। तीसरे मत्स्येन्द्रनाथ। उनके शिष्य थे गोरखनाथ। जनश्रुतियों के अनुसार सुशिष्य गोरखनाथ ने अपने गुरु मत्स्येन्द्रनाथ का स्त्री-संसर्ग से उद्धार किया था। यह भी ज्ञातव्य है कि जलन्धरनाथ-कृष्णपाद की साधना-पद्धति अलग थी और मत्स्येन्द्र-गोरखनाथ की अलग।

गुरु गोरखनाथ के स्थितिकाल के सम्बन्ध में विद्वान एकमत नहीं हैं। गोरखनाथ जी की रचनाओं में मुहम्मद और मुसलमान का उल्लेख इस ढंग से मिलता है, जैसे वे दोनों भारतीय समाज में घुल-मिल गए हों। गोरखनाथ कहते हैं कि उत्पत्ति (जन्म) से हम हिन्दू हैं, जरणां के कारण योगी हैं और अक्ल के कारण मुसलमानी पीर हैं—'उतपति हिन्दू जरणां जोगी अकलि परि मुसलमाना' (सबदी 14)। दूसरे स्थल पर वे कहते हैं—'हे काजी, मुहम्मद मुहम्मद मत करो। मुहम्मद का विचार बहुत गम्भीर और कठिन है—'महम्मद महम्मद न करि काजी महम्मद का विषम विचार' (सबदी 3)। ज्ञातव्य है कि मुसलमानों का ग्यारहवीं शताब्दी से प्रभाव काफी बढ़ने लगा था। तेरहवीं शताब्दी तक तो भारतीय समाज में वे पूरी तरह घुल-मिल गए थे। इसी तर्क के आधार पर अधिकतर विद्वानों ने गोरखनाथ का समय 10वीं शताब्दी माना है।

गोरखनाथ के नाम से प्रचलित चालीस ग्रन्थों का उल्लेख किया गया है। इनमें से कुछ संस्कृत में लिखे गए हैं और कुछ आधुनिक भारतीय भाषाओं में। अधिकांश ग्रन्थ गोरखनाथी मत के संग्रह हैं। डॉ. पीताम्बरदत्त बड़थ्वाल ने गोरखनाथ द्वारा रचित चौदह रचनाओं का उल्लेख किया है। इन ग्रन्थों के अतिरिक्त आचार्य हजारीप्रसाद द्विवेदी ने गोरख गणेश गोष्ठी, गोरखदत्त गोष्ठी अथवा ग्यानदीप बोध, महादेव गोरखगुष्ट, सिस्टपुराण, दयाबोध, छन्द गोरख, नवग्रह, नवरात्र, अष्टपारछया, रहरास, ग्यानमाल, आत्मबोध, व्रत निरंजनपुराण, गोरखबचन, इन्द्रीदेवता, मूलगर्भावती, खाणवारुणी, गोरखसत, अष्टमुद्रा, चौबी

सिधि, षडाक्षरी, पंच अग्नि, अष्टचक्र, अवलि सिलूक, काफिर बोध आदि नाम गिनाए हैं। इनमें से कुछ गोरखनाथ जी की रचनाओं के संग्रह प्रतीत होते हैं और कुछ नाथपन्थ की गरिमा को प्रतिष्ठित करने के लिए बाद में लिखे गए ग्रन्थ ज्ञात होते हैं। कुल मिलाकर डॉ. पीताम्बरदत्त बड़थ्वाल के द्वारा उल्लिखित ग्रन्थ ही प्रामाणिक प्रतीत होते हैं। डॉ. बड़थ्वाल ने गोरखनाथ की रचनाओं का एक संकलन 'गोरखबानी' नाम से किया है। इसके दो भाग हैं। पहले भाग में गोरखनाथ की बानी है और दूसरे भाग में कुछ अन्य योगियों की बानियाँ हैं। सबदी, पद, सिष्या दरसन, प्राणसंकली, नरवै बोध, आत्मबोध अभैमात्रा, जोग, पन्द्रह तिथि, सप्तवार, गोरखबोध, रोमावली, ग्यान तिलक और पंचमात्रा का संकलन प्रथम भाग में 'गोरखबानी' नाम से किया गया है। परिशिष्ट 1 में गोरख गणेश गुष्टि, ज्ञानदीप बोध, महादेव गोरख गुष्टि, सिट पुराण, दयाबोध और तीन पद संकलित हैं। परिशिष्ट 2 में सप्तवार नवग्रह, व्रत, पंच अग्नि, अष्टमुद्रा, चौबीस सिद्धि, बतीस लच्छन, अष्टचक्र आदि संकलित हैं। परिशिष्ट 3 में गोरखनाथ के 27 पदों को रखा गया है। डॉ. बड़थ्वाल के अनुसार ये किसी निरंजनी साधु के द्वारा लिखित प्रतीत होते हैं।

डॉ. पीताम्बरदत्त बड़थ्वाल का मत है कि 'सिष्ट पुरान' तथा 'दयाबोध' डीडवाने के सेवादास निरंजनी की रचनाएँ हैं। गोरख गणेश गोष्ठी, महादेव गोरख गुष्टि और निरंजन पुराण भी सेवादास की रचनाएँ कही गई हैं। भैरावली को उन्होंने गोरखनाथ की रचना नहीं माना है। अवलि सिलूक और काफिरबोध को यत्र-तत्र कबीर की रचनाएँ माना गया है। गर्भावती तथा खाण वारुणी ग्रन्थ पौराणिक रचनाएँ हैं। 'गोरख बचन' की भाषा आधुनिक है। अस्तु, बड़थ्वाल जी 'सबदी' को ही सर्वाधिक प्रामाणिक रचना मानते हैं। गोरखनाथ की रचनाओं की जितनी भी प्रतियाँ मिलती हैं, उन सबमें यह सर्वाधिक प्राप्य है।

'गोरखबानी' में गोरखनाथ के आध्यात्मिक विचारों की दृष्टि से 'सबदी' सबसे महत्त्वपूर्ण है। 'पद' के अन्तर्गत नाद, बिन्दु, सहस्रार, कुंडलिनी, अमृतस्राव आदि की बातें कही गई हैं, किन्तु इसकी भाषा आलंकारिक और प्रतीकात्मक है। गोरखनाथ की रचनाओं में हठयोग साधना की बातें सर्वप्रमुख हैं। वे योग साधना के लिए गुरु को आवश्यक मानते हैं। इन्द्रिय निग्रह के बिना योगी अपनी साधना पूरी नहीं कर सकता है। उनकी ये सारी बातें उनके आध्यात्मिक विचारों के अन्तर्गत ग्राह्य हैं। गोरखनाथ ने पहली बार हिन्दी में योग साधना पर जो बातें जिस शैली में कहीं, उसी को बाद में कबीर आदि सन्तों ने प्राय: अविकल रूप में ग्रहण कर लिया है। गोरखनाथ के आध्यात्मिक विचारों के साथ ही उनके

रूपकों और प्रतीकों का भी कबीर ने व्यवहार किया है। कहीं-कहीं तो लगता है कि कबीरदास गुरु गोरखनाथ की बानी का छायानुवाद कर रहे हैं। वस्तुत: कबीर ने गोरखनाथ के आध्यात्मिक विचारों का पल्लवन किया है। उनकी प्रतीक योजना, भाषा और अलंकार योजना तथा विरोधात्मक कथनों का विकास कबीर के काव्य में भी हुआ है। गोरखनाथ ने पंडितों और काजियों की आलोचना की है। जैसे, 'पंडित न वेदान्त को समझा पा रहा है और न काजी मुहम्मद की बातों को।' यही एक सूत्र है, जिसका प्रसार सामाजिक विचारों के क्षेत्र में कबीर ने बहुश: किया है। इस प्रकार गोरखनाथ का पहला महत्त्व यह है कि उनकी रचनाएँ सन्त-साहित्य का प्रस्थान-बिन्दु हैं। उनकी शैली सन्तों का प्रेरणास्त्रोत बन गई है।

गोरखनाथ एक महान योगी, सिद्ध साधक तथा क्रान्त द्रष्टा थे। वे हठयोगी थे, लेकिन समाज में मानवीय मूल्यों के प्रतिष्ठापक भी थे। उन्होंने पहली बार पंडितों को ब्रह्मज्ञान को ठीक से जानने के लिए ललकारा। उनके पूर्व गौतम बुद्ध ने मनुष्य में चरित्र-बल को स्थापित करने का प्रयास किया था। उनका दु:खवाद ऐसे निर्वाण की ओर ले जाता है, जो शून्य है। राग से व्यक्ति की मुक्ति ही निर्वाण है। इस राग की प्रेरक तृष्णा है। इस तृष्णा से मुक्ति तो अष्टांगिक मार्ग में ही मिल सकती है। यह अष्टांगिक मार्ग व्यक्ति के आत्मिक उत्थान का मार्ग है। उन्होंने जीवन को अस्वीकार करके ऐसे निर्वाण को स्वीकार किया, जो इस जीवन से परे है। यह जीवन तो राग की मंजूषा है। लेकिन गोरखनाथ ने इस जीवन को स्वीकार करते हुए इसी का उदात्तीकरण किया है। इस शरीर के भीतर ही परम ज्ञान है। पंडित लोकाचार में फँसा हुआ है। पाखंडों के बीच यह अपने को ही नहीं पहचान पा रहा है। यह शरीर है तो मन है और मन है तो माया है। काम और क्रोध इसकी दुर्बलताएँ हैं। गोरखनाथ ने इस माया का भोग करने के लिए प्रेरित किया। उन्होंने देखा कि एक परब्रह्म में ही अनन्त सृष्टि का वास है और यह ब्रह्मयोगी के अन्दर ही है। त्रिकुटी या ब्रह्मरन्ध्र में निवास करने से वह शब्द सुनाई पड़ता है, जिसके ताले में ब्रह्म बन्द है। जब वह ताला खोला जाता है तो ब्रह्म के साक्षात दर्शन होते हैं। गोरखनाथ का योगी मन अनाहत नाद में निवास करता है। साधना के द्वारा ब्रह्मरन्ध्र तक पहुँचकर उन्होंने अनाहत नाद को सुना और फिर उन्हें यह लगा कि सारा वाद-विवाद झूठा है।

भारतीय साधना में योग व्यक्ति की चेतना के उत्थान का एक सशक्त माध्यम है। इसमें हठयोग, विरक्ति और वैयक्तिक साधना पर अधिक बल देता है। गोरखनाथ ने उसे लोक से जोड़ा। पतंजलि ने योग के आठ अंग बताए हैं। लेकिन हठयोग में केवल छह अंगों का महत्त्व है। यम और नियम को इसमें

महत्त्व नहीं दिया जाता है। हठयोगी योग की साधना को प्रधान मानता है। उसके अनुसार शरीर में एक बहिर्मुखी शक्ति होती है और दूसरी आन्तरिक शक्ति होती है। यही प्राण और अपान है। प्रतीक की भाषा में इन्हें सूर्य और चन्द्र कहा गया है। प्राणायाम, आसन आदि के द्वारा इन बहिर्मुखी तथा आन्तरिक प्रवृत्तियों में समरसता उत्पन्न होती है। जब साधक समरसता का अनुभव करता है तो सहज समाधि सिद्ध हो जाती है। हठयोगी यह मानता है कि जो पिंड में है, वही ब्रह्मांड में है। इसलिए इस ब्रह्मांड में जो शक्ति व्याप्त और सक्रिय है, उसे पिंड में ही प्राप्त किया जा सकता है। गोरखनाथ सहज समाधि को ही मोक्ष मानते हैं। उन्होंने वेदान्त, मीमांसा, तन्त्र आदि में उल्लिखित मोक्ष को अस्वीकार ही नहीं किया है, बल्कि उसे मूर्खतापूर्ण घोषित किया है। उनके अनुसार जब मन-ही-मन को देखने लगे तो वह अवस्था सहज समाधि की होती है। गोरखनाथ के अनुसार यही मोक्ष है और साधक का तो यही चरम लक्ष्य होता है। आचार्य हजारीप्रसाद द्विवेदी ने गोरखनाथ की सहज समाधि की व्याख्या करते हुए इसे 'स्वसंवेदन ज्ञान की अवस्था' कहा है।

शंकराचार्य ने वेदान्त की पुनर्प्रतिष्ठा करके जनता की अपार श्रद्धा प्राप्त की थी। अपने ज्ञान और संगठन के बल पर उन्होंने बिखरे हुए सनातन धर्म को फिर से व्यवस्थित किया था। हताश लोगों के मन में आत्मबल की इस सीमा तक प्रतिष्ठा की गई कि ज्ञानी समझने लगे कि वे स्वयं ब्रह्म हैं। अद्वैत की यह प्रतीति व्यक्ति में जितना आत्मविश्वास जगाती है, उतना ही अधिक एक व्यक्ति को दूसरे व्यक्ति से जोड़ती है। शंकराचार्य का सिद्धान्त 'केवल' ज्ञान प्रधान है। उनके बाद गोरखनाथ हुए। उन्होंने साधना पर विशेष बल दिया। उनकी साधना का स्वरूप पूर्णत: नया नहीं था। पतञ्जलि की योग क्रिया एवं जिस सहज समाधि की बात उन्होंने कही है, उसी को कबीर आदि सन्तों ने भी स्वीकार किया है। वैसे गोरखनाथ और कबीर की सहज समाधि में भी थोड़ा-सा अन्तर है। गोरखनाथ की सहज समाधि में मन-ही-मन को देखता है। साधक को अपनी संवेदनाओं का साक्षात्कार होता है। यह अवस्था क्रियाशून्यता की अवस्था है। कबीर ने क्रिया-व्यापार तथा सहज समाधि को एक साथ माना है। 'साधो सहज समाधि भली' में वे कहते हैं कि मैं जहाँ चलूँ, वहीं उसकी परिक्रमा हो और जो करूँ, वही उसकी पूजा हो। जीवन के सारे कर्मों को उसी का व्यापार मानकर काम करना ही सहज समाधि है। यहाँ केवल संवेदना नहीं, बल्कि स्वकर्मों के बीच समाधि की कल्पना की गई है। कबीर सहज की व्याख्या कई प्रकार से करते हैं। वे इसी के माध्यम से उस सामरस्य की तलाश करते हैं, जो सहज समाधि की पूर्व पीठिका है।

गुरु गोरखनाथ ने योगी के आचरण को महत्त्वपूर्ण माना है। वे योगी के रहने-बोलने को और आचार-आहार आदि को भी महत्त्वपूर्ण मानते हैं। रात-दिन बहिर्मुख रहनेवाले मन को उन्मनावस्था में लीन करना चाहिए। बाल्यावस्था और यौवनावस्था में इन्द्रियों को निग्रह करना चाहिए। थोड़ा बोलना और थोड़ा खाना चाहिए। योगी को उतना ही भोजन करना चाहिए, जितने से शरीर चले। निद्रा का निरोध करना चाहिए। निद्रा की आसक्ति से जीव जंजाल में फँसता है और आहार की आसक्ति से हृदय में काम का प्रवेश होता है। इस शरीर की क्यारी को जोत-बोकर उसके अन्दर विद्यमान परमात्मा रूपी बीज की उपज करानी चाहिए। योगी को गृही नहीं होना चाहिए। उसे तीन गुणों (सत्त्व, रज और तम) से भी विवर्जित होना चाहिए। शरीररूपी मढ़ी में मनरूपी जोगी रहता है। अत: शरीर का नहीं, मन का योग ही वास्तविक योग है। यही मन शिव है और यही मन शक्ति है। इन्हीं तत्त्वों से निर्मित जीव मन को लेकर उन्मन अवस्था में लीन करने से साधक सर्वज्ञ हो जाता है—

'यहु मन सकती यहु मन सीव
यहु मन पाँच तत्त का जीव।
यहु मन ले जै उनमन रहै
तौ तीनि लोक की बाताँ कहै।' (गोरखबानी-सबदी 50)

गोरखनाथ ने आत्म संयम को हठयोग का आधार माना है। उसके लिए जिह्वा के स्वाद का त्याग कर देना चाहिए। नारी त्याग, मांस का त्याग, पराई निन्दा का त्याग, सर्वस्व त्याग, अहंकार का त्याग तथा माया का त्याग योगी के लिए आवश्यक है। उसके लिए देवालय व्यर्थ है। शून्य की यात्रा ही देवालय है। गोरखनाथ कहते हैं कि 'अवधू! मन चंगा है तो कठवती में गंगा है।' बन्धन में पड़े हुए मन को मुक्त कर दिया तो संसार चेला हो गया—

'अवधू मन चंगा तौ कठौती ही गंगा
बाँध्या मेल्हा तौ जगत्र चेला।
बदंत गोरख सति सरूप,
तत बिचारैं ते रेष न रूप।।'

(गोरखबानी-सबदी 153)

इधर यह उक्ति रैदास के नाम से प्रचलित है। कई कथन कबीर से जुड़ गए हैं। कारण, गोरखनाथ ने धार्मिक अथवा सामाजिक विसंगतियों यानी अन्तर्विरोधों का उल्लेख भी अपने काव्यों में जमकर किया है। उनकी रचनाओं में कुछ ऐसे स्थल मिल जाते हैं, जहाँ वे पंडितों, संन्यासियों, काजी तथा मुल्लाओं को

सम्बोधित करके वास्तविक धर्म का निर्देश करते हैं। वे कहते हैं कि संन्यासियों को तीर्थ का भ्रम सताता है। वे देवालय की यात्रा की जगह शून्य की यात्रा को महत्त्व नहीं देते हैं। काजी और मुल्ला केवल कुरान पढ़ते हैं। पंडित वेद तो पढ़ते है, किन्तु धर्म के वास्तविक स्वरूप को नहीं जानते हैं। ये सारी बातें वे आत्म-आलोचना के रूप में करते हैं। इनके द्वारा वे धर्म का वास्तविक स्वरूप बताना चाहते हैं। गोरखनाथ बहिर्मुखी प्रवृत्तियों का शमन करके साधक को अन्तर्मुखी बनाना चाहते हैं। कबीर ने प्रायः डाँटा फटकारा है। उनकी प्रताड़ना से लगता है कि वे ही सही हैं, शेष पंडित और मुल्ला गलत हैं। गोरखनाथ इनकी गलतियों पर प्रहार कम करते हैं। वे सही रास्ता बताते हैं। यह रास्ता मन को निर्मल बनाने का है। बाह्य प्रवृत्तियों का शमन करके अन्तर्मुख होने का वे उपक्रम बताते हैं, जिससे उस अलक्ष्य को साधक देख सके। वे कहते हैं कि हिन्दू देवालय में ध्यान करते हैं, मुसलमान मस्जिद में, किन्तु योगी परमपद का ध्यान करते हैं, जहाँ न देवालय है, न मस्जिद है—

'हिन्दू ध्यावै देहुरा, मुसलमान मसीत।
जोगी ध्यावै परमपद, जहाँ देहुरा न मसीत।।'

वे राम और खुदा से परे अलक्ष्य का ध्यान करने की बात करते हैं—

'हिन्दू आषै अलख की,
जहाँ राम आछै न खुदाई।'

अपनी ऐसी उक्तियों के कारण गोरखनाथ बहुत धीर-गम्भीर योगी प्रतीत होते हैं। वे सही रास्ता बता देते हैं, जिससे गलत रास्ते पर चलनेवाला स्वतः अपना सुधार कर ले। वे डाँटते-फटकारते नहीं, केवल दिशा-निर्देश कर देते हैं। वे 'सबदी' और 'पद' में निराकार ब्रह्म, कुंडलिनी जागरण, ब्रह्मरन्ध्र, अमृतस्राव, उन्मनावस्था, पवन को उलटकर ब्रह्मरन्ध्र में लीनता, मन की गति, नाड़ी की गति, शब्द की प्राप्ति, नवद्वारों को बन्द करके वायु की गति का अवरोध, सहस्रार से अमृतस्राव और उसमें चन्द्रमा के निवास की बातें करते हैं। उनके लिए ब्रह्मरन्ध्र मैदान है। मनसा उनकी गेंद है। वे अनहद को लेकर सुरति का चौगान खेलते हैं। गोरखनाथ कहते हैं कि मन को लेकर उन्मनावस्था में लीन करने से साधक सर्वज्ञ हो जाता है।

यहाँ गोरखनाथ के कृतित्व का प्रश्न विचारणीय है। आचार्य रामचन्द्र शुक्ल उनकी रचनाओं को साहित्य में नहीं सम्मिलित करते। आचार्य हजारीप्रसाद द्विवेदी इनमें साहित्यिकता देखते हैं। गोरखनाथ में हठयोगी की साधना का अनुभूतिपरक चित्रण है। फिर भी एक प्रश्न शेष रह जाता है कि क्या ये अनुभूतियाँ

सामान्य जन की संवेदना का विषय हैं? ब्रह्म के स्वरूप, नाद, बिन्दु, कुंडलिनी के जागरण आदि की जो स्थितियाँ हैं, वे केवल एक योगी के ही अनुभव का विषय हैं। गोरखनाथ का महत्त्व इसमें है कि इन अनुभवों को उन्होंने पहली बार इस प्रकार से प्रकट किया कि वे जन-सामान्य को आसानी से प्रभावित कर सकें। इन छन्दों में केवल हठयोग की साधना के अनुभवों को ही नहीं व्यक्त किया गया है, बल्कि उन अनुभवों को संवेदनात्मक धरातल पर प्रतिष्ठित भी किया गया है। परचय योगी के सम्बन्ध में कहते हैं कि ऐसा योगी उन्मन समाधि की क्रीड़ा करता है। रात-दिन इच्छानुसार देवता का समागम करता रहता है और क्षण-क्षण में नाना रूप धारण कर सकता है—

'परचय जोगी उनमन षेला
अहनिसि इंछया करै देवता स्यूं मेला।
षिन षिन जोगी नाना रूप
तब जानिबा जोगी परचय स्वरूप।।'

(गोरखबानी-सबदी 138)

इस छन्द में आत्मानुभव की गहन दशा को लक्षणा के द्वारा प्रकट किया गया है। एक ओर अनुभव की सच्चाई है और दूसरी ओर भाषा का सांकेतिक रूप है। अभिव्यक्ति की इसी शैली में यह काव्य लिखा गया है।

गोरखनाथ की कुछ कविताओं में हठयोग के अनुभव को सीधी-सादी भाषा में कहा गया है। यहाँ संवेदना की सघनता अथवा अलंकरण नहीं है। उनकी दूसरी शैली वह है, जहाँ सरलता के साथ-साथ अनुभूति की गहराई भी है। ऐसे स्थलों में काफी कुछ अलंकृति और भाषा की भंगिमा भी दिखाई पड़ती है। योगी की रहनि बताते हुए वे कहते हैं कि नौ लाख पतुरिया उसके आगे नाचती हों और सहज ज्ञान-वैराग्य का अखाड़ा उसके पीछे हो—ऐसी स्थिति के बीच भी योगी साधना में लीन रहे तो उसका भीतरी भंडारण हो सकता है—

'नौ लष पातरि, आगैं नाचै, पाछैं अषाड़ा।
ऐसैं मन लै जोगी षेलै, तब अन्तरि बसै भंडारा।।'

(गोरखबानी-ग्यानतिलक 31)

अंजन अर्थात् माया में निरंजन को प्राप्त करने की विधि वे इस प्रकार बताते है—

'अंजन माहिं निरंजन भेट्या, तिल मुख भेट्या तेल।
मूरति माहिं अमूरति परस्या, भरा निरन्तर षेल।।'

(गोरखबानी-ग्यानतिलक 41)

वे अजपाजाप के द्वारा चंचल मन को स्थिर करने की क्रिया बताते हुए सांग रूपक की योजना करते हैं—'मै जाति का सुनार हूँ। मुझसे रस रूप सोना लो। मैंने श्वास की क्रिया को धौंकनी बनाकर अजपाजाप को सिद्ध किया है—

'सोनां ल्यौ रस सोनां ल्यौं,
मेरी जाति सुनारी रे।
धंमणि धमीं रस जांमणि जांभ्या,
तब गगन महारस मिलिया रे।'

(गोरखबानी, पृष्ठ 91)

वे माया का रूपक (पृष्ठ 13) इला-पिंगला और सुषुम्ना का रूपक (पृष्ठ 95), सहज के जीवन और पवन के घोड़े का रूपक (पृष्ठ 103), नदी और हंस का रूपक (पृष्ठ 96), उन्मनी अवस्था और सिन्दूर के तिलक का रूपक (पृष्ठ 106), तत्त्व की बेल का रूपक (पृष्ठ 107), काशी-जैसे तीर्थ और त्रिकुटी का रूपक (पृष्ठ 116), शरीर और नगर का रूपक (पृष्ठ 121), काया और गढ़ का रूपक (पृष्ठ 134), कामिनी और माया का रूपक (पृष्ठ 143), आम्रवृक्ष और माया का रूपक (पृष्ठ 152), माया और वृक्ष का रूपक (पृष्ठ 153) आदि। वे निरंजन परब्रह्म की आरती का ऐसा सांग रूपक बाँधते हैं, जो अच्छे-से-अच्छे कवियों के कवित्व से प्रतिस्पर्द्धा करता है। गोरखनाथ सहज, निरंजन, सहस्त्रार और अनहद नाद की बातें अनुभव की गहराई में जाकर एकदम सहज और सरल भाषा में करते हैं। उनकी अभिव्यक्ति कहीं प्रतीकों और लक्षणा द्वारा प्रकट होती है और कहीं प्रभावशाली अलंकरणों के सहारे।

गोरखनाथ ने प्रतीक की भाषा में मन को मछली, मृग, माया को शशक, व्याघ्र, बिल्ली, चंचलानारी, ब्रह्मानुभूति को गाय के दुग्ध का क्षरण, प्राण को पवन, शरीर को पर्वत, पिंगला नाड़ी को यमुना, इला नाड़ी को गंगा, अन्तर्मुखी जीवन को चूहा, आत्मा को पनिहारिन, हंस, मूलाधार चक्र में स्थित सूर्य को बछड़ा, जीवन को रात्रि, इन्द्रिय को मृग, काल को पारधी, ब्रह्मरन्ध्र को आकाश मंडल, दसवाँ द्वार, भ्रमर गुफा, शुक्र को बिन्दु, अजपामन्त्र 'सोहं हंस' को सुशब्द, सुषुम्ना को सरस्वती, वाणी, सहस्त्रार को स्वर्ण कमल, चन्द्रमा, सुषुम्ना मार्ग को सुरही घर, त्रिकुटी को त्रिवेणी तथा शरीर को कन्था कहा है। इन प्रतीकों का कबीर आदि सन्तों ने भी अपनी बानियों में व्यवहार किया है। उन्मनावस्था, अजपाजाप, सहज, निरंजन, अनहद नाद, दशम द्वार आदि शब्द गोरखनाथ के काव्य से होते हुए सन्तों के काव्य तक पहुँचे हैं। इस तरह स्पष्ट है कि गोरखनाथ सन्तकाव्य के प्रेरणास्रोत हैं। उनका काव्य न होता तो सन्त साहित्य उस रूप

में हमारे सामने न आता, जिस रूप में वह आज है। गोरखनाथ के अनुभव मध्यकालीन सन्तों की अनुभूतियों की पूर्वपीठिका है। उनके रूपकों, प्रतीकों और पारिभाषिक शब्दों का विकास सन्त साहित्य में दिखाई पड़ता है। वस्तुत: गुरु गोरखनाथ का महत्त्व युगद्रष्टा, आचार्य, दार्शनिक, कवि, समाज सुधारक और नवगरण के पुरोधा रूप में युग-युग तक अक्षुण्ण रहेगा।

अन्य नाथ सिद्धों की बानियाँ

आचार्य हजारीप्रसाद द्विवेदी सम्पादित नाथसिद्धों की बानियाँ 9वीं से 12वीं शताब्दी के नाथसिद्धों की रचनाओं का संग्रह है, जिसका विषय योगसाधना है। इसका प्रकाशन सन् 1957 में नागरी प्रचारिणी सभा, वाराणसी द्वारा हुआ है। इसकी भाषा पन्द्रहवीं शताब्दी के आस-पास की है। प्रद्युम्नचरित—सघारु की रचना (प्रद्युम्नचरित), तेरहवीं शताब्दी की कृति है, जिसका सम्पादन चैनसुखदास ने किया है। यह एक चरित-काव्य है। यह दि. जैन. अ. पौत्र श्रीमहावीर जी द्वारा 1960 ई. में प्रकाशित हुआ है। इसमें मानव के उत्थान-पतन की कहानी कही गई है। हरिवंशपुराणम् (पुष्यदन्त विरचित)—चौदहवीं शताब्दी की रचना 'हरिवंशपुराणम्' के रचयिता पुष्यदन्त हैं, जिनका सम्पादन पी. एल. वैद्य ने किया है। इसका प्रणयन पौराणिक गाथाओं पर आधारित है। माणिकचन्द्र जैन ग्रन्थमाला समिति बम्बई द्वारा इसका प्रकाशन हुआ है।

जसहर चरिउ (यशोधर चरित)—पुष्यदन्त रचित 'जसहर चरिउ' तेरहवीं शताब्दी की रचना है, जिसका सम्पादन डॉ. हीरालाल जैन ने किया है। इसका विषय है पुराण-पुरुष यशोधर का चरित वर्णन। इसका प्रकाशन-वर्ष 1972 है। इसका प्रकाशन भारतीय ज्ञानपीठ द्वारा हुआ है।

णायकुमार चरिउ (नागकुमार चरित)—चौदहवीं शताब्दी की रचना है। णायकुमार चरिउ के रचयिता हैं पुष्यदन्त। इसके सम्पादक डॉ. हीरालाल जैन हैं। इसका विषय है पंचमी उपवास का माहात्म्यवर्णन। इसका प्रकाशन सन् 1972 में भारतीय ज्ञानपीठ द्वारा हुआ। यह एक खंडकाव्य है।

स्पष्ट है कि इन सबका भाषिक प्रयोग तथा सामाजिक दार्शनिक चिन्ताधारा के विकास में विशिष्ट महत्त्व है।

राउलबेल—इस ग्रन्थ का प्रकाशन प्रथम बार 1959 में हुआ। पहले इसे अपभ्रंश की रचना मानकर केवल भाषा के इतिहास विकास के सन्दर्भ में इसकी चर्चा की गई। अब यह साहित्य के सन्दर्भ में भी विचारणीय है। इस कृति का रचना-काल डॉ. माताप्रसाद गुप्त के अनुसार 11वीं शती होना चाहिए। इस काव्य

का नाम 'राउल' अर्थात् राजकुल, बेलि अर्थात् विलास है। उस युग में राउल नायिकाओं का नाम भी हुआ करता था। रोड ने इसकी रचना जीवनव्यापी अनुभव के आधार पर की है। उसने आरम्भ में चारणी शैली अपनायी गई है, इसलिए उसका निवास राजस्थान, गुजरात और मालवा के बीच अनुमानित है। कवि ने जिन नायिकाओं का वर्णन किया है, उनमें मालव-सुन्दरियाँ सर्वोपरि हैं। उसके शब्दों में नायिका की भौंहें कामदेव की प्रत्यंचा जैसी लगती हैं। उसका ललाट पार्वती के भाल के सदृश है। तात्पर्य यह है कि कवित्तपूर्ण उद्भावनाएँ इसमें भरी पड़ी हैं।

निष्कर्ष यह है कि नाथ साधकों के सम्बन्ध में अब विद्वान इन बिन्दुओं से सहमत हो चले हैं कि—

1. ये वेद विरोधी नहीं थे, मात्र तान्त्रिक थे।

2. ये सहजा भक्ति के उन्नायक थे।

3. ये मात्र ऐन्द्रजालिक रहस्यवादी न होकर आध्यात्मिक अनुभूतिवादी भी थे।

4. ये अन्तर्मुखी थे, किन्तु ब्रह्मानन्दलीन होकर सुधारक भी थे।

5. ये कर्मकांड की जगह विवेक को प्रश्रय देते थे।

6. लोकानुभव-लोकमंगल इनका प्रमुख प्रतिपाद्य रहा है।

7. नाथ कट्टरता के विरोधी थे और नवजागरण के पुरस्कर्ता थे।

8. इनका दर्शन भारतीय शास्त्र एवं लोक, दोनों से सम्बद्ध है। अस्तु, वह न गँवारों का है और न मात्र बौद्धिकों का। यह जनाधारित शास्त्र का एक विशिष्ट प्रस्थान है।

9. इस आन्दोलन ने हिन्दू-मुस्लिम ऐक्य का प्रयास किया। इसमें जुलाहा, हिन्दू योगी, मुस्लिम जोगी और फकीर सब सम्मिलित थे।

10. इन्होंने विदेशी आक्रमणों से हताश जनता में आत्मगौरव का भाव भरकर उसे आत्मोन्नयन हेतु प्रेरित किया।

11. इस मत का सूफियों से काफी साम्य है। दोनों ने सिंगी, सेली, दंड, भभूत, कन्था, अधारी आदि का उल्लेख किया है।

12. वैष्णवों की अखंडज्योति, गगन मंडल, सुरति-निरति, त्रिकुटी, अनहद आदि की अवधारणा भी नाथों में है।

13. इनकी भाषा में मुख्य है अवधी। उसमें पंजाबी, राजस्थानी, डिंगल, नेपाली, अपभ्रंश, ब्रज, खड़ीबोली आदि का मेल है, जिसे 'सधुक्कड़ी' कहा जा सकता है।

14. सन्तों द्वारा प्रयुक्त उलटवाँसी नाथ साहित्य में बहूपलब्ध है, जैसे—गगन मंडल में औंधा कुवाँ (गोरख) 'आकासे मुँह औंधा कुवाँ (कबीर) 'डूँगरी मंच्छा जल सूषा पाणी में दौ लागा।' (गोरख) 'समंदर लागी आगि मंछी चढ़ि रूखा गई' (कबीर)।

ज्ञातव्य है कि मध्यदेश एवं पश्चिमोत्तर क्षेत्र का यह सम्प्रदाय 9 नाथों के कारण बहुमान्य रहा है। इन्होंने रहस्यवाद तथा यथार्थ दोनों को स्वर दिया। इस सम्प्रदाय ने सिद्धों के अतिचार को रोका और बौद्ध, वैष्णव, सूफी, सन्तमत आदि का समन्वय करके निगमागम की प्रतिष्ठा की, अतएव इनका विशिष्ट ऐतिहासिक महत्त्व है।

सन्त काव्य

सन्त मत का आरम्भ उत्तर भारत में 12वीं शती से माना गया है। यह भी कहा जाता है कि इसकी शुरुआत मराठी के 'महानुभाव सम्प्रदाय' द्वारा 10वीं शती में हुई थी। यों सन्तमत 'नाथपन्थ' का ही एक परवर्ती रूपान्तरण है। सम्भव है—अतिशास्त्रीयता तथा उपासना-पद्धतियों की अति औपचारिकता से ऊबकर इस 'सहज साधना' की प्रेरणा मध्य निम्नवर्ग को मिली हो। कुछ विद्वानों का मत है कि सवर्ण मठाधीशों, पुरोहितों, सामन्तों द्वारा जारी अन्त्यजों के मन्दिर-प्रवेश-निषेध अर्थात् मूर्तिपूजा की वर्जना से प्रतिक्रिया प्रेरित होकर 'निर्गुण पन्थ' (निराकारोपासना) के रूप में इस मत का विकास हुआ है, किन्तु ज्ञातव्य है कि सन्तमत के प्रवर्तक ज्ञानेश्वर, नामदेव, रामानन्द आदि सवर्ण ही थे। दूसरे निराकारोपासना तो उपनिषद्काल से चल रही थी। तीसरे मुगल-काल के पूर्व यहाँ जातीय भेदभाव, मन्दिर प्रवेश-निषेध आदि का कोई प्रमाण नहीं मिलता, इसलिए सन्तमत को केवल प्रतिक्रिया स्वरूप विकसित सिद्धान्त घोषित कर देना समीचीन नहीं है। ऐसा अनुमान है कि यह निषेध परक व्यवस्था मुगल कालीन धर्मान्तरण नीति, विदेशी खानपान, रहन-सहन एवं अन्य धर्मावलम्बियों की अधीनता को रोकने के लिए परवर्ती काल में लागू की गई थी। आदिकालीन सन्तमत मात्र 'सहज साधना' यानी धर्म के सरलीकरण के उद्‌देश्य से प्रेरित प्रतीत होता है।

इस युग के सन्तों ने तीव्र स्वानुभूति के सहारे ईश्वरीय रहस्य का निर्वचन किया। उन्होंने अद्वैतवादी, एकेश्वरवादी, निराकार-निर्गुण ब्रह्म को गुरु ज्ञान, सत्संग एवं सहज ज्ञान द्वारा परिपूर्ण प्रेमा भक्ति तथा सम्पूर्ण सर्वस्व समर्पण के सहारे प्राप्त करने का प्रबोध दिया। उनके अनुसार कोई भी चरित, कोई सम्प्रदाय और कोई दर्शन सम्पूर्ण नहीं है। इसके लिए आवश्यकता है शुद्ध एकनिष्ठ भाव

की, भौतिकता के भरसक परित्याग की और मन-वचन-कर्म से सात्त्विकता (सन्तत्व) को धारण करने की। सन्त कवियों ने इसी उद्देश्य से जनभाषा में, जनदर्शन के सहारे, जनसाधारण को प्रबोध दिया। यथावसर उसकी भर्त्सना की और नाथपन्थियों, योगियों तथा वैष्णवों को संगठित भी किया। कालान्तर में इस पन्थ से अन्त्यजों, पिछड़े वर्गों का जुड़ाव ज्यादा हो गया। यह मत शास्त्र की अपेक्षा लोक में केन्द्रित हो गया। यही कारण है कि सन्तों ने चाचर, फाग, बेलि, वणजारा, बिरहुली, हिंडोल, ककहरा, अखरावती, सीहर्फी जैसी लोक शैलियाँ अपनायी। साखी, सोरठी, दूहा, सबद, रमैनी, चौपाई, सलोक, अंग जैसे काव्य रूप आजमाए और राजस्थानी, गुजराती, मराठी, व्रज, अवधी, भोजपुरी, पंजाबी आदि भाषाओं को प्रश्रय दिया।

आरम्भ में सन्तों ने जनदर्शन के क्षेत्र में 'सुरति निरति सुमिरन' को ही वरीयता दी। कालक्रम में इनके अपने कई पन्थ बन गए और यह मत भी पाखंड, दम्भ और महन्तगिरी से ग्रस्त हो गया।

हिन्दी के आदिकाल में जिन सन्तों की विशिष्ट भूमिका रही है, उनमें नामदेव (1270), ज्ञानेश्वर (12वीं सदी) सधना, वेणी, त्रिलोचन, दयालदास, एकनाथ, चक्रधर आदि उल्लेख्य हैं।

सन्त नामदेव

सन्त कवियों में इनकी प्रतिष्ठा शिखर पर रही है। ये महाराष्ट्र के निवासी शुद्ध सन्त थे। इनका जीवनवृत्त यद्यपि विवादास्पद है, फिर भी बहुमत के आधार पर यह माना जाता है कि इनकी स्थिति 1270 से 1350 ई. के मध्य रही है। एक सन्त के रूप में इनकी कीर्ति पूरे उत्तर भारत में व्याप्त रही है। इसका सबसे बड़ा कारण यह है कि नामदेव जी ने गुरु ज्ञानेश्वर के साथ उत्तर भारत का कई बार परिभ्रमण किया था। पंजाब में तो वे बहुत अर्से तक रहे हैं। इसीलिए जब गुरुग्रन्थ साहिब का संकलन किया गया तो उसमें नामदेव के अनेक पद रखे गए। इससे नामदेव की कीर्ति बहुत दूर-दूर तक फैली और वे सुखदेव, उद्धव, शंकर जैसे भक्तों की श्रेणी में स्थापित हो गए। सन्त रैदास ने उनकी जय-जयकार करते हुए कहा है—'नामदेव, कबीर, तिलोचन, सधना सेन तरे'

(ग्रन्थावली पृ. 964)

स्वयं नामदेव जी ने आत्म वृत्तान्त प्रस्तुत करते हुए लिखा है—

छीपे के घर भैला
गुरु उपदेशा दैला

सन्त प्रसाद नावा हरि भेटुला
होनड़ी जाति मेरी आदम राया
छीपे कै जनम काहे को आया।

इनके जीवनवृत्त का खोज करनेवाले विद्वानों का मत है कि नामदेव का जन्म पिता दामासेठ, माता गौनाबाई के परिवार में सतारा जिले के नरसी बमनी नामक गाँव में हुआ था। इनके पिता पेशे से दर्जी थे और अच्छे भक्त थे, इसलिए नामदेव भी बाल-काल से ही भगवद भक्ति और सन्तों की संगति में केन्द्रित हो गए। आठ वर्ष की अवस्था में राजाबाई से उनका विवाह हो गया। जीविकोपार्जन में नामदेव की रुचि नहीं थी। वे प्रसिद्ध महाराष्ट्री सन्त ज्ञानदेव के सम्पर्क में आ गए और सगुण-निर्गुण भावधारा से मिली-जुली पद-रचना करने लगे।

नामदेव जी भावुक भक्त थे। अत्यन्त निश्छल और अबोध। ऐसी जनश्रुति है कि एक बार उनके पिता जी ठाकुर जी की भोग सेवा का दायित्व उन्हें सौंपकर यात्रा पर चले गए। ये दूध का कटोरा लिए सोचते रहे कि ठाकुर बिठोवा जी प्रकट होकर दूध पी लेंगे। जब ठाकुर जी ने दूध न पीया तो ये रोने लगे, यह समझकर कि मैं छोटा हूँ, इसलिए मेरे हाथ का दूध ठाकुर जी को स्वीकार नहीं है। इन्होंने सत्याग्रह करने का निश्चय किया और तब ठाकुर जी को प्रकट होकर इनका नैवेद्य स्वीकार करना पड़ा।

नामदेव से सम्बन्धित एक और घटना जीवनी ग्रन्थों में मिलती है। कहा जाता है कि युवस्था में ये डाका डालते थे। कितने ही ग्रामीणों का इन्होंने वध किया था। एक बार किसी मन्दिर को लूटने ये गए हुए थे। वहाँ कोई गृहस्थ भोग लगा रहा था। सामने उपस्थित भक्तों में एक भूखा बालक भी था—वह इस भोग-सामग्री को देखकर रोने और मचलने लगा। बहुत मना करने के बावजूद उस बालक की माँ ने अपनी दुर्दशा का वर्णन करते हुए बताया कि किसी डाकू ने उसे लूटकर उसके पति की हत्या कर दी है, जिससे वे अनाथ हो गए हैं, कई दिनों से भूखे हैं, इसलिए हम इस भोग को देखकर अपना धैर्य खो बैठे है। नामदेव को यह पूरा विवरण सुनकर अपने कर्मों पर बड़ी ग्लानि हुई। वे सारा दुष्कर्म छोड़कर, अपना सर्वस्व त्यागकर पंढ़रपुर चले गए और विठोवा या बिट्ठल जी के पद-भजन गाने लगे। पहले नामदेव जी सगुणोपासक थे। कालान्तर में ये सर्वव्यापक निराकार ब्रह्म के भक्त हो गए। वस्तुत: सगुण-निर्गुण में समन्वय स्थापित करने का ऐतिहासिक श्रेय नामदेव को दिया जा सकता है।

नामदेव जी का जीवन सद्गृहस्थ और एक विरक्त वैरागी सन्त का जीवन था। विवाहोपरान्त उनके पाँच पुत्र उत्पन्न हुए। वे अपने क्षेत्र में जातीय भेद-

भाव को दूर करते हुए लोक शिक्षक की भूमिका निभाते रहे। नामदेव जी ने बहुदेवोपासना का प्रचार किया और शस्त्र को अन्तिम सत्य न मानते हुए पाखंडों का विरोध किया।

गुरु के प्रति नामदेव के मन में गहरी आस्था थी। इन्होंने विठोबा खेचर नामक सन्त को अपना गुरु बनाया था। ज्ञानदेव जी इनके मित्र थे। वे इन्हें 'निगुरा' कहा करते थे। इनके सम्बन्ध में अनेक चमत्कारपूर्ण कथाएँ प्रचलित हैं। एक प्रसिद्ध घटना यह है कि अपने गुरु से मिलने के लिए जब ये मन्दिर में पहुँचे तो ऐसा दिखाई दिया कि गुरु जी शिवलिंग के ऊपर पैर रखे हुए लेटे हैं। नामदेव जी के पूछने पर उन्होंने कहा, यदि ऐसा है तो मेरे पैर शिवलिंग से परे हटा दो। नामदेव जी पैर हटाने लगे तो यह देखा कि जिधर पैर जाता है, उधर ही शिवलिंग घूम जाता है। इससे गुरु के प्रति इनकी इनकी आस्था कई गुना बढ़ गई। ऐसी ही एक अन्य घटना उल्लेखनीय है। कहते हैं कि छीपी होने के कारण ब्राह्मणों ने इन्हें मन्दिर के पिछवाड़े की ओर चले जाने का आदेश दिया। जब वे पीछे चले गए तब मन्दिर का द्वार भी उसी तरफ घूम गया। यह भी जनश्रुति है कि एक बार मुहम्मद तुगलक ने इन्हें आदेश दिया कि इस मरी गाय को जिलाकर दिखलाओ। वैसा न करने पर एक मदमस्त हाथी उनपर छोड़ दिया गया, किन्तु वह हाथी उनका बाल बाँका न कर पाया। इनकी प्रार्थना पर प्रकट होकर भगवान ने उस गाय को जीवित कर दिया। इन घटनाओं का उल्लेख 'ग्रन्थ साहब' में हुआ है।

प्राप्त प्रमाणों के अनुसार नामदेव को 80 वर्ष का जीवन मिला था। उन्होंने हरिद्वार, गुरुदासपुर, जालन्धर, हिसार आदि स्थानों पर प्रवास करते हुए पंढरपुर में मन्दिर के द्वार पर आकर समाधि ग्रहण की। इनका मृत्यु वर्ष 1350 ई. सिद्ध किया गया है। उसी के आधार पर माघ मास के आरम्भ में वहाँ प्रतिवर्ष मेला लगा करता है।

सन्त नामदेव ने मराठी और हिन्दी दोनों में रचनाएँ की हैं। गुरुग्रन्थ साहिब में उनके इकसठ पद संकलित हैं। लगभग इतने ही पद उनके विभिन्न मराठी संकलनों में प्राप्त होते हैं। कुछ विद्वानों ने हिन्दी पदों की संख्या 70 बताई है। इनके संग्रह 'सकल सन्त गाथा' में तीन हजार अभंगों का उल्लेख है। डॉ. भगीरथ मिश्र ने इनकी उपलब्ध सभी रचनाओं का एक संग्रह 'सन्त नामदेव की हिन्दी पदावली' 'नाम से 1964 में प्रकाशित कराया था, जिसमे 230 पद और तेरह साखियाँ संकलित हैं। नामदेव की पदावली में मराठी, हिन्दी, खड़ीबोली, राजस्थानी और रेखता इन पाँच भाषाओं का सम्मिश्रण दिखाई देता है। इन्ही प्रयोगों के कारण सन्तों की भाषा को सधुक्कड़ी या पंचमेल खिचड़ी घोषित किया

गया है। नामदेव ब्रज, अवधी और खड़ीबोली का मिला-जुला प्रयोग करते रहे हैं, जैसे एक उदाहरण देखिए—

पांडे तुमरी गायत्री लोधे का खेत खाती थी।
लैकरि ठेगा टंगरी तोरी लांगति-लांगति जाती थी।
पांडे तुमरा महादेव धौले बलदि चढ्या आवति देख्या था।

(ग्रन्थावली, पृ. 763)

उनके पदों में फारसी के अनेक शब्द, जैसे दीगर, दामा, कुजा, आमद आदि जगह-जगह पर प्रयुक्त हुए हैं। दूसरी ओर उसमें मराठी शब्दों की भी भरमार है। जैसे—केला (किया) आला (आया) जयला (जाएगा) आदि।

नामदेव जी यों तो सिद्धान्ततः किसी मतवाद से ग्रस्त नहीं थे, पर ज्ञानदेव जी के प्रभाव वश कालान्तर में वे बारकरी सम्प्रदाय से जुड़ गए थे। वहाँ सब-कुछ गोविन्दमय है। वह हिन्दू मुसलमान-अल्लाह या भगवान और मन्दिर, मस्जिद का वासी न होकर एक सर्वव्यापी शक्ति है, जिसको उन्होंने राम, केशव, मुरारी, रहीम, करीम, अल्लाह, बिट्ठल आदि कई नामों से पुकारा है। वे नामोपासना के समर्थक थे। जप-तप, यज्ञ, तीर्थाटन, दान आदि के समर्थक नहीं थे। उन्होंने सर्वाधिक महत्त्व दिया ध्यान पर राम को उन्होंने अपना भरतार और खसम माना है, जिसके ध्यान में वे आठों पहर निमग्न रहते हैं। यौगिक क्रियाओं का भी नामदेव ने उल्लेख किया है। उनके पदों में इला, पिंगला, सुषुम्ना में पवन को बाँधने, सूर्य और चन्द्र को सम करने, अनहद नाद बजाने, शून्य समाधि लगाने तथा ब्रह्म ज्योति में मिल जाने का उल्लेख हुआ है। उनके इस दर्शन का गहरा प्रभाव कबीर आदि सन्तों पर पड़ा है।

नामदेव आस्तिकता और मानवीय आस्था के कवि हैं। वे कहते हैं— व्यर्थ का वाद-विवाद किसी से न करो। बस, राम-नाम का उच्चारण करते जाओ—

'वाद-विवाद काहुसिव न कीजै।
रसना राम रसायन पीजै।।'

वे घोषित करते हैं कि लोग भले ही मेरी निन्दा करें, मैं तो राम की भक्ति में तन्मय रहूँगा—

'भले निन्दउ लोगु। तनु मनु राम पियारे जोगु।'

कभी-कभी खीझकर वे कुतर्कियों पर प्रहार भी करते हैं। जैसे- 'हिन्दू अन्धा, तुर्का काणा, दोहा ते गियानी सियाणा अर्थात् ये दोनों मर्मान्ध है। बेहतर हैं जाग्रत विवेकवाले भक्त।

नामदेव मूलत: मराठी कवि हैं, पर उन्होंने कई हिन्दी रचनाएँ की हैं। उन पर वैष्णव, बिट्ठल, शैव मत का मिला-जुला प्रभाव था।

ज्ञानेश्वर उन्हीं के समकालीन थे। उन्होंने भावार्थ दीपिका (ज्ञानेश्वरी) के अतिरिक्त कुछ हिन्दी छन्द रचे हैं, जिनमें मराठी-हिन्दी दोनों का मिश्रण है, जैसे—

तारिले गनिका बिन रूप कुब्जा।
बियाध अजामिल तारिअले।।

स्पष्ट है कि सन्तमत की स्थापना में इन सन्तों, विशेषत: नामदेव की विशिष्ट भूमिका रही है।

सूफी काव्य

सूफी मत इस्लाम की एक महत्त्वपूर्ण शाखा है, जिसका आविर्भाव कुछ उदारपन्थी भावुक सन्तों के प्रयत्न से, विशेषत: वेदान्त, बौद्ध, इस्लाम और ईसाई मत के समन्वय से हुआ था। तसव्वुफ या सूफी मत की साधना का केन्द्र-बिन्दु है प्रेम। इसकी समतुल्यता भारतीय रागानुगा भक्ति से की जा सकती है। भारत में स्थापित सूफी मत के 4 सम्प्रदाय 12वीं से 16वीं शती के मध्य विकसित हुए—(1) चिश्ती (2) सुहरावर्दी (3) कादरी (4) नक्शबन्दी। इनमें उपासना-पद्धतियों का थोड़ा अन्तर है, यों सब 'इश्क मज़ाजी एवं हकीकी' की समर्थक हैं।

'सूफी' शब्द एक मत-विशेष के अनुयायियों का सूचक है। इस शब्द की व्युत्पत्ति बड़ी विवादास्पद है। जैसे—(1) सुफ्फा (चबूतरा) पर बैठनेवाले (2) सूफ (विशिष्ट पंक्ति) वाले (3) सोफिया (ज्ञान) वाले (4) सूफ (सफेद ऊन) का टोप धारण करनेवाले (5) सफा (पवित्र) पद्धतिवाले (6) अरब की 'सफ्फ' नामक जाति।

सूफी शब्द से सामान्य अर्थ इस्लामी सन्त निकाला जाता है, जिसे फारसी में 'तसव्वुफ' कहते हैं। वस्तुत: तसव्वुफ सूफी मत का पर्याय प्रयोग है और यह सूफ शब्द से व्युत्पन्न है। शब्द की ये नाना व्युत्पत्तियाँ सूफी साधकों की जीवन चर्या को लक्ष्य में रखकर ही दी गई हैं।

वस्तुत: सूफी मत का सर्वस्व है प्रेम। अबुल हसन अलनूरी का कथन है कि 'सूफी मत संसार के प्रति घृणा और प्रभु के प्रति प्रेम स्वरूप गम्भीर धार्मिक भावों का प्रकाशक था।' जुनैद का कहना है कि तसव्वुफ अर्थात् सूफीमत ईश्वर द्वारा पुरुष में व्यक्तित्व की समाप्ति और ईश्वरत्व की उद्बुद्धि का नाम है। अलगजाली उसी को सूफी मानता था, जो शान्ति से रहता हुआ ईश्वर में अविराम लीन रहे।

शिवली ने ईश्वर के अतिरिक्त अखिल विश्व के त्याग को तसव्वुफ कहा है। अलहुज्वेरी अमूर्त तत्त्व को ही सूफी मत कहता है। अबू सईद ने सूफी मत की अनेक परिभाषाएँ प्रस्तुत की हैं। उसके अनुसार 'ईश्वरीय विधि तथा निषेध में धैर्य तथा विशिष्ट अवसरों पर पूर्ण आत्मसमर्पण तथा अंगीकरण का नाम है सूफी।' इसी प्रकार जूननून मिस्त्री ने सूफी के लक्षणों पर प्रकाश डालते हुए कहा है कि 'सच्चा सूफी कहलाने का अधिकारी वह सन्त है, जो अपने मन-वचन-कर्म में सामंजस्य बनाए रखता है। उसकी इस स्थिति का वर्णन नहीं किया जा सकता। मौन ही इसकी सही व्याख्या है।'

उपर्युक्त सभी परिभाषाओं में एक प्रकार का साम्य है। सूफी-सन्तों में सरलता, सादगी, संन्यास और पवित्रता की विशेष मान्यता थी। इनका एकमात्र ध्येय परमात्मा की उपलब्धि है। घर-परिवार एवं धन-वैभव के प्रति निरपेक्ष भाव ही उनका अभीष्ट है। ईश्वर के ध्यान एवं चिन्तन में निमग्न रहना, उस परम सत्ता के साथ निर्बाध मिलन की उत्कट लालसा, उसके प्रति सच्चे अनुराग में ही जीवनयापन करना, यही इनका सर्वोच्च आदर्श है।

इन समस्त परिभाषाओं में इस बात पर बल दिया गया है कि बाह्य एवं आभ्यन्तर शुद्धि और पवित्रता बनाए रखना सूफी साधकों का परम कर्तव्य रहा है। इसमें अपनी समस्त इच्छाओं एवं वासनाओं को मिटाकर परमात्मा की इच्छा पर अपने को छोड़ देने का निर्देश है। सूफी मत के विशद व्याख्याता अल कुरेशी ने बाह्य और आभ्यन्तर जीवन की पवित्रता को ही सूफी धर्म माना है। उसका मत है कि पवित्रता सर्वश्रेष्ठ वस्तु है। चाहे जिस प्रकार की भाषा के द्वारा ही उसे क्यों न व्यक्त किया जाए? उसके विपरीत है अपवित्रता, जिसका परित्याग करना चाहिए। इस प्रकार की विविध व्याख्याओं से यही निष्कर्ष निकलता है कि 'विधि विधान से मुख मोड़कर, निखिल विश्व में व्याप्त भाव शाश्वत तथा अमूर्त शक्ति की झलक पाकर मुस्लिम साधकों ने जो रहस्यभाव व्यक्त किया, उन्हीं के सामंजस्य का नाम सूफी मत है।' तात्पर्य यह कि सूफी मत या तसव्वुफ एक प्रकार का रहस्यवाद ही है, जो अन्तर्निहित भावना के सार्वकालिक एवं सार्वदेशिक होते हुए भी मूलत: मुस्लिम सम्प्रदाय से सम्बन्ध रखता है। सूफी एकेश्वरवाद का समर्थक है। वह केवल अल्ला की सत्ता को मानता है। इसे अद्वैत वेदान्त का निकटवर्ती माना जा सकता है। इसमें खुदा, रसूल और इनसान, ये तीन श्रेणियाँ हैं। इनका अल्लाह निर्गुण निराकार है, पर वह प्रेम रूप है और नूर है। उसके जलवे के जिक्र और फिक्र के ये दीवानें हैं। भारतीयों से प्रभावित होकर इन्होंने माया, अवतारवाद, कर्मवाद, आवागमन, योग,

रहस्य, तन्त्रविद्या आदि को भी अपना लिया और इस प्रकार यह मत लोकप्रिय हो गया।

सूफीमत के सम्पूर्ण ऐतिहासिक विकास को तीन युगों में विभक्त किया जा सकता है।

इसका प्रथम युग 500 से 870 ई. तक व्याप्त है। इस युग में सूफीमत में दर्शन का समावेश नहीं हुआ था। इस्लाम एक प्रवृत्ति मूलक धर्म है। प्रथम बार इसमें ऐसे साधक हुए, जिनमें भक्ति का सन्निवेश हुआ तथा आत्मा का शुद्धीकरण किया गया। इन साधकों में इब्राहीम बिन अधम, फुजामल बिन अयाज और राबिया आदि महत्त्वपूर्ण हैं। परमात्मा के प्रति अनन्य भक्ति और संसार के प्रति विरक्ति इनमें अत्यधिक थी। इन सन्तों में भय की भावना भी प्रेरक-तत्त्व के रूप में विद्यमान थी, किन्तु राबिया ने सूफी मत में प्रेम भावना की स्थापना की। राबिया को परम प्रेम ही श्रेय-प्रेय था। राबिया की भक्ति भावना में हम प्रेम की अनन्यता पाते हैं। उनकी प्रार्थनाएँ बाह्य विधानाश्रित नहीं रह गई थीं। उन्होंने वह रूप धारण कर लिया था, जिसमें रहस्यवादी हृदय की गहराइयों में ईश्वर के साथ सम्भाषण करता है। राबिया प्रार्थना किया करती थी—'ओ मेरे स्वामी। तारे चमक रहे हैं और मनुष्य की आँखें बन्द हैं। सम्राटों ने अपने द्वार बन्द कर लिए हैं। प्रत्येक प्रेमी अपनी प्रियतमा के साथ है, पर यहाँ मैं एकाकी तुम्हारे साथ हूँ। इस प्रार्थना में प्रेम का प्राचुर्य है, जिसमें स्वत: उदासीनता है और अनन्यता तथा तल्लीनता भी। इसमें न शैतान के प्रति घृणा है और न रसूल के प्रति राग। एक बार पैगम्बर साहब ने राबिया से पूछा—'ओ राबिया, क्या तुम मुझसे प्रेम करती हो? उत्तर मिला—ओ ईश्वरीय दूत, तुम्हें कौन प्यार नहीं करता? परन्तु परमात्मा के प्रेम ने मुझे इतना लीन कर लिया है कि प्रेम और घृणा के लिए मेरे मन में स्थान नहीं है। यही प्रेमोन्माद है, जिसकी तुलना कवयित्री मीरा से की जा सकती है।

सूफीमत का द्वितीय युग 870 ई. तक से 1000 ई. तक बताया गया है। इस युग में सूफीमत भारतीय वेदान्त-दर्शन एवं बौद्धमत के सम्पर्क में आया और उनसे प्रभावित भी हुआ। इसी युग में नव अफलातूनी मत का आंशिक प्रभाव भी सूफी विचारधारा पर पड़ा। इस समय के प्रसिद्ध सूफियों में प्रथम मारूफुल कारखी का नाम आता है। इन्होंने सूफीमत विशेषत: 'परमतत्त्व की अनुभूति एवं सांसारिक विषयों से विरक्ति को माना था।' इन्हीं का समकालीन एक अन्य सूफी साधक था—अल दरानी, जिसने मारीफत के सिद्धान्त पर प्रकाश डाला था। उसने प्रेम को हृदय का अलंकार माना। हृदय का अलंकार सहज प्रेमार्द्र

भाव है। इसी युग का एक अन्य सूफी जूननून मिस्त्री थे, जिसने राबिया की प्रेम भावना का अनुभव किया, प्रेम को ईश्वरीय देन माना तथा इस्लाम के तौहीद की विवेचना कर प्रेम का महत्त्व समझने को बाध्य किया। ईश्वरीय ज्ञान या मारीफत का सम्बन्ध परम प्रेम से स्थापित किया। इस युग के सूफी साधकों में वायजीद और मंसूर अल हल्लाज का नाम भी आदर से लिया जा सकता है। इन साधकों ने प्रेम की महत्ता को ही स्वीकारा है। वायजीद ने कहा है—'मैं यह समझता था कि मैं परमात्मा से प्रेम करता हूँ, परन्तु ध्यानपूर्वक देखने पर ज्ञात हुआ कि मेरे प्रेम करने से पहले ही वह मुझसे प्रेम करता है।' मंसूर अल हल्लाज ने कहा है—'ईश्वर से मिलन तभी सम्भव है, जब हम कष्टों के मध्य से होकर गुजरें, इसीलिए सूफी साहित्य में प्रेमी को भयंकर कष्टों का सामना करना पड़ता है। इस पन्थ के पथिकों के सम्बल हैं पीड़ा, विरह और तड़पन। इस प्रकार इस युग में सूफीमत को पर्याप्त व्याप्ति मिली और उसकी रहस्यवादी प्रवृत्ति भारतीय दर्शन से प्रभावित भी हुई।'

इस दर्शन का तृतीय युग 1000 ई. से तेरहवीं शती के अन्त तक दिखाई देता है। वस्तुत: सूफीमत का सुव्यवस्थित रूप इसी युग में दृष्टिगत होता है। इस युग के सूफी साधकों में अबुल हसन अल हुज्विरी, मुहम्मद अल गजाली, रूमी तथा इव्दुल अरबी आदि हैं। इन सूफी कवियों ने ईश्वर के प्रेमी-स्वरूप पर और सौन्दर्य पर पर्याप्त प्रकाश डाला है। अल गजाली सौन्दर्य को महत्त्व देता है। हुज्विरी ने प्रेम की गरिमा को मुक्त कंठ से स्वीकारा है। तेरहवीं शताब्दी को सूफीमत का उत्कर्ष काल कहा जा सकता है। इस बीच ईरान के प्रमुख सूफी सन्तों ने अपनी परिपुष्ट लेखनी द्वारा सूफी भावधारा को हृदयग्राही बनाया। इसका अनुकरण भरतीय सूफी कवियों ने भी किया। सूफीमत की सफल अभिव्यक्ति सनाई काव्य में हुई। इस परम्परा में विख्यात फारसी सूफी कवि उमर खैय्याम, निजामी तथा अचार का नाम सर्व प्रमुख है। निजामी की कृति 'लैला-मजनूँ' सूफी विचारधारा की एक प्रौढ़ कृति है। 'सूफीमत के अभ्युत्थान में फारस की समता कोई न कर सका। इन कवियों ने लौकिक कथाओं या प्रतीकों के माध्यम से ही अपनी दिव्य भावनाओं का प्रकाशन किया। ईश्वरीय प्रेम को प्रकट करने के लिए उन्होंने लौकिक प्रेम की भाषा को अपनाया। सूफी कवियों की स्पष्ट घोषणा इश्क मजाजी, इश्क हकीकी का सोपान है, जिसमें साधक अपने 'स्व' का विलय 'पर' में करता है। वस्तुत: लौकिक प्रेम जब उच्च, पवित्र और व्यापक भावभूमि पर पहुँचता है तो वह ईश्वरीय प्रेम में परिणत हो जाता है। हिन्दी सूफी काव्य में इसी भावना का पल्लवन हुआ है।

कुछ विद्वानों का मत है कि फारस के सूफी बरमकों ने 780-809 ई. के मध्य भारत से दर्शन, ज्योतिष, आयुर्वेद और साहित्य का विनिमय किया था। यह भी उल्लेख है कि 1186 ई. में मो. गोरी के साथ सूफी सन्त चिश्ती अजमेर गए थे। वहीं एक शिया से शादी करके वे बस गए, जहाँ बाद में उनकी मजार बनी। उनके अनुयायी सूफियों ने कव्वाली तथा गज़ल गाकर लोगों को सम्मोहित किया और प्रकारान्तर से इस्लाम का प्रचार किया। यही बात बहराइच के शेख सालार के लिए कही जाती है। मुल्लादाऊद को भी कुछ लेखक छद्म किन्तु कट्टर इस्लाम प्रचारक मानते हैं। वस्तुत: इनकी साम्प्रदायिक सदाशयता एवं कट्टरता का मुद्दा विवादास्पद अवश्य है, किन्तु इनका काव्य निर्विवाद रूप से श्रेष्ठ है।

सूफी परम्परा के अनुसार स्वयं को साधक एवं ईश्वर को साध्य मानकर साधना की जाती है। लक्ष्य-प्राप्ति अथवा मुक्ति-प्राप्ति के साधक को प्रेमी रूप में और परमेश्वर की पत्नी अथवा प्रेयसी रूप में स्वीकारा गया है। साधक प्रेमी परमेश्वर की खोज में तन्मय दिखाई देता है। अपने आराध्य की प्राप्ति के लिए ये सूफी साधक सदैव लालायित रहते हैं। उसकी प्राप्ति तक मार्ग के दुर्गम अवरोधों को लाँघता हुआ वह अन्त में परम पद पा लेता है, जहाँ वह जन्म-जन्मान्तरों के लिए संसृति के पाश से विमुक्त हो जाता है। इनकी साधना का पथ प्रेममूलक होता है। प्रेम के पुल पर चलकर ही सूफी साधक भवसागर पार करते हैं। प्रेम ही उनका अमोघ अस्त्र है। वही उनका परम साधन एवं साध्य है।

सूफियों के अनेक प्रचलित सिद्धान्त हैं, जिनमें थोड़ा-बहुत अन्तर का होना स्वाभाविक है, फिर भी उनके सभी प्रचलित सम्प्रदाय प्राय: यह स्वीकार करते हैं कि—

1. ईश्वर या अल्लाह एक है। उनका प्रसिद्ध मन्त्र है—'लाइ ला इल-लल्लाह मोहम्मद रसूलल्लाह।'

2. ईश्वर निर्विकार तथा निर्विकल्प है।

3. ईश्वर के साथ एकाकार होने के लिए पीर या गुरु का उदय आवश्यक है।

4. खुदा तक पहुचने ने लिए बन्दों को चार दशाएँ—शरीयत, तरीकत, हकीकत और मारिक पार करनी पड़ती हैं।

5. प्रेम ईश्वर प्राप्ति के एकमात्र साधन है। यहाँ साधक संसार को भूलकर एक मात्र अपने प्रियतम के रूप में लीन हो जाता है। सूफियों ने प्राय: ईश्वर से प्रियतमा रूपी (स्त्रीरूप) में प्रेम किया है। ईश्वर उसके समक्ष दैवी स्त्री रूप में उपस्थित होता है।

6. सृष्टि की उत्पत्ति के सम्बन्ध में अधिकांश सूफी यह मानते हैं कि ईश्वर ने सर्वप्रथम मुहम्मदीय आलोक की सृष्टि की। वह आलोक बीज में बदला और उसी से पृथ्वी, जलवायु और अग्नि की उत्पत्ति हुई। फिर आकाश और तारे बने। तत्पश्चात सप्त भुवनों एवं जीवों की रचना हुई।

7. इन्होंने सृष्टि में मानव को सर्वोपरि माना। सूफी सन्तों ने परिपूर्ण मानव की कल्पना की और हज़रत मोहम्मद को सर्वश्रेष्ठ पूर्ण ज्ञानी और पूर्ण मानव माना। सूफी साधुओं को 'पीर फकीर' कहा जाता है।

8. इन्होंने फना (मानवीय गुण) को बका (ईश्वरीय गुणों) में विलीन करने का सन्देश दिया।

9. अपने दर्शन में सूफियों ने शैतान को भी महत्त्व दिया, क्योंकि शैतान की बाधा द्वारा ही साधना में परिपक्वता आती है।

10. सूफियों ने अहंभाव से बचने की बात कही है। उनका सहजोद्गार है—

'न था मैं तो खुदा था, न होता कुछ तो खुदा होता।
डुबोया मुझकों होने ने, न होता मैं तो क्या होता।'

11. सूफी साधक नमाज एवं कुरान शरीफ का पारायण, चुने हुए भजनों का दैनिक पाठ, मजार की पूजा एवं तीर्थ (हज) पर विश्वास करते हैं। इस प्रकार स्पष्ट है कि सूफी सिद्धान्त का अपना महत्त्व है और वह भक्ति सिद्धांत के बहुत निकट है।

प्रमुख सूफी कवि

हिन्दी के प्रेमाख्यानक सूफी कवियों के सम्बन्ध में निश्चित रूप से तो कुछ कहा नहीं जा सकता है, किन्तु स्थूल रूप से इनका इतिहासगत लगभग एक हजार वर्षों में व्याप्त है। सूफी साहित्य में जायसी का स्थान सबसे महत्त्वपूर्ण है। उन्होंने 'पद्मावत' महाकाव्य में अपने पूर्ववर्ती कवियों का कुछ उल्लेख किया है, जैसे—

''बिक्रम धँसा प्रेम के बारा। सपनावति कहँ गएउ पतारा।।
मघू-पाछ मुगुधावति लागी। गगन पूर होइगा बैरागी।
राजकुँवर कंचनपुर गयऊ। मिरगावति कहँ जोगी भयऊ।।
साधे कुँवर खडावत जोगू। मधुमालति कर कीन्ह वियोगू।।
प्रेमावती कहूँ सुरसरि साधा। उषा लागि अनिरुधि वर बाँधा।।

इस पद्य के अनुसार जायसी पूर्व के छह कृतियों का उल्लेख है। 'सपनावती', 'मुग्धावती', 'मृगावती', मधुमालती, 'प्रेमावती' और 'उषा अनिरुद्ध'। इसमें

मृगावती और मधुमालती का पता चल गया है, शेष अभी अप्राप्त हैं। जिस क्रम से ये नाम आए हैं, उन्हें यदि रचनाकाल के अनुसार माना जाए तो मधुमालती की रचना कुतुबन की मृगावती के पीछे ठहरती है। स्पष्ट है कि सूफी काव्य की परम्परा बहुत पुरानी है। इसके आदिकालीन प्रमुख कवि हैं—1. अमीर खुसरो।

खुसरो के नाम से प्रचलित कई छन्दों की भाषा परवर्ती लगती है फिर भी आज यह बहुमान्य है कि सूफी काव्य का प्रारम्भिक रूप अमीर खुसरो में दिखाई देता है। अब तक प्राप्त तथ्यों के अनुसार खुसरो का आविर्भाव काल 12वीं शती माना गया है। खुसरो उत्कृष्ट संगीतज्ञ, इतिहासकार, कोशकार और भाषाविद होने के साथ-साथ उच्चकोटि के सूफी औलिया कवि थे। खुसरो ने मध्यदेश की मिली-जुली संस्कृति को फारसी और हिन्दी के एक ही ध्वनि-प्रवाह में चित्रित किया है। उन्होंने अनेक पहेलियों, मुकरियों, दो सुखनों और ग़ज़लों की रचना की है। प्राप्त प्रमाणों के अनुसार इनका जन्म जिला एटा के पटियाली गाँव में हुआ था। इनकी रचनाएँ 1283 ई. से रचित मानी गई हैं। प्रमुख रचनाओं में 'खालिकबारी' और 'कुतुबशतक' का नामोल्लेख किया जाता है। कुछ इतिहासकारों का मत है कि खुसरो नाम के कई व्यक्ति हुए हैं, किन्तु जिन खुसरो ने जनजीवन के साथ जुड़कर हास्य-विनोद तथा नीतिपूर्ण पहेलियाँ खड़ीबोली में लिखीं, वे अमीर खुसरो विवादास्पद नहीं हो सकते। जनश्रुति यह है कि खुसरो ने लगभग सौ गन्थों की रचना की थी। जबकि अब तक उनकी बीस कृतियाँ ही प्राप्त हुई हैं। इन सबमें यो तो शिल्प वस्तुगत बड़ा वैविध्य है, किन्तु सूफी सिद्धान्तों से वे काफी प्रेरित और प्रभावित थे, इसमें किसी प्रकार का सन्देह नहीं है। यह एक स्वीकृत तथ्य है कि वे शेख चिश्ती के शागिर्द थे। उनके निधन के समय खुसरो द्वारा कहा गया यह दोहा बहुत लोकप्रिय है—

'गोरी सोवै सेज पर मुख पर डारे केस।
चल खुसरो घर आपने रैनि भई चहुँ देस।।

खुसरो की एक बहुत बड़ी देन रही है—हिन्दी-फारसी भाषिक संस्कृति का समन्वय। खुसरो बहुमुखी प्रतिभा के धनी थे और यथार्थ में जनजीवन से सम्पृक्त थे। उन्होंने संस्कृत-फारसी की शास्त्रीय जड़ता को समाप्त करने तथा कविता को जनचेतना से जोड़ने का बड़ा दूरदर्शी एवं सत्साहसपूर्ण प्रयत्न किया था। उनके लेखन के साथ ही हिन्दी भाषा को एक निजी प्रकृति प्राप्त हुई। इसके प्रयास से आदिकालीन हिन्दी कविता में वीरगाथाओं के समानान्तर प्रेमकथाओं की धारा बह निकली, जिस पर कहीं तसव्वुफ (सूफी मत) का ज्यादा चटकीला रंग दिखा और कहीं हिन्दू प्रेमाख्यानों अथवा पुराकथाओं का।

हज़रत अमीर खुसरो एक उच्चस्तरीय सूफी सन्त, कवि, संगीतज्ञ, गद्यकार और इतिहासकार थे। उन्होंने फारसी काव्य और हिन्दी कविता के बीच समन्वय स्थापित किया था, जो आज प्रासंगिक तथा चिर स्मरणीय है। हज़रत खुसरो तुर्क पिता और ब्रजवासिनी भारतीय माँ की सन्तान थे। उन्हें अपने भारतीय होने और पिता के बहादुर तुर्क होने पर गर्व था। उनका आरम्भिक जीवन ठाटबाट में बीता और शेष जीवन सन्तों-साधकों की सात्त्विकता तथा सादगी में। खुसरो कई भाषाओं के मर्मज्ञ थे। उनकी मातृभाषा हिन्दी, पितृभाषा तुर्की, राजभाषा फारसी और धर्मभाषा अरबी थी। फारसी का उन्होंने गुरु गहन अध्ययन किया था। फारसी साहित्य के विभिन्न रंगों और उसके नर्म नाजुक लहजों के वे विशेषज्ञ थे। उसका शायद ही कोई दीवान उनसे अछूता रह गया हो। वे उसकी अनेक प्रचलित शैलियों के प्रयोक्ता थे। इसीलिए उन्हें फारसी का 'तूती-ए-हिन्द' कहा जाता था। इसके साथ ही खुसरो ने भारतीय साहित्य का भी गम्भीर अनुशीलता किया था। वे स्वयं बड़े अध्यवसायी, मौलिक उद्‌भावनाओं के धनी, प्रतिभा सम्पन्न एवं यायावर कलाकार थे। इसलिए भारतीय सामाजिक जीवन का कोई पक्ष उनसे अनदिखा नहीं रह सका था। अत्यन्त विनोद प्रिय होने के कारण वे हर महफिल की रौनक थे, हर वर्ग के निकट थे और एक सौन्दर्य प्रिय कवि-कलाकार होने के नाते जीवन के हर प्रकृति-परिवेश में पारंगत थे। उन्होंने अपने सुदीर्घ जीवन-काल में सात-सात बादशाहियाँ देखी थीं। कई दरबारियों से सम्पर्क-लाभ किया था और इसीलिए सम-विषम अनेक प्रकार की अनुभूतियाँ अर्जित की थीं। खुसरो के काव्य में वस्तुत: उनके युग का इतिहास सुरक्षित है। उसमें अद्‌भुत सादगी है। अस्तु, उन्हें जीवनकाल में यथेष्ट यश प्राप्त हुआ। आज भी उनका कलाम सर्वथा प्रतिष्ठित है। खुसरो ने पाँच दीवान और गद्य-पद्य के लगभग 20 ग्रन्थ रचे। ये कृतियाँ उनकी बहुमुखी प्रतिभा की प्रमाण हैं। उन्होंने 'नुहसिवटर' नामक अपने एक ग्रन्थ में कुछ महत्त्वपूर्ण अन्त: साक्ष्य प्रस्तुत किए हैं। वे एक स्थल पर कहते हैं कि भारत विद्या और कला का केन्द्र है। विश्व में सर्वोत्तम है, इसीलिए हज़रत आदम सर्वप्रथम यहीं उतारे गए थे। वे भारतीय मनीषा का यशोगान करते हुए कहते हैं कि यहाँ के विद्या व्यसनी, शास्त्रज्ञ ब्राह्मण अरस्तू की धज्जियाँ उड़ा सकते हैं। खुसरो बड़े गर्व और गौरव के साथ यह घोषणा करते हैं कि मैंने उनसे यथेष्ट ज्ञान प्राप्त किया है। अपने एक प्रसिद्ध ग्रन्थ 'मसनवी इश्किया' में वे हिन्दी को फारसी की अपेक्षा बेहतर भाषा सिद्ध करते हैं। वे कहते हैं कि मैं हिन्दी, फारसी, अरबी, संस्कृत आदि भाषाएँ जानता हूँ, इसीलिए ऐसा कह रहा हूँ। इन घोषणाओं के पीछे खुसरो का राष्ट्रप्रेम मुखरित हुआ है। उनके मन में भारतीय

संस्कृति और भारतीय साहित्य के प्रति अगाध आस्था थी। उन्होंने फारसी कविता को भारतीयता के रंग में रँगकर इन दोनों संस्कृतियों के बीच गंगा-जमुनी संगम स्थापित किया था। उनकी रचनाओं का बाहरी ढाँचा भले ही फारसी प्रभावित हो, पर उनके अन्तरंग में भारतीय धरती की सोंधी-सोंधी गन्ध है। उन्होंने हिन्दुस्तान के खास-आम का अपनी आँखों में सुरमा लगाया था और दोनों के बीच सद्भाव का सेतु स्थापित किया था। वस्तुत: उनके काव्य का कलेवर फारसी का है और उसकी आत्मा भारतीय है। हज़रत खुसरो मुख्यत: एक ग़ज़लगो शायर थे। उन्हें खड़ीबोली का 'आदिकवि' कहा जा सकता है। उन्होंने पहेलियाँ, मुकरियाँ, ग़ज़ल, गीत, सुखन, कव्वाली आदि द्वारा हिन्दी काव्य की श्रीवृद्धि की है तथा एक विशिष्ट 'मेल-पद्धति' की पहल की है। खुसरो की ये रचनाएँ 'खुसरो की हिन्दी कविता' नामक कृति में संकलित हैं। इन रचनाओं में खुसरो ने बोलचाल की भाषा में दैनिक व्यावहारिक जीवन की समस्याओं का दिग्दर्शन कराया है। हिन्दी में मुस्लिम परम्पराओं का विवेचन करने वाले वे सर्वप्रथम कवि थे। उदाहरणार्थ उनकी एक उक्ति विचारणीय है, जिसमें वे सृष्टि-रचना से सम्बन्धित इस्लामी पुराख्यान की ओर संकेत कर रहे हैं—

'बिधना ने एक बिरछ बनाया। तिरिया दी और नीर लगाया।
चूक भई कछु वासे ऐसी। देश छोड़ भया परदेशी।।'

इसमें आदम हौवा द्वारा स्वर्ग के फल को चख लेने और परिणाम स्वरूप वहाँ से उनके निकाले जाने तथा संसार में आने का संक्षिप्त विवरण है। खुसरो की पहेलियाँ आकार में लघु और सीधी-सादी लगती हैं, किन्तु हैं गूढ़-गम्भीर तथ्यों से भरपूर। खुसरो भारतीय लोक जीवन के कवि थे। वे जटिल एवं दुर्बोध दार्शनिक सिद्धान्तों को सहज लोकभाषा में व्यक्त कर देते थे। इस उक्ति में देखिए, उन्होंने इश्क मिजाजी और हकीकी का कितना गूढ़, किन्तु सरस-सुबोध विश्लेषण किया है—

'खुसरो रैन सुहाग की जागी पी के संग।
तन मेरो मन पीव को दोऊ भए एक रंग।।'

इस रहस्य साधना में भारतीय प्रेम विरह का उत्कृष्ट स्वरूप दिखाई देता है। इसी प्रकार का, विदाई के अवसर पर गाया जानेवाला उनका एक और गीत है, जिसमें खुसरो ने एक ओर वात्सल्य विरह को स्वरबद्ध किया है और दूसरी ओर जीवात्मा के संसार से विदा होने का कारुणिक दृश्य प्रस्तुत किया है। कवि के शब्दों में जीवात्मा-रूपी कन्या विदा के क्षणों में बिलखती हुई कह रही है—

'काहे को ब्याही विदेश रे, लखी बाबुल मोरे।
भइया को दीनी महल-दोमहले, हमको दिया परदेश रे।'

खुसरो की पहेलियाँ लोकजीवन की अनमोल निधि हैं। उन्होंने काकु वक्रोक्ति और श्लेष के सहारे कई सफल प्रयोग किए हैं। जैसे—

'बाला था तब जग को भाया
बढ़ा हुआ कुछ काम न आया
खुसरो कह दिया उसका नाव,
अर्थ करो, नहीं छोड़ो गाँव।

इसमें 'बाला' और 'बढ़ा' शब्दों द्वारा दोहरे अर्थ प्रस्तुत किए गए हैं, जो एक ओर दिया अर्थात् दीपक पर घटित होता है और दूसरी ओर मनुष्य के बाल्य जीवनक्रम पर। इस प्रकार का सहज चमत्कार खुसरो के काव्य में बहुश: व्याप्त है।

खुसरो के काव्य पर सूफियत का गहरा प्रभाव है। उनकी रचनाएँ आज भी उनके गुरु शेख चिस्ती के दरगाह में श्रद्धाभक्तिपूर्वक गाई जाती हैं। उदाहरणार्थ—

'मोहे अपने ही रंग में रँग ले निजाम पिया।'

अथवा

'मैं निजाम से नैना लगाए आई रे।'

अपनी और कई रचनाओं में उन्होंने भारतीय धार्मिक लीलाओं का वर्णन किया है। जैसे—

'बहुत कठिन है डगर पनघट की।'

इस गीत में कृष्ण की पनघट-लीला का वर्णन है। इसी प्रकार भारतीय ऋतुओं और लोकोत्सवों से सम्बन्धित अनेक रचनाएँ खुसरो के काव्य में मिलती हैं। जैसे—

अरब पार होरी, बसन्त मनाऊँ।

यह उनका एक बड़ा प्रसिद्ध बसन्त गीत है, जो इस कथन का साक्षी है कि भारतीय प्रकृति-परम्परा अर्थात् जीवन सर्वस्व के प्रति उनका गहरा लगाव था। इसी लगाव के कारण उन्होंने अपने समाज में व्याप्त धार्मिक पाखंडों का खंडन किया था। एक रचना में उन्होंने तिलक छापने अर्थात् आडम्बर रचाने की अपेक्षा भावनात्मक साधना को अधिक महत्त्व दिया है। वे कहते हैं—

'छाप तिलक सब छीनी रे, मोसे नैना मिलाय के।'

खुसरो ने सांस्कृतिक समन्वय के उद्देश्य से एक मिली-जुली भाषा संरचना का प्रयत्न किया था। उनकी कई रचनाओं में फारसी और हिन्दी का एक साथ प्रयोग हुआ है। जैसे—

"जे हाले मिस्कीं ककुन तग़ाफुल
दुराए नैना बनाए बतियाँ।
कि ताबे हिजराँ न दारम ऐजां
कि लेहु काहे लगाय छतियाँ।
शबाने हिज्राँ दराज चूँ जुल्फ
व रोजे वसलत चूँ उम्र की तह।
सखी प्रिया को जो मैं न देखूँ
तो कैसे काटूँ अँधेर रतियाँ।।"

यहाँ एक पद फारसी का है, दूसरा हिन्दी का। यह संकर भाषा खुसरो के सांस्कृतिक समन्वय की साक्षी है। वस्तुत: खुसरो एक जनकवि थे। उन्होंने आजीवन हिन्दुत्व और इस्लाम के मध्य सौहार्द स्थापित करने का अभियान-सा चला रखा था।

सहित्य-क्षेत्र के अतिरिक्त संगीत-क्षेत्र में भी उन्होंने समन्वय का सफल प्रयत्न किया। इतिहासकारों के मतानुसार खुसरो सितार और तबला के आविष्कारक थे। कव्वाली, ख्याल, तराना और कई राग-रागिनियों के वे प्रथम प्रयोक्ता माने जाते हैं। खुसरो ईरानी संगीत के चार वसूलों, बारह पदों और अनेक सूक्ष्म रहस्यों के ज्ञाता थे, साथ-ही भारतीय संगीत-कला के मर्मज्ञ भी। ऐसी जनश्रुति है कि गोपाल नायक के साथ मिलकर उन्होंने भारतीय पारसी संगीत का सम्मिश्रित राग आविष्कृत किया था, जिसे 'विरूपा नगर मेल पद्धति' और 'ठाठ पद्धति' का नाम दिया गया है। वस्तुत: संगीत और साहित्य दोनों में भावैक्य स्थापित करके खुसरो ने एक मिली-जुली हिन्दुस्तानी संस्कृति की नींव डाली थी। यह भी उल्लेखनीय है कि इस्लाम के प्रभाव का प्रथम प्रवेश हिन्दी साहित्य में खुसरो के माध्यम से हुआ है। वस्तुत: उन्हें सांस्कृतिक समन्वय का सेतु कहा जा सकता है।

2. मुल्ला दाऊद

हिन्दी के श्रेष्ठ सूफी कवि हैं मौलाना दाऊद। उनके द्वारा रचित काव्य 'चाँदायन' एक प्रेमकाव्य है। दाऊद का रचनाकाल विवादास्पद रहा है, किन्तु धीरे-धीरे 'चाँदायन' के सांस्कृतिक अध्ययन द्वारा उनकी स्थितिकाल का पुष्ट आधार खोज लिया गया है। डॉ. रामकुमार वर्मा के अनुमार चाँदायन का रचनाकाल 1379 ई. है। सम्प्रति इसके अनेक पाठ उपलब्ध हैं। एक डॉ. माताप्रसाद गुप्त सम्पादित और दूसरा डॉ. परमेश्वरी लाल गुप्त सम्पादित। डॉ. माताप्रसाद गुप्त इसे फारसी मसनवी शैली का काव्य न मानते हुए छन्दोविधान

तथा प्रबन्ध विधान के अनुसार भारतीय परम्परा का काव्य मानते हैं। उनके अनुसार ग्रन्थ का मूल नाम है— लुरकहा या लोर कथा। नायक लोर (लोरिक) और नायिका चन्दा की इस प्रेम कथा को लोरिकी, चनैनी आदि नाम भी दिए गए हैं। यह कथा अवधी भाषा में रचित है, जो डलमऊ (रायबरेली) निवासी मुल्ला दाऊद की मातृभाषा रही है। इस प्रेमाख्यान में जो कथा रूढ़ियाँ अपनायी गई हैं, वे भी प्राय: भारतीय हैं और पुराण कथाओं से निकाली गई हैं, जैसे—प्रथम दर्शन से ही प्रणयारम्भ, नायक-नायिका के प्रेममार्ग में विभिन्न व्यक्तियों द्वारा उत्पन्न अवरोध, प्रेमाकुलतावश नायक का योगी बनकर नायिका के देश की ओर प्रस्थान, सात समुन्दर की यात्रा, विभिन्न प्रकार की परीक्षाएँ, नायक-नायिका का अपहरण-पलायन, रास्ते में नायिका को सर्पदंश, गारुड़ी द्वारा विष-शमन आदि। यह उल्लेखनीय है कि इन कथानक रूढ़ियों तथा अभिप्रायों की आवृत्ति ईश्वरदास कृत 'सत्यवती कथा', दामोदर कृत 'पद्मावती कथा', कुतुबन रचित 'मृगावती', गणपति रचित 'माधवानल कामकन्दला', जायसी कृत 'पद्मावत', मंझन कृत 'मधुमालती', कल्लोल रचित 'ढोला मारू रा दूहा' उसमान रचित 'चित्रावली' आदि परवर्ती काव्यों में भी हुई हैं।

यह सुविदित है कि इन प्रेम गाथाओं की परम्परा संस्कृत और अपभ्रंश-काल से लेकर अद्यावधि प्रचलित है। हिन्दी के आदिकाल की वीरगाथाओं में राजाओं की विजय-यात्राओं के साथ प्रणयगाथाएँ भी कही जाती रही हैं। इन प्रेमगाथाओं का आविर्भाव अवधी भाषा के माध्यम से तेरहवीं शताब्दी के उत्तरार्द्ध से हुआ। अभी तक की खोज के आधार पर यह बात निर्विवाद रूप से प्रमाणित हो चुकी है कि अवधी का सर्वप्रथम सूफी कवि मुल्ला दाऊद है, जिसने 'चाँदायन' नामक सूफी प्रेमाख्यानक काव्य की रचना की थी।

हिन्दी साहित्य के इतिहास ग्रन्थ मुल्ला दाऊद के सम्बन्ध में पर्याप्त जानकारी नहीं देते। वहाँ कुछ छुटपुट संकेत मात्र मिलते हैं। इतर स्रोतों तथा अन्त: साक्ष्यों के आधार पर ज्ञात होता है कि मुल्ला दाऊद रायबरेली जिले के डलमऊ ग्राम के निवासी थे। 'अवध गजेटियर' तथा 'रायबरेली गजेटियर' में डलमऊ के मुल्ला दाऊद और उनकी पुस्तक 'चनैनी' का उल्लेख हुआ है। उनके अनुसार मुल्ला दाऊद एक ऐसे विद्यालय में काम करते थे, जिसकी स्थापना फिरोजशाह तुगलक ने मुस्लिम धर्म और सिद्धान्तों के प्रचार के लिए की थी। गजेटियर के अनुसार 'फिरोजशाह तुगलक, ने यहाँ (डलमऊ में) मुस्लिम धर्म और विद्या के अध्ययन के लिए एक विद्यालय की स्थापना की। गजेटियर के अनुसार डलमऊ के मुल्ला दाऊद नामक कवि ने हिजरी 779 में भाषा में चनैनी नामक ग्रन्थ का

सम्पादन किया। दाऊद के डलमऊ निवासी होने का प्रमाण कई स्रोतों से मिलता है। किन्तु मुल्ला दाऊद का कोई स्मृति चिह्न यहाँ अवशिष्ट नहीं है। मुल्ला दाऊद के डलमऊ निवासी होने का समर्थन डॉ. सूरज प्रसाद शुक्ल ने भी अपने शोध-प्रबन्ध 'बैसवारे के हिन्दी कवि' में इस प्रकार किया है—'फिरोज तुगलक, के शासनकाल में इस्लामी शरीयत का शासन तप रहा था, ब्राह्मण भी जजिया के लिए सातए जा रहे थे। बैसवाड़े की भूमि में एक ओर बैस राजपूत अपने धर्म और स्वतन्त्रता की रक्षा के लिए कटिबद्ध थे, तो दूसरी ओर डलमऊ ऐसे नगरों में मुल्ला दाऊद जैसे मुसलमान सूफी सन्त हिंसा की अग्नि पर स्नेह का जल बरसाने का प्रयत्न कर रहे थे। इसी क्रम में मेरे निर्देशन में 'चाँदायन' में 'वैसवारी लोक संस्कृति' शोधप्रबंध द्वारा चाँदायन का आद्यन्त अनुशीलन करने पर जो गहरी खोज हुई है, वह यह कि कवि दाऊद बैसवारा समाज के बहुत सन्निकट थे। डलमऊ, जो विवेच्य कृति का रचना स्थल है, अवध के प्रमुख केन्द्र बैसवारा की परिधि में आता है। कवि ने अपनी कृति में इसी लोकांचल के ऐतिहासिक, सामाजिक, धार्मिक, सांस्कृतिक स्वरूप के बहुरंगी चित्र बड़े स्वाभाविक ढंग से खींचे हैं।

डलमऊ के धर्ममय वातातरण, यहाँ की नागरिक संस्कृति में निवास करते हुए कवि दाऊद ने इस जनपद का गुणगान किया था। चाँदायन में मिलनेवाले अन्त:साक्ष्य ही इसके प्रमाण हैं। इसमें बिम्बित बैसवारा ही इस तथ्य को उद्घोषित करता है कि कवि कहीं और का नहीं, इसी जनपद का निवासी था। वस्तुत: यहीं की लोकभाषा में काव्य प्रणयन करनेवाले मुल्ला दाऊद बैसवारा के जनकवि थे।

आत्मोल्लेख के नाम पर दाऊद ने अपने कृति में किंचित् प्रकाश भी डाला है। उन्होंने रचना की तिथि हिजरी सन् 779 बताई है, जो विक्रमीय संवत् 1436 के बराबर होती है। इसमें शाहे वक्त के रूप में फिरोजशाह तुगलक का गुणगान किया गया है। यथा—

"बरस सात सै होय इक्यासी
तिहि याह कवि सरस उमासी।
साहि फीरोज दिली सुलतानू
जीना साहि इजीरू बखानू।
डलमऊ नयरू बसै नवरंगा
ऊपर कोट तरै बहै गंगा।
दाऊद यह जय गाइ मन महि लेहु विचार,
जुरत बैल चित राखहु टूटत लेहु सँवारि।"

(चाँदायन-1/17/15)

बैसवारे के इतिहास-ग्रन्थों और अवध गजेटियर्स में यह ऐतिहासिक प्रमाण मिलता है कि मुल्ला दाऊद ने डलमऊ में फिरोजशाह तुगलक के शासनकाल में अपनी कृति का प्रणयन किया था।

दाऊद के धर्मगुरु का नाम शेख जैनुद्दीन था, जैसा कि कवि ने अपनी कृति में स्वयं स्वीकारा है—

सैष जैनुदी ही पथ लावा।
धरमु पंथु जेहि पाप गँवावा।।

(चाँदायन-1/9/8)

उन्होंने अपनी शिक्षा के सम्बन्ध में भी अपनी इस कृति में कुछ विचार व्यक्त किए हैं—

'उघरे नैन हिये उजियारे।
पायो लिषि नौ अक्खर कारै।
पुनि में अक्खिर की सुधि पाई।
तुरकी लिपि लिषि हिन्दुकी गाई।'

(चाँदायन-1/9/8)

स्पष्टत: दाऊद अरबी, फारसी तथा हिन्दी (तत्कालीन अवधी) के ज्ञाता थे।

दाऊद के जीवन-काल के सम्बन्ध में विद्वानों में विवाद बना रहा है। डॉ. माता प्रसाद गुप्त के अनुसार उनकी जन्मतिथि 1400 के आसपास तथा मृत्युतिथि 1475 के आसपास मानी जाती है। डॉ. राधाकुमुद मुकर्जी ने अपने ग्रन्थ 'भारत की संस्कृति और कला' के पृष्ठ 288 पर मुल्ला दाऊद का समय 1440 ई. बताया है। डॉ. रामकुमार वर्मा ने दाऊद को खिलजी का समकालीन बताया है और उसका कविता काल 1375 ई. ठहराया है। इससे ज्ञात होता है कि दाऊद भी अमीर खुसरो के समकालीन थे।

इन बहिस्साक्ष्यों के आधार पर दाऊद का रचनाकाल स्थिर किया जा सकता है। अन्त: साक्ष्यों के आधार पर कहा जा सकता है कि मुल्ला दाऊद का जीवन काल चौदहवीं शताब्दी का पूर्वार्द्ध था। इतिहास में फिरोज तुगलक के शासन काल एवं जूनाशाह के मन्त्रित्व काल को दाऊद ने स्वयं देखा था। उन्हें जूनाशाह की विशेष कृपा प्राप्त थी और इसीलिए उन्होंने अपनी कृति का प्रणयन जूनाशाह के सम्मान में किया था।

मुल्ला दाऊद कट्टर सूफी इस्लामी कवि थे। हिन्दू मुस्लिम दोनों संस्कृतियों के मिलन-बिन्दु पर सूफी कवियों का व्यक्तित्व-निर्माण हुआ था, जिसके प्रथम ज्ञात कवि होने के कारण मुल्ला दाऊद का हिन्दी-जगत् में ऐतिहासिक महत्त्व है।

उनकी दृष्टि साम्प्रदायिक भावना से परे भी थी और परिपूरित भी। उदार धार्मिक वृत्ति से प्रेरित होकर मुल्ला दाऊद हिन्दू धार्मिक प्रतीकों का सश्रद्ध प्रयोग करते हैं। उनके उदार मत की ही परिचायक है यह उक्ति—

'पाप दीन्ह मई गाँग बहाई।
धरम नाव हौं लीन्ह चढ़ाई।।' (चाँदायन-/1/9/8)

दाऊद का जीवन-दर्शन प्रेममूलक है। उनके विचारों का प्रासाद प्रेम की नींव पर निर्मित है। वे जीवन के प्रति आस्थावान रहे हैं। आनन्द और समरसता के प्रति समर्पित उनकी सामरस्य भावना आनन्द की जननी है। यथा—

'चाँद सुरिज अउ मैना बरिस सहस भा राजु।
गावहु गीत सहेलिया गोबर बधाबा आजु।।'

(चाँदायन-26/395/389)

उनका यह दृष्टिकोण सर्वथा भारतीय है। 'चाँदायन' की कथा का मूल स्रोत लोक-प्रचलित आभीरों की गाथा लोरिकी या चनैनी है। देश के विविध अंचलों— बंगाल, महाकोशल, छत्तीसगढ़, अवध आदि में यह गाथा अपने-अपने ढंग से गाई जाती है। इनमें परस्पर पाठ-भेद का हो जाना स्वाभाविक है। बैसवारा लोकांचल में गाई जानेवाली प्रसिद्ध आभीर-गाथा रसोलिया 'चाँदायन' से बहुत साम्य रखती है। कवि दाऊद ने लोकप्रचलित लोरिक और चाँदा की प्रणयगाथा का अवलम्ब लेकर 'चाँदायन' काव्य का सृजन बैसवारा क्षेत्र (डलमऊ) में किया था। उनकी रचना में इसके पुष्ट प्रमाण मिलते हैं। इस कृति में निश्चित रूप से सूफी सिद्धान्तों का प्रतिपादन किया गया है। यह जिस लोकांचल की रचना है, वहाँ की भाषा एवं संस्कृति का यह प्रतिनिधित्व करती है।

दाऊद द्वारा रचित प्रेमाख्यानक काव्य के नाम के सम्बन्ध में भी पर्याप्त भ्रम फैला हुआ है। जहाँ पूर्व शोध-ग्रन्थों तथा गजेटियर्स में उसका नाम चाँदायन, चन्देनी, नूरक-चन्दा, चन्दावत आदि दिया गया है, वहीं दाऊद का आत्मकथन इस सम्बन्ध में विचारणीय है—

'दाऊद कवि चाँदायनि गाई।'

स्पष्ट है कि इस काव्य का नाम वस्तुत: चाँदायन ही है। बीकानेर की प्रति में इसे 'नुसल: चाँदायन' कहा गया है— 'नुसल: चाँदायन गुफूतार मौलाना दाऊद डलमऊ।' इससे चाँदायन नाम की उपयुक्तता पर प्रकाश पड़ता है। कृति का नामकरण नायिका प्रधान है। चाँदा काव्य की नायिका है। हिन्दी के प्रसिद्ध सूफी काव्यों का नामकरण नायिका प्रधान ही रहा है, यथा-मृगावती, पद्मावत,

मधुमालती, इन्द्रावती आदि। जहाँ तक सूफी कृति के नायिका प्रधान नामकरण का प्रश्न है, यह सूफी सिद्धान्तों के अनुकूल और तत्कालीन परिस्थितियों के अनुरूप ही कहा जाएगा। सूफी कवि सदैत प्रेमिका में ही ईश्वरत्व की प्रतिष्ठा करते रहे हैं। नायिका उनकी सम्पूर्ण कथा-वृत्त की केन्द्र होती है। इसके अतिरिक्त तत्कालीन समाज में जबकि 'तिरिया भूमि खड्ग की चेरी' मानी जाती थी, इस निम्न धरातल से उठाकर उन्होंने स्त्री में ब्रह्मत्व की प्रतिष्ठा की है। अतएव हर दृष्टि से इस रचना का नामकरण औचित्यपूर्ण है।

चाँदायन पृथक्-पृथक् चार संस्करणों में सम्पादित-प्रकाशित हुआ है। इनमें से प्रथम दो संस्करणों तथा चौथे संस्करण का सम्पादन आगरा से हुआ है। तीसरा बम्बई ग्रन्थ रत्नाकर से प्रकाशित है। प्रथम दो में से एक को 'चाँदावत' तथा दूसरे को 'लोरकहा' नाम दिया गया है। 'लोरकहा' का सम्पादन डॉ. माताप्रसाद गुप्त ने तीन हस्तलेखों के आधार पर किया है। इनमें एक कलाभवन की प्रति, दूसरी मनेर शरीफ की खानकाह की प्रति तथा तीसरी शिमला संग्रहालय की प्रति है। दूसरा संस्कारण डॉ. माताप्रसाद गुप्त द्वारा सम्पादित भोपाल प्रति पर आधरित है, जिसका नाम 'चाँदायन' है। इसके तीसरे संस्करण का सम्पादन डॉ. परमेश्वरी लाल गुप्त ने किया है। यह मैनचेस्टर के रीलैड्स पुस्तकालय में सुरक्षित प्रति की सहायता से छापा गया है। इसके अतिरिक्त पटियाला के पंजाब राजकीय संग्रहालय में सुरक्षित दस चित्रों की फारसी लिपि में लिखे अंश का भी उपयोग हुआ है। चतुर्थ संस्करण का प्रमुख आधार जयपुर के श्री रावत सारस्वतवाली बीकानेरी प्रति मानी गई है। इसे सानुवाद प्रकाशित किया गया है।

डॉ. विश्वनाथ प्रसाद मिश्र ने 'चाँदायन' नाम की उपयुक्तता पर पर्याप्त प्रकाश डाला है। प्रस्तुत रचना की नायिका चन्दा है, जिसका एक नाम छन्द की आवश्यकताओं के कारण चाँदा मिलता है।

स्पष्ट है कि चाँदायन काव्य का आधार लोकगाथा ही है। क्षेत्रीय भाषाओं में लोरिक चन्दा की प्रेमकथा पर आधारित कई गाथाएँ प्राप्त होती हैं। यथा— लोरिक, लोरिकायन, चन्द्रावल आदि। ये लोरिक या चाँदा की प्रेमकथा पर आधारित नाम प्रतीत होते हैं। 'वर्णरत्नाकर' में 'लोरिक नाचों' कथन इसकी पुष्टि करता है। गाँवों में लोरिकी व चनैनी नामक प्रेमाख्यान काफी गाए जाते हैं। यह इतनी लम्बी गाथा है कि इसके सम्बन्ध में एक उक्ति भी चरितार्थ हो गई है—

'आठ कांड रामायन
सोरह कांड लोरिकायन।'

दौलत काजी की भूमिका पृष्ठ 10 में उल्लेख है कि उनकी एकमात्र रचना 'सती मयना और लोर चन्दानी' है। अशरफ खाँ के आदेश से दौलत काजी ने हिन्दुस्तानी (हिन्दी) भाषा से पयार छन्द में बँगला भाषा में लोर चन्दानी कथा की रचना की, क्योंकि उस भाषा को कोई-कोई ही समझता है। यथा—

'हिन्दुस्तानी भाषा सेई चौपाइया ठेट
कैह कैह, बूझे, कैह भावय संकेट।
एलाणिया, अशरफ कैल अंगीकार
लोर चंडानीर कथा रचिते पयार।'
अशरफ आज्ञाय दौलत काजी धौर,
रचित चन्दानी कथा अति सुरुचिर।'

'बंगाल में दूधनाथ प्रेस कलकत्ता से छपी यह लोककथा 'चनरा का उढ़रा' सती मैनावती, मैनासत आदि नामों से प्रसिद्ध है। उपर्युक्त वर्णन से स्पष्ट है कि लोककथा एवं लोकगाथा रूप में यह प्रणय-गाथा बराबर मिलती रही है। आभीर जाति का यह लोकाख्यान वस्तुत: सूफी काव्य का प्रथम प्रस्थान है।

निश्चय ही हिन्दी भक्ति काव्य की सूफी काव्यधारा के श्रेष्ठ कवि हैं मुल्ला दाऊद। उनका स्थितिकाल विवादास्पद है, किन्तु बहुमत उन्हें अमीर खुसरो का परवर्ती मानता है। दाऊद ने अलाउद्दीन खिलजी को शाहेवक्त माना है। अपने महाकाव्य 'चाँदायन' में उन्होंने फिरोजशाह के मन्त्री पुत्र जूनाशाह का उल्लेख किया है, जिससे यह रचना तेरहवीं सदी की मानी जाती है। इसकी प्रतियाँ जयपुर, लाहौर, रामपुर आदि के संग्रहालयों से प्राप्त हुईं और फिर वर्तमान रूप में उसका सम्पादन हुआ।

चाँदायन में लोरिक और चन्दा की प्रेमगाथा है। यह गाथा चनैनी के रूप में पूर्वांचल में (छत्तीसगढ़ तक) बहुत प्रचलित है। सम्पूर्ण काव्य शौर्य और सौन्दर्य चित्रण से भरा हुआ है। यह लोकगाथा बंगाल, भोजपुरी, अवध और ब्रज क्षेत्र में भी विभिन्न रूपों में प्रचलित है, कहीं 'लोरिकी' रूप में, कहीं 'मैनावत' के रूप में।

दाऊद ने मसनवी शैली में चाँदायन की रचना की है। आरम्भ में ईश स्तुति, शाहे वक्त की स्तुति और आत्म-परिचय है। प्रबन्ध विधान में घटनाओं की बहुलता है। बीच-बीच में आध्यात्मिक संकेत हैं। इस काव्य पर इस्लाम, भारतीय वेदान्त, हठ-योग और सन्तमत का व्यापक प्रभाव पड़ा है। भारतीय लोकजीवन का कवि ने सूक्ष्म निरूपण किया है। इसकी भाषा पूर्वी अवधी बल्कि पुरानी बैसवारी है। इसमें प्राय: बोलचाल के शब्द आए हैं। इस काव्य में अरबी,

फारसी शब्दों के भी अनेक प्रयोग प्राप्य हैं। दोहा-चौपाई छन्द का प्रथम प्रयोग इसमें हुआ है। सम्पूर्ण काव्य सर्गबद्ध है। सर्गों का नामकरण घटना के आधार पर किया गया है। इसमें वर्णक काव्य-परम्परा पहली बार प्रकट हुई है। युद्ध वर्णन, ज्योनार वर्णन, नखशिख वर्णन आदि में काफी अतिरंजना है। कथा रूढ़ियों का प्रयोग जगह-जगह पर हुआ है। इतिहास और लोकजीवन दोनों दृष्टियों से यह उच्चकोटि का काव्य है।

इस काव्य का दूसरा पक्ष है—आध्यात्मिक चिन्तन। कवि ने मोहम्मद की ग्रन्थ निहित शिक्षा (इल्मेशफीना) का पालन किया है। यहाँ बन्दा इश्क के सूत्र में बँधकर खुदा के लिए मारिफत, हकीकत, तरीकत और शरीयत की स्थितियों से गुजरता हुआ बका में फना हो जाता है। एकेश्वरवाद इसका मूल स्वर है। वस्तुत: काव्य, अध्यात्म और लोक संस्कृति, तीनों का समाहार 'चाँदायन' में हुआ है। दाऊद की कर्मभूमि रही है डलमऊ अर्थात् अवध की धरती। उसका इतिहास, भूगोल और समाजशास्त्र इस रचना के माध्यम से प्रथम बार प्रकाश में आया है। नि:सन्देह अवधी का प्रथम महाकाव्य होने के नाते 'चाँदायन' का ऐतिहासिक महत्त्व है। कवि की आत्मकथा के अनुसार इसकी भाषा है हिन्दुकी—'तुरकी लिपि लिखि हिन्दुकी गाई।' दाऊद ने बड़े आत्मविश्वास के साथ इस काव्य के वैशिष्ट्य का उद्घोष किया है—

दाऊद कवि चाँदायनि गाई।
जो रे सुना सो गा मुरझाई।।
धनि ते बोल धनि लेखन हारा।
धनि ते आखर धनि अरथु बिचारा।।
हरदी जात सो चाँदा रानी।
साँप डसी हउ सोउ बखानी।।
तउ रे कहा मैं यह खंड गावउँ।
कथा कबित कहि लोकु सुनावऊँ।।
नथन मलिक दुख बात उभारी।
सुनहु कान दइ बहु गुनियारी।।
अउर केत मैं करउँ बीनती सीसु नाइ करि जोरि।
इकु इकु सुनि-सुनि बोलु बिचारौं कहौं जो हिरदय तोरि।।'

(चाँदायन-सं. डॉ. माताप्रसाद गुप्त,छन्द 329)

यह रचना एक कथाकाव्य है। इसमें कहानी के सभी तत्त्व विद्यमान हैं। 'चाँदायन' के आधार पर इसकी कथावस्तु का सारांश इस प्रकार है—

गोबर नगर के राजा महर की चौरासी रानियों में पाट महिषी फूला देवी की एकमात्र कन्या चाँदा थी। वह पद्मिनी जाति की रूपवती कन्या थी। इसका जन्मोत्सव संस्कार धूमधाम से हुआ। बारह वर्ष में उसके सौन्दर्य की ख्याति चतुर्दिक् फैल गई। विवाह हेतु महर के पास अनेक सन्देश आए। अन्ततः इसका विवाह जैत नाम के सजातीय के पुत्र बावन से हुआ। विवाहोपरान्त कई वर्ष व्यतीत हो गए, किन्तु चाँदा का दाम्पत्य जीवन सुखी न रहा। वह पितृगृह लौट आई।

एक दिन बजुर नामक भिक्षु भ्रमण करता हुआ गोबर नगर में आया। धवलगृह के झरोखे से झाँकती हुई चाँदा के अप्रतिम सौन्दर्य का दर्शन करके वह मूर्च्छित हो गया। चेतना लौटने पर उसने उपस्थित जन समाज को बताया कि धवलगृह के ऊपरी खंड से झाँकती एक नारी का दर्शन पाकर वह मूर्च्छित हुआ है। वह विहाग गीत छोड़कर शृंगारपरक चन्द्रावली राग गाने लगा। गोबर छोड़कर वह राजा रूपचन्द के नगर राजपुर पहुँचा। वहाँ रात्रि में उसने तन्त्री बजाकर वहीं चन्द्रावली राग गाना शुरू किया। इसे सुनने के लिए राजा रूपचद ने उसे अपने दरबार में बुलाया और अपने राज्याश्रय में रख लिया। रूपचन्द्र के समक्ष उसने चाँदा का नख-शिख शृंगार वर्णन गाकर सुनाया, जिसे सुनकर राजा रूपचन्द उसे बरबस प्राप्त करने के लिए कटिबद्ध हो गया। रूपचन्द ने गोबर नगर पर आक्रमण किया। गम्भीर युद्ध होने पर राजा महर ने लोरिक नामक वीर को सहायतार्थ आमन्त्रित किया। लोरिक की सहायता से रूपचन्द पराजित हुआ। इस विजयोत्सव में एक जुलूस निकला। लोरिक को सम्मानित किया गया। उसकी शोभा-यात्रा को चाँदा ने धवलगृह के ऊपरी खंड से देखा। लोरिक पर दृष्टि पड़ते ही वह मूर्च्छित हो गई। संज्ञा प्राप्त होने पर धात्री बृहस्पत की सहायता से एक भोज का आयोजन राजा महर के यहाँ किया गया, जिसमें लोरिक चाँदा को देखकर बेहोश हो गया। फिर उसको घर पहुँचाया गया। उसे इस रूप में देखकर उसकी माँ खोलिन विलाप करने लगी। कई टोने-टोटके किए गए। लोरिक और चाँदा के अन्तर में प्रेम का उदय हो चुका था। धात्री बृहस्पत ने चाँदा का हाल लोरिक को बताकर परामर्श दिया कि वह योगी वेश में मन्दिर में तप करे। मैं चाँदा को देव पूजनार्थ मन्दिर ले जाऊँगी, तभी वह चाँदा का दर्शन कर सकेगा, किन्तु चाँदा की झलक मात्र से लोरिक पुनः बेसुध हो गया। लोरिक वन में भटकने लगा। इधर चाँदा उसके विरह में सूखने लगी। मैना (लोरिक की पत्नी) उसकी यह दशा देखकर चिन्तित रहने लगी। बृहस्पत की युक्ति द्वारा चाँदा से लोरिक उसी के धवलगृह के ऊपरी खंड में मिला। लोरिक की पत्नी मैना जब इस तथ्य से अवगत हुई तो शिवमन्दिर में चाँदा-मैना का संघर्ष हुआ।

अन्यमनस्क-सी चाँदा घर लौटी और प्रेम चर्चा फैलने से भयभीय होकर परदेश प्रस्थान का निश्चय कर लिया। बृहस्पत से यह सन्देश पाकर लोरिक भी तत्पर हो गया। अजई पंडित से शुभ दिन निकलवाकर लोरिक चन्दा के साथ पूर्व की ओर हरदी-पाटन के लिए प्रस्थान किया। केवट की सहायता से गंगा पार की। बावन भी वहाँ पहुँच गया। दोनों में युद्ध हुआ। बावन को असफलता मिली। ये दोनों आगे बढ़े। मार्ग में कुबरू (लोरिक के भाई) से भेंट हुई। उसने लोरिक को बहुत समझाया, किन्तु वह न माना। दोनो कलिंग नगर पहुँचे। मार्ग में बोदिया दानी से लोरिक वीर और वीरांगना चाँदा का युद्ध हुआ। इस वीर का समाचार पाकर कलिंग नरेश ने उसे अपने दरबार में सम्मानित किया। कलिंग में चाँदा सर्प द्वारा दंशित हुई। गुणी द्वारा चाँदा की प्राण रक्षा हुई। वे हरदी के लिए दोनों आगे बढ़े। वन पथ में एक सघन पकरिया के वृक्ष के नीचे रात्रि में दोनों ने विश्राम किया। चाँदा पुन: सर्प द्वारा दंशित हुई। एक गुणी द्वारा पुन: चाँदा स्वस्थ हुई। अन्त में दोनों हरदी पहुँचे। वहाँ चाँदा लोरिक ससम्मान कुछ दिन रहे।

इधर लोरिक की पत्नी मैना विरहाकुल रहने लगी। एक दिन एक व्यापारी सुरजन से मैना ने अपना सन्देश भेजा। सुरजन हरदी पहुँचकर लोरिक को उसकी पत्नी और वृद्धा माँ का समाचार दिया। लोरिक ने घर जाने का संकल्प किया। चाँदा ने आपत्ति की, किन्तु वह चाँदा को साथ लेकर गोबर आया। वहीं माली द्वारा फूल माला भेजकर उसने मैना की सतीत्व-परीक्षा ली। मैना परीक्षा में खरी उतरी। चाँदा-मैना के मिलने पर पुन: संघर्ष हुआ, जिसका बीच बचाव लोरिक ने किया। इसके उपरान्त घर आने पर लोरिक की माँ खोलिन ने मैना की भाँति ही बहू रूप में चाँदा को सम्मानित कर स्वीकार किया। दोनों पत्नियों के साथ लोरिक सुखपूर्वक रहने लगा—

''चाँद सुरिज अउ मैना बरस सहस भा राजु।
गावहु गीत सहेलिया गोबर बधावा आजु।।''

यह मुल्ला दाऊद कृत चाँदायन का समापन दोहा है। इसके अनुसार चाँदायन की कथा सुखान्त है।

स्पष्ट है कि चाँदायन की कथा का आधार मूलत: लोकगाथा ही है। यह सूफी काव्य-परम्परा और अवधी का प्रस्थान काव्य है तथा आदिकाल का एक गौरव ग्रन्थ है।

इस प्रकार सिद्ध है कि सूफी काव्य का उत्स आदिकाल में विद्यमान रहा है। कालान्तर में यदि इस क्षेत्र में सघन शोधकार्य किया गया तो अमीर खुसरो और

मुल्ला दाऊद के अतिरिक्त फरीद, बुल्लेशाह जैसे अनेक सूफी कवियों-काव्यों के प्रकट होने की सम्भावना है।

जैन काव्य

आदिकालीन हिन्दी काव्य में श्रमणों, श्रावकों की महत्त्वपूर्ण भूमिका रही है। जैन साधकों ने अपभ्रंश तथा 'पुरानी हिन्दी' से जुड़कर अनेक प्रकार की रचनाएँ कीं, जिनमें नाथों-सिद्धों के जैसे उपदेश हैं, पुराकथाएँ हैं, चरितकाव्य हैं, वीरकाव्य हैं और शृंगारिक काव्य हैं। हेमचन्द्र के 'प्राकृत व्याकरण' और मेरुतुंग के 'प्रबन्ध चिन्तामणि' में जैनेतर कवियों को भी सम्मिलित किया गया है। इसी दौर में कुछ वैष्णवकाव्यों और सन्देशरासक, 'राउलवेल' जैसे शृंगार काव्यों की रचना हुई। जैन मतावलम्बी कवियों में मुख्य हैं—

1. श्रावकाचार (देवसेन)—सन् 933 ई.। कई विद्वानों ने देवसेन को प्रथम जैन साहित्यकार माना है। उन्होंने श्रावकाचार के अतिरिक्त 'दब्व सहाव प्रयास' (द्रव्य स्वभाव प्रकाश) की भी रचना की, जो एक दार्शनिक ग्रन्थ है। यह उल्लेखनीय है कि ये रचनाएँ पुष्यदन्त के आदिपुराण, महापुराण, उत्तरपुराण और विमलचन्द, स्वयंभू कृत पउमचरिउ आदि से प्रेरित होकर अपभ्रंश काव्य परम्परा में की गई हैं।

2. स्वयंभू—(8वीं शती) इन्होंने 'पउमचरिउ' में रामकथा लिखी है और कड़वक शैली का आविष्कार किया है।

3. पुष्यदन्त—(8वीं शती) इन्होंने महापुराण, णायकुमार चरिउ, जसहर चरिउ की रचना की है।

4. कनकामर मुनि—(11वीं शती) इनकी प्रसिद्ध कृति है करकण्डुचरिउ, जिसमें लोककथा शैली अपनायी गई है और जैनमत की प्रेरणा दी गई है।

5. धनपाल—इनकी कृति 'भविसयत्त कहा' (दसवीं शती) एक कथाकाव्य है, जिसके सहारे जैनमत का प्रचार किया गया है।

6. अब्दुल रहमान—(अद्दहमाण) इनका काव्य 'सन्देश रासक' (12वीं शती) प्रसिद्ध विरह काव्य है। एक इस्लाम धर्मावलम्बी कवि की यह प्रथम हिन्दी रचना है। इसमें 3 प्रक्रम हैं और 223 छन्दों में विरह सन्देश है। यह लौकिक शृंगारी काव्य है।

7. रामसिंह—इनकी कृति 'पाहुड़ दोहा' (11वीं शती) में रहस्य तथा सदाचार का जैनमत सम्मत उपदेश है।

8. शालिभद्र सूरि—इनके भरतेश्वर बाहुबली रास (1184 ई.) को कुछ इतिहासकारों ने प्रथम हिन्दी कृति स्वीकार किया है। इस काव्य में रासक छन्द का प्रयोग है। इसमें कथात्मकता के साथ-साथ गेयत्व की विशेषता दिखाई देती है।

9. रोडा— इनकी कृति 'राउल बेल' (11वीं शती) में अन्त: पुर का वर्णन है। यह श्रृंगारपरक चंपू काव्य है।

इसी प्रकार—

1. आसगु कृत चन्दनबाला रास (1200 ई.)
2. अमितिगति नामक जैन कवि कृत (10वीं शती) रामकथा
3. जिनधर्म सूरि कृत स्थूलिभद्र रास (1209 ई.)
4. विजयसेन सूरि कृत रेवन्तगिरि रास (1231 ई.)
5. सुमति गणि कृत नेमिनाथ रास (1213 ई.) इत्यादि कृतियाँ भी उल्लेखनीय हैं।

इनमें मुनि जिनविजय ने भरतेश्वर बाहुबली रास के रचयिता शालिभद्र सूरि को प्रथम हिन्दी कवि माना है। इसका समर्थन डॉ. गणपतिचन्द्र गुप्त ने भी किया है, किन्तु अब यह मत निरस्त हो गया है। उपर्युक्त रचनाओं में श्रेष्ठ चरित काव्य है, 'भविसयत्त कहा' और उत्कृष्ट श्रृंगार विरह काव्य है, सन्देश रासक। गौण कृतियों में हैं नृत्य गीत काव्य, जिनदत्त सूरि का 'उपदेश रसायन'। इनके अतिरिक्त जैन कवियों ने जो रासक काव्य, लिखे हैं, जैसे—भरतेश्वर बाहुबली रास, चन्दनबाला रास आदि, वे भी सामान्य कोटि के हैं। इनके साथ-साथ जैन कवियों ने नीति काव्य, प्रबोध काव्य और संग्रह काव्य भी समय-समय पर प्रस्तुत किए हैं, जैसे—प्रबन्ध चिन्तामणि (मेरुतुंग-1304), शार्ङ्गधर पद्धति, पुरातन प्रबन्ध संग्रह (1481ई.) किन्तु उनका मात्र ऐतिहासिक महत्त्व ही है। यह उल्लेखनीय है कि 14वीं शती के 'प्राकृत पैंगलम्' में विष्णु के कई अवतारों की तथा कृष्ण, राधा, रावण आदि की चर्चा है।'

निष्कर्ष यह है कि आदिकाल में रचित जैन कवियों का यह साहित्य पर्याप्त महत्त्वपूर्ण है। इसमें रहस्य-दर्शन, लोक चेतना आदि का सन्देश है। रामकथा की ओर भी इन कवियों का ध्यान गया है। स्वयंभू कृत 'पउमचरिउ' पुष्यदन्त कृत 'महापुराण' आदि कृतियाँ रामायण, महाभारत से प्रत्यक्षत: प्रेरित हैं। जैन कवियों में देवसेन के ये दोहे तथा छप्पय भी हिन्दी के विकास-विश्लेषण की दृष्टि से विचारणीय हैं—

णाम-कामे पिणु पंच-गुरु दूरिदलिय दुहकम्मु।
सखे वेपय डक्खरहि, अक्खमि सावय धम्मु।।1।।
दुज्जणु सुहियहु होऊ जागे, सुयणु पयासि उजेण।
अमियऊ विसु वासर जमह जिस मरगऊ कच्चेण।।2।।
जिह समिला सायर गयहि दुल्लहु जुब्ब-हरंतु।
तिह जीवह भव जल गयह मणु वत्तणु सम्बन्ध।।3।।

* * *

तं पायडु जिण-वरण-वयणु गुरु-उबएसइ गोइ।
अन्धारइ विणु दीवडइ अहव कि पिंछइ कोइ।।6।।
संजम शील सऊचतऊ जसु सूरिहि गुरु सोइ।
दाह देस कसधाय खमु उत्तमु कंचणु होइ।।7।।
जो जिण-सासण भासियऊ सो मइ कहियऊ सारु।

* * *

जोपाले सइ भाऊ करि सो तरि पावइ पारु।।
एहु धम्मु जो आयरपि चऊ बण्णह मह कोइ।
सो णरु णारी भव्य यणु सुरइय पावइ सोइ।।
काइ वहुल्लई भंषिचइ तातू सूखइ जेण।

* * *

यहु परमक्खऊ बेरलइ कम्मक्खऊ हुइ तेण।
इय दोहाबद्ध वय धम्मंदेवसेन उपरिट्ठ।
लहु अक्खर मत्ता हीय मो पयसयण खमन्तु।।

(नागरी प्रचारिणी पत्रिका 1926, तालिका पृष्ठ 751-2)

इन दोहों की भाषा 'पुरानी हिन्द' के काफी निकट है, अत: इस रचना को हिन्दी कविता का प्रथम प्रस्थान कहा जा सकता है।

उपर्युक्त दोहों में प्रयुक्त भाषा मूलत: लोकभाषा अर्थात् अपभ्रंश प्रभावित पुरानी हिन्दी है। जैन मुनियों ने इसी भाषा में रास, फाग, चरित आदि लिखकर धर्म-प्रचार किया था। इसमें प्रेम, विरह, युद्ध आदि का वर्णन है और राम-कृष्ण काव्य का जैन-दर्शन के अनुरूप रूपान्तरण भी। इन कृतियों में घटनाएँ उतनी नहीं हैं, जितने उपदेश हैं। इनमें पुष्यदन्त ने अपने 'महापुराण' को महाकाव्य कहा है।

स्पष्ट है कि जैन मुनियों द्वारा लिखित इस साहित्य का ऐतिहासिक महत्त्व है। इसका विशेष प्रचार पश्चिमी क्षेत्रों (गुजरात, राजस्थान) और दक्षिण के

कुछ राज्यों में हुआ। इनकी कृतियों में आचारपरक उपदेश हैं, चरिताख्यान हैं, पुराकथाएँ हैं और रस-रास पूर्ण प्रभावी रचना शैली भी है। जैन मुनियों ने प्राय: 24 तीर्थंकरों के जीवन चरित लिखे, साथ ही जैन मतानुसार वैष्णव अवतारों की कथा 'रास' नाम से प्रस्तुत की। यह 'रास' शैली कालान्तर में वीरगाथाओं में 'रासो' रूप में परिणत हो गई।

जैन-परम्परा के रास ग्रन्थों का मुख्य ध्येय रहा है— धर्म-प्रचार। उदाहरणार्थ श्रावकाचार्य के 250 दोहे द्रष्टव्य हैं, जिनमें श्रावक धर्म का प्रतिपादन मुख्य उद्देश्य रहा है। इसी प्रकार 'भरतेश्वर बाहुबली रास' में अयोध्या तथा तक्षशिला के राजा भरत एवं बाहुबली के शौर्य और कालान्तर में हुए उनके वैराग्य का विवरण है। यहाँ वीररस और श्रृंगाररस का पर्यवसान जैन धर्मोचित अपरिग्रह में हुआ है। 'चन्दनबाला रास' के कवि ने एक अपहृता और पीड़िता राजकुमारी को स्वामी महावीर से दीक्षा लेकर मोक्ष प्राप्त करते चित्रित किया है। 'स्थूलि भद्र रास' में कोशा वेश्या पर मुग्ध, सर्वथा भोगलिप्त नायक को जैनधर्म की दीक्षा देकर मोक्ष का अधिकारी घोषित किया गया है। ऐसा प्रतीत होता है कि जैसे व्याध, अजामिल, गणिका आदि की कथाएँ कह-कहकर वैष्णवों ने अपने मत का प्रचार किया, जिस प्रकार जातक कथाओं के सहारे बौद्धों ने जनान्दोलन चलाया, उसी प्रकार जैन कवियों ने रास द्वारा सुनियोजित रूप से स्वधर्म का प्रचार किया। अन्तर मात्र यह है कि बौद्ध कवि पालि में केन्द्रित रहे। नाथों पर उनका कुछ प्रभाव दिख जाता है, किन्तु मात्र हठयोग तक सीमित। दूसरी ओर जैनियों का साहित्य प्राकृत-अपभ्रंश से पुरानी हिन्दी तक व्याप्त है। इनका वैष्णव सन्तों के साथ अभेद सम्बन्ध रहा। इन्होंने जनजीवन की सहज भाषा अपनायी, जैसे—

'बोलह बाहुबली बलवन्त। लोह खंडि तउ गरवीउ हंत।

जैन कवियों ने अपभ्रंश प्रभावित और राजस्थानी-गुजराती मिश्रित हिन्दी का प्रयोग अधिक किया है. इसलिए आदिकाल में उनकी महत्त्वपूर्ण भूमिका रही है।

जैन कवियों में प्रमुख हैं—

1. पुष्यदन्त

इतिहास-ग्रन्थों में इनके तीन नाम मिलते हैं—

1-पूषी 2-पुंड 3-पुष्यदन्त

इनका सर्वप्रथम उल्लेख शिवसिंह सेंगर ने अपने इतिहास-ग्रन्थ 'शिवसिंह सरोज' में किया है। उनके अनुसार संवत् 770 में अवन्तीपुर के राजा भोज के पिता महाराज मान के दरबार से पूषी बन्दीजन का सम्बन्ध था। उन्होंने (हिन्दी)

भाषा काव्य की नींव डाली। डॉ. ग्रियर्सन ने इतना तो स्वीकार किया है कि यह प्राचीनतम भाषा कवि हैं, किन्तु उन्होंने सन् 713 में उनकी विद्यमानता को लेकर सन्देह प्रकट किया है। पुष्य का उल्लेख कर्नल टॉड ने विस्तारपूर्वक किया है। आचार्य रामचन्द्र शुक्ल ने इस युग की अपभ्रंश या प्राकृताभास भाषा पर प्रकाश डाला, किन्तु पुष्य कवि पर यथेष्ट विचार नहीं किया। डॉ. रामकुमार वर्मा ने अपभ्रंश परम्परा को सन्धिकाल और हिन्दी परम्परा को चारण काल कहकर देसभाषा-काव्य की स्थापना की। उनके अनुसार यह परम्परा 10वीं शताब्दी से शुरू हुई। अत: पुष्य उनके चिन्तन-क्षेत्र में नहीं आ पाए। बाद में अनेक विद्वानों ने यह आग्रह किया कि अर्द्धमागधी और नागर अपभ्रंश से प्रकट होनेवाला जैनकाव्य हिन्दी का आदिकाव्य है, अत: पुष्य को उसमें स्थान देना आवश्यक है। आचार्य हजारीप्रसाद द्विवेदी ने यद्यपि अपभ्रंश और हिन्दी में भेद भी इंगित किया है, फिर भी इन दोनों का एक-दूसरे से सम्बन्ध माना है। अस्तु; पुष्य पर विचार करने के लिए अपभ्रंश और पुरानी हिन्दी के सम्बन्धों पर विचार करना होगा। 'पुरानी हिन्दी' की विवेचना करते हुए द्विवेदी जी ने लिखा है कि इस युग में 7वीं शती से 13वीं शती तक अपभ्रंश की प्रधानता रही। कालान्तर में यही परवर्ती अपभ्रंश आदिकालीन हिन्दी भाषा में भर गई। गुलेरी जी ने इसे सिद्ध करने के लिए 'प्रबन्ध चिन्तामणि' सारंगधर पद्धति और 'कुमारपाल प्रतिरोध' के उदाहरण प्रस्तुत किए। राहुल जी ने अपभ्रंश को देशी भाषा सिद्ध करते हुए कहा कि—इन दोनों में केवल शब्दावली का अन्तर है। हिन्दी तद्भव प्रधान है और अपभ्रंश तत्सम प्रधान है। गुलेरी जी ने सम्पूर्ण अपभ्रंश को हिन्दी नहीं माना, जबकि राहुल जी ने आरम्भ से ही हिन्दी अपभ्रंश को एकरूप घोषित किया है। डॉ. नामवर सिंह ने हिन्दी में अपभ्रंश के योगदान को और डॉ. शिवप्रसाद सिंह ने अवहट्ट के प्रभाव को स्वीकार किया है।

इधर अपभ्रंश का एक और रूप विकसित हुआ। वह है—अवहट्ट भाषा। यह शौरसेनी अपभ्रंश का परवर्ती रूप है, जो 12वीं शती के बाद विकसित हुआ है। कवि विद्यापति ने इसे 'देसिल बयना' कहा है। इस भाषा का पर्याप्त प्रयोग अद्दमाण (12वीं शती) वर्णरत्नाकर (1325 ई.) तथा 'प्राकृत पैंगलम्' (14वीं शती) में हुआ है।

इस प्रकार स्पष्ट है कि अपभ्रंश और हिन्दी का गहरा और पुराना नाता-रिश्ता है। यह प्राय: सबने मान लिया है कि अपभ्रंश तथा प्राकृत भाषाएँ लगभग समकालीन हैं। दोनों क्रमश: हिन्दी भाषा में ढलती गई हैं। इसका उदाहरण दामोदर पंडित के 'उक्ति व्यक्ति प्रकरण' में देखा जा सकता है। इस ग्रन्थ में

संस्कृत भाषा का व्याकरण अवधी के माध्यम से समझाया गया है,' इसलिए इसकी शब्दावली कोशली यानी देशज प्रधान पुरानी हिन्दी है।

यह शब्दावली हिन्दी के बहुत निकट है। इसी प्रकार की भाषा 'कुवलयमाला कहा' में प्रयुक्त हुई है। जिस प्रकार अपभ्रंश को महाराष्ट्री, शौरसेनी, प्राच्या, मागधी, नागर, उपनागर, ब्राचड आदि कई भागों में विभाजित करते हुए यह स्थापित किया गया है कि अपभ्रंश मूलत: एक ही भाषा थी। उसी प्रकार हिन्दी को भी एक ही भाषा माना गया है।

हिन्दी के जो प्राचीन कवि आदिकाल में प्राप्त होते हैं, उनमें पुष्यदन्त में अपभ्रंश, सरहपाद में पूर्वी हिन्दी, खुमान रासो और नरपति नाल्ह में डिंगल, दामोदर पंडित में अवधी और शालिभद्र सूरि में पुरानी राजस्थानी की प्रमुखता है।

पुष्य का रचनाकाल 10वीं शती माना गया है। पुष्यदन्त हैदराबाद के निकट मान्यखेट के निवासी थे। इनके पिता थे केशव भट्ट। ये पहले शैव थे, बाद में दिगम्बर जैन हो गए थे। इन्होंने स्थान-स्थान पर अपने को 'कवि कुल तिलक,' 'काव्य रत्नाकर' और 'सरस्वती निलय' घोषित किया है। पुष्यदन्त के आत्मकथ्यों से यह प्रतीत होता है कि वे बड़े स्वाभिमानी थे। उन्होंने तीन महत्त्वपूर्ण काव्यों की रचना की—

(1) महापुराण

इसके दो भाग हैं— आदिपुराण और उत्तरपुराण। दोनों के तीन-तीन खंड हैं। इन खंडों में कई तीर्थंकरों का वर्णन है। दस सन्धियों में रामकथा है, जिसे कवि ने 'पउमचरिउ' (अर्थात् पद्म पुराण) कहा है। ग्यारह सन्धियों में महाभारत की कथा है, जिसे कवि ने हरिवंशपुराण कहा है। इस महाकाव्य में वन, उपवन, पर्वत, सागर, प्रकृति और रूप सौन्दर्य का विस्तृत वर्णन हुआ है। नख-शिख वर्णन विस्तार से किया गया है। इसमें श्रृंगार, वीर और शान्त तीन प्रमुख रस हैं। अलंकारों का प्रयोग कवि ने खूब किया है। इस काव्य में राम काव्य की अपेक्षा कृष्ण कथा ज्यादा सरस है।

(2) णायकुमार चरिउ

यह काव्य नव सन्धियों का चरित काव्य है। यह मगधराज और सौराष्ट्र से सम्बन्धित है। इसमें विभिन्न दार्शनिक, पौराणिक और नीतिपरक विवेचन किए गए हैं। रस, छन्द, अलंकार और भाषा का स्तर सराहनीय है। इसकी कथावस्तु से तत्कालीन सामाजिक व्यवस्था का परिचय प्राप्त होता है।

(3) जसहर चरिउ (यशोधर चरित)

यह चार सन्धियों का काव्य है। इसमें नरबलि की करुण कथा है। हिंसा से मुक्ति पाने के लिए जैन धर्म में दीक्षा लेनी चाहिए, यही कवि का मुख्य सन्देश है।

उपर्युक्त तीन काव्यों के आधार पर यह दावे के साथ कहा जा सकता है कि पुष्पदन्त उच्चकोटि के महाकवि थे और यह भी की उनकी काव्यभाषा में 'पुरानी हिन्दी' के अनेक अवशेष विद्यमान हैं।

2. विमल सूरि

इनके द्वारा विरचित काव्य 'पउमचरिउ' एक अत्यन्त प्राचीन कृति है। यह पौराणिक शैली में रचा गया है। यह रामकथा से सम्बन्धित एक अत्यन्त प्राचीन प्रबन्धकाव्य है। इसे स्वयंभू की रामायण और पुष्पदन्त के 'महापुराण' दोनों से सम्बद्ध माना गया है। इसकी भाषा को दक्षिणी अपभ्रंश से जोड़ा गया है।

जैन कवि विमल सूरि रचित 'पउमचरिउ' काव्य महाराष्ट्र में खोजा गया है। कवि के अनुसार इस ग्रन्थ की रचना महावीर स्वामी के 530 वर्ष पश्चात् अर्थात् विक्रम संवत् 60 में हुई थी। इतिहासकारों ने भाषा-शैली के आधार पर इसे तीसरी शती का ग्रन्थ सिद्ध किया है। इस काव्य के प्रत्येक सर्ग में विमल शब्द का प्रयोग किया गया है, इसीलिए इसे 'विमलांक' भी कहा जाता है। इसमें 118 सर्ग हैं। कवि ने विस्तारपूर्वक पद्म अर्थात् भगवान राम की कथा कही है। विमल सूरि ने महावीर के प्रमुख शिष्य गौतम से यह कथा सुनी थी। यह कथा वाल्मीकि रामायण से काफी भिन्न है। समूचा ग्रन्थ आर्या छन्दों में रचा गया है। इसकी शैली पुराणों की तरह कथात्मक और सरस है। विमलसूरि ने वाल्मीकि की कथा को असत्य सिद्ध करते हुए कई नई घटनाएँ जोड़ी हैं। जाहिर है कि यह काव्य वैष्णव और जैन सम्प्रदाय के द्वन्द्व की उपज है। भाषिक विकास की दृष्टि से इसका बड़ा महत्त्व है।

3. स्वयम्भू

जैन कवियों द्वारा लिखी गई रामकथा-परम्परा की शुरुआत विमलदेव सूरि के पउमचरिउ से मानी जाती है। यह प्राकृत अपभ्रंश की रचना है। इसमें राम को 'पद्मप्रभु' कहा गया है। इसमें राम लक्ष्मण रावण आदि को जैन धर्मावलम्बी माना गया है। इस कृति का एक संस्कृत अनुवाद पद्मचरित नाम से रविषेणाचार्य ने किया है। विमलसूरि ने इसमें रावण को उज्ज्वल चरित्र का नायक बताया है और सीता को रावण की पुत्री कहा है। उनके अनुसार

राम की माता थी सुबला और लक्ष्मण की माता थी कैकेई। राम गोरे थे और लक्ष्मण साँवले। सीता मन्दोदरी की पुत्री थी, जिसे अनिष्टकर समझकर फिंकवा दिया गया था। फलत: जनक ने उनका पालन-पोषण किया था। सीता के सौन्दर्य की प्रशंसा सुनकर रावण ने उनका अपहरण किया था। उस समय दशरथ जीवित थे। उनकी मृत्यु राम के अयोध्या लौटने के बाद हुई थी। रावण का वध लक्ष्मण ने किया था फलत: उन्हें नरक जाना पड़ा था। राम ने 'जैन धर्म' में दीक्षा ली थी। स्वयम्भू कोशल के निवासी थे। इनकी तीन कृतियाँ पाई जाती हैं—

1. पउमचरिउ 2. हरिवंश पुराण 3. स्वयम्भू छन्द

'पउमचरिउ' में पाँच कांड हैं—विद्याधर कांड, अयोध्या कांड, सुन्दर कांड, युद्ध कांड और उत्तर कांड। इसमें आरम्भ में मगधनरेश ने जैन सन्त से कुछ प्रश्न किए हैं। कवि ने शंकाओं का समाधान करते हुए इस काव्य का आरम्भ किया है। सर्वप्रथम सृष्टि वर्णन, अयोध्या वर्णन, इक्षवाकु वंश वर्णन, लंका वर्णन, जैन तीर्थंकर आदि का विवरण है। फिर रामकथा आई है। साथ ही समुद्र वर्णन, वज्र वर्णन आदि भी मनोयोगपूर्वक चित्रण किया गया है। इसके अनुसार लंका में सुन्दर नाम की एक नदी थी, जहाँ राम ने शिविर बनाया था। इसलिए पूरे प्रकरण को सुन्दरकांड कहा गया है।

स्वयम्भू का दूसरा काव्य अरिष्टनेमि चरित या हरिवंशपुराण कृष्णकथा से सम्बन्धित है। इसमें चार कांड है—यादव कांड, युद्ध कांड, कुरु कांड और उत्तर कांड। इस कथा का आधार महाभारत तथा हरिवंशपुराण है। कहीं-कहीं कुछ परिवर्तन भी दिखाई देता है। जैसे-द्रौपदी स्वयंवर में मत्स्यवेध की जगह धनुष चढ़ाने की प्रतिज्ञा। इस काव्य में वर्णन बाहुल्य है और कथात्मकता भी। कवि ने नारी सौन्दर्य और ॠतु वर्णन विस्तार से किया है। इसमें श्रृंगार, वीर, करुण और शान्त, इन चार रसों का परिपाक ज्यादा हुआ है। इसकी भाषा में मुहावरों का प्रयोग भी हुआ है। कवि ने भरसक अलंकारों का उपयोग किया है और माधुर्य का भी। स्वयम्भू ने कई छन्द अपनाये हैं। प्रमुख हैं पद्धणिया, दोहा, बदनक आदि छन्द।

इस प्रकार स्पष्ट है कि स्वयम्भू उच्चकोटि के कवि थे।

4. राम सिंह

मुनि रामसिंह जैनमत से प्रभावित महत्त्वपूर्ण कवि थे। इनकी रचना है, पाहुड़ दोहा। इस नाम का एक और संग्रह योगीन्द्र के नाम से प्राप्त हुआ है। कुछ

विद्वानों ने दोनों को एक ही मान लिया है। इस काव्य का रचनाकाल ग्यारहवीं शती प्रतीत होता है। रामसिंह को हेमचन्द्र से पहले का कवि माना गया है। राहुल सांकृत्यायन जी ने इनका स्थितिकाल 1000 ई. के आस-पास माना है। पाहुड़ दोहा में दर्शन और तत्त्वज्ञान से सम्बन्धित कथनों की भरमार है। कवि का सन्देश है कि यह शरीर एक देवालय है। इसलिए मन को बहुत पवित्र रखना चाहिए। इसी में निरंजन का निवास है। कवि ने बारम्बार यह प्रबोध दिया है कि हम भक्ति भावना से मुक्त हो जाएँ। इन्द्रिय सुख और मोक्ष दोनों एक साथ नहीं चल सकते। कवि ने पाखंडों का बड़ा विरोध किया है। वह कहता है कि सिर मुँडाने से क्या मिलेगा। चुनौती है चिन्ता का मुंडन कराने की। वह कहता है कि ज्ञान पुस्तक से नहीं मिलता। ईश्वर शिवपुरी में नहीं है। तीर्थयात्रा, मूर्तिपूजा व्यर्थ है। आवश्यकता है आत्मज्ञान की। इसके लिए जरूरी है गुरु का प्रसाद। वे एक दोहे में कहते हैं—

हउँ सगुणी पिउ णिग्गुणउ णिल्लखणु णीसंगु।
एकहिं आँगि वसंत यह मिलिहुण अंगई अंग।।

अर्थात् जीव सगुण है, प्रिय निर्गुण है। एक ही अंग में दोनों बसते हैं, किन्तु अंग-से-अंग नही मिलते। कुछ विद्वानों का मत है कि इन्हीं कथनों के आधार पर आगे निर्गुण सगुण का विवाद आरम्भ हुआ है।

पाहुड़ दोहा में आत्मसंयम, समाज-सुधार और रहस्य दर्शन के अनेक सूत्र समाहित हैं। इसमें कुल 222 पद्य हैं, 12 प्राकृत के, 3 संस्कृत के और शेष परवर्ती अपभ्रंश के। नि:सन्देह रामसिंह का यह अपभ्रश काव्य बहुत महत्त्वपूर्ण है।

स्पष्ट है कि आदिकाल की जैन काव्य-परम्परा बहुत समृद्ध है।

चारण काव्य

चारण वस्तुत: जन्मजात कवियों का एक वर्ग (समुदाय) यानी कविवंश है, जो राजस्थान, गुजरात में बहुश: उपलब्ध रहा है। इस समुदाय में काव्य-रचना की पैतृक परम्परा देखी जाती है। इनका सम्बन्ध उस क्षत्रिय जाति से माना जाता है, जो शक्ति की उपासना करती है। इनमें जैन धर्म की दीक्षा लेनेवाले भी पाए जाते हैं। इसी प्रकार नाथों और वैष्णवों में भी कुछ चारण देखे गए हैं। यों तो चारण मूलत: यायावर रहे हैं, पर धीरे-धीरे राजपूत राजाओं के दरबारों से वे सम्बद्ध हो गए। कर्नल टॉड ने इनसे सम्बन्धित अनेक वृत्तान्तों का उल्लेख किया है।

चारण-काव्य की इस परम्परा को कुछ लोगों ने हर्षवर्द्धन-काल से जोड़ा है। हिन्दी चारण-काव्य को डॉ. मोहनलाल जिज्ञासु ने पाँच काल खंडों में विभाजित

किया है, जिसमें प्रथम खंड प्राचीनकाल 1150 से 1500 तक व्याप्त है। इसके पूर्व की पृष्ठभूमि को वे 650 से 1150 ई. तक विस्तृत मानते हैं। उनके अनुसार पुष्यदन्त, राजशेखर, सोमदेव, गुणाढ्य, चर्पटनाथ, ऊजली आदि सब चारण थे।

इससे स्पष्ट होता है कि चारण एक विशष कवि-वंश है। ऐसी लोकधारणा है कि उन्हें दैवी देन के रूप में कवि-प्रतिभा प्राप्त हो जाती है, इसलिए वे किसी भी विषय पर तत्काल काव्य-रचना करने में समर्थ होते हैं। कार्य की अवधि और रचना की अवधि में वे कोई अन्तराल नहीं आने देते। इन्होंने युद्ध और आखेट का वर्णन उतनी ही अवधि में प्रस्तुत कर दिखाया है, जितनी देर में वह कार्य सम्पन्न हुआ, अर्थात् उछलकर घोड़े की पीठ पर बैठने में जितना समय लगता है, उतने ही समय में एक दोहा रचकर चारण कवि उस अश्वारोहण का यथावत् वर्णन कर देता है।

हिन्दी-जगत में चारण कवियों को भ्रमवश मात्र दरबारी कवि मान लिया गया है। यह सही है कि चारणों ने तत्कालीन दरबारी संस्कृति से जुड़ी प्रशस्तियाँ और शृंगारिक उक्तियाँ अधिक लिखी हैं, किन्तु अन्य काव्य-रूपों, काव्य-प्रवृत्तियों में भी उन्होंने अपनी जो विशिष्ट छाप छोड़ी है, उसे नजरन्दाज नहीं किया जाना चाहिए। लक्षण काव्य-परम्परा, आशुकाव्य, नीतिकाव्य, प्रणयकथा और कवि-शिक्षा-परम्परा में चारणों की विशिष्ट भूमिका रही है। इन्होंने अधिकतर रचनाएँ डिगंल में की हैं। वीर तथा शृंगार रस का प्रयोग ज्यादा किया है। छन्द:शास्त्र (पिंगल) पर इनका विशेषाधिकार दिखता है। उसमें भी कवित्त और छप्पय में इनकी विशेष गति है। इतिहास की अपेक्षा इन्होंने कल्पना और अतिशयोक्ति का ज्यादा सहारा लिया है और सप्रयास भावोन्मेष पैदा किया है। चूँकि इनकी अधिकतर रचनाएँ मौखिक परम्परा में हुई हैं, इसलिए उनके पाठ को निश्चित करते-करते अनेक प्रकार के प्रक्षिप्तांश जुड़ गए हैं, जिनके कारण कई चारण काव्य अर्द्धप्रामाणिक प्रतीत होते हैं।

चारणों द्वारा रचित महाकाव्यों को विकासात्मक महाकाव्य कहना ही तर्कसंगत प्रतीत होता है, क्योंकि मूल रचयिता के साथ-साथ उसमें विभिन्न पीढ़ियों के उत्तराधिकारियों एवं जनमानस ने भी बहुत-कुछ जोड़ा-घटाया है।

हिन्दी के प्रमुख चारण कवियों में चन्दबरदाई, सहजपाल, नल्ह, आशानन्द, अक्खा, ईसरदास, दुरसा, महकरन, लक्खा, शक्तिदान, नरहरिदास, दलपल, वीरभाण, करणीदान आदि उल्लेखनीय हैं। यह भी उल्लेखनीय है कि चरण काव्य-परम्परा आज भी राजस्थान-गुजरात में सुरक्षित है। दूसरे, चारणों ने केवल प्रशस्ति-काव्य ही नहीं लिखा, बल्कि आश्रयदाताओं की निन्दा-भर्त्सना

से सम्बन्धित पुष्कल काव्य की रचना की है। साथ ही वीरकाव्य, भक्ति और रीतिकाव्य से सम्बन्धित बहुश: रचनाएँ की हैं। वस्तुत: यह हिन्दी की अपनी कवि-वंश परम्परा है, जिसे अलग-अलग क्षेत्रों में भाट, बन्दीजन, मागध, बारहठ, सूत, आदि कई नाम दिए गए हैं। इनका मौखिक सृजन विस्मृति विलीन हो गया है, किन्तु जो बचा है, वह भी महत्त्वपूर्ण है। दैवी देन और पैतृक परिवेशगत पारम्परिक प्रशिक्षण या अभ्यास से ओत प्रोत ये कवि कभी सन्त साहित्य की ओर मुड़े (जैसे-गुजरात के हिन्दी कवि अखा) कभी जैन धर्म की ओर बढ़े (जैसे—पुष्यदन्त) कभी नाथ साहित्य की ओर मुड़े (जैसे—चर्पटनाथ) कभी ये गद्य की ओर अग्रसर हुए (जैसे—गुणाढ्य, अचलदास आदि) कभी शृंगार में प्रवृत्त हुए (जैस—नल्ह, चन्द)। हाँ, यह सर्वस्वीकार्य है कि अधिकतर चारण कवि वीररस की ओर प्रवृत्त हुए हैं। किन्तु इसका यह अर्थ नहीं कि भक्तिकाव्य, इतिहासबोध, राष्ट्रीयता, प्रकृति-प्रेम आदि विषयों से चारण काव्य का कोई सम्बन्ध ही नहीं है।

निष्कर्ष यह है कि चारण काव्य, प्रशस्ति काव्य, वीरगाथा काव्य आदि को परस्पर पर्याय न समझकर हमें यह मानना होगा कि चारण आदि काल का एक कवि-समुदाय रहा है, जो यत्किंचित् आज भी विद्यमान है।

रासो काव्य

आदिकाल में वीरगाथाओं और प्रशस्ति-काव्यों की एक दीर्घ परम्परा चली। इसीलिए डॉ. ग्रियर्सन और डॉ. रामकुमार वर्मा ने इस युग को 'चारण काल' कहा है। वस्तुत: इसी युग में मुहम्मद गजनवी और गोरी के आक्रमण हुए थे। भारतीय नरेश समय-समय पर जगह-जगह उनसे जूझे थे। इसलिए राज्याश्रित कवियों ने उन्हें चरितनायक बनाकर उनके युद्धों का वर्णन करते हुए प्रशस्तिपरक वीरकाव्य लिखे थे। इनके काव्यों में व्यंजित वीररस के बाहुल्य को देखते हुए आचार्य विश्वनाथप्रसाद मिश्र ने पूरे युग के लिए 'वीरकाल' नाम प्रस्तावित किया है।

वस्तुस्थिति यह है कि युद्धकाल में इन कवियों ने जहाँ वीररस को प्रश्रय दिया है, वहीं शान्तिकाल में शृंगाररस को अपनाया है। कवित्व की दृष्टि से इनमें से कई कृतियाँ महत्त्वपूर्ण हैं। इन्हें रासों काव्य की संज्ञा दी गई है। इनकी कई कोटिया हैं—(1) वीरगाथा (2) शृंगार काव्य (3) धार्मिक उपदेश (4) विविध विषयक।

हिन्दी साहित्य का आरम्भिक काल (आदिकाल) राजाओं-सामन्तों के शौर्य और प्रताप के वर्णन से भरा हुआ है। इसी प्रवृत्ति-विशेष के कारण आचार्य शुक्ल

ने इसे 'वीरगाथा काल' नाम से अभिहित किया। भारत के इतिहास में यह वह समय था, जब मुसलमानों के हमले, उत्तर-पश्चिम की ओर से लगातार हो रहे थे। गुप्त साम्राज्य के ध्वस्त होने और हर्षवर्द्धन के उपरान्त राष्ट्रीय भावना प्राय: अन्तर्निहित हो गई थी। खंडश: विभक्त होकर जो गहरवार, चौहान, चन्देल, परिहार, राजपूत आदि राज्य उत्तर-पश्चिम में प्रतिष्ठित थे, वे अपनी राज्यसीमा की वृद्धि के लिए परस्पर लड़ा करते थे। आश्रित कवियों ने इनके युद्धों का वर्णन किया है। यहाँ पर वीरगाथा-परम्परा के उन रासो ग्रन्थों का विवरण उल्लेखनीय है, जिनमें अपना कुछ वैशिष्ट्य है। इन उपलब्ध रासो ग्रन्थों में महत्त्वपूर्ण हैं—

1. खुमाण रासो (दलपति विजय)

संवत् 810 और 1000 के बीच चित्तौड़ के रावल खुमाण नाम के तीन राजा हुए हैं। कर्नल टॉड ने इनको एक मानकर इनके युद्धों का विस्तार से वर्णन किया है। उनके वर्णन का सारांश यह है कि कालभोज (बाघा) के पीछे खुमाण गद्दी पर बैठा, जिसका नाम मेवाड़ के इतिहास में प्रसिद्ध है। इसके समय में बगदाद के खलीफा अलमायूँ ने चित्तौड़ पर चढ़ाई की। खुमाण की सहायता के लिए बहुत-से राजा आये और चित्तौड़ की रक्षा की। खुमाण ने 24 युद्ध किए और वि. सं. 869 से 893 तक राज्य किया। यह समस्त वर्णन 'दलपति विजय' नामक किसी कवि के द्वारा रचित खुमाण रासो में प्राप्य है। इन 180 वर्षों तक का औसत लगाने पर तीनों खुमाणों का समय इस प्रकार ठहराया जा सकता है—

खुमाण (पहला) वि. सं. 810-864
खुमाण (दूसरा) वि. सं. 870-900
खुमाण (तीसरा) वि. सं 965-990

इन्हीं में किसी खुमाण से अलमायूँ की सेना से लड़ाई हुई होगी, और उसी के नाम पर 'खुमाणरासो' की रचना हुई होगी। शिवसिंह सेंगर के अनुसार एक अज्ञात नामा भाट ने खुमाणरासो नामक काव्य ग्रन्थ लिखा था, जिसमें श्रीरामचन्द्र से लेकर खुमाण तक के युद्धों का वर्णन है। इसे सेंगर जी ने किसी भाट की रचना माना था। आचार्य रामचन्द्र शुक्ल ने अपने इतिहास ग्रन्थ में इसका विस्तृत उल्लेख करते हुए बताया कि इसके रचयिता दलपति विजय हैं। यह काव्य द्वितीय खुमाण से सम्बन्धित है, जिनका शासन 870 से 920 विक्रमी तक रहा है। खुमाण का खलीफा अलमायूँ से युद्ध हुआ था। इसमें एक स्थल पर महाराणा प्रताप का वर्णन किया गया है, इसलिए कई विद्वान इसे 15वीं शताब्दी की रचना मानते हैं।

पृथ्वीराजरासो (चन्दबरदाई)

कवि चन्द हिन्दी के अतिप्राचीन कवि हैं। लगभग ढाई हजार पृष्ठों में व्याप्त इनका काव्य 'पृथ्वीराजरासो' हिन्दी का प्रथम श्रेष्ठ महाकाव्य है। चन्द दिल्ली के अन्तिम हिन्दू सम्राट् पृथ्वीराज के सामन्त और राजकवि थे। 'पृथ्वीराजरासो' में 69 समय (सर्ग-अध्याय) हैं। प्राचीन काल में प्रचलित प्राय: सभी छन्दों का व्यवहार इसमें हुआ है। मुख्य छन्द हैं—कवित्त, छप्पय, दूहा, तोमर, गोटका, गाहा और आर्या। रासो के अनुसार शहाबुद्दीन गोरी पृथ्वीराज को कैद कर गजनी ले गया। कुछ दिनों पीछे चन्द भी वहीं चले गए। जाते समय कवि ने अपने पुत्र जल्हण के हाथ में रासो की प्रति देकर उसे पूर्ण करने का निर्देश दिया। जल्हण के हाथ में रासो को सौंपे जाने और उसके द्वारा पूर्ण किए जाने का उल्लेख 'रासो' में इस प्रकार किया गया है—

"पुस्तक जल्हधण हथ्थ दै चलि गज्जन नृपकाज।
रघुनाथ चरित हनुमन्तकृत भूप भोज उद्धरिय जिमि।
पृथिराज सुजस कवि चन्द कृत चन्दनन्द उद्धरिय तिमि।"

यह उल्लेखनीय है कि पृथ्वीराज की सभा में चन्द नाम का कोई कवि था अवश्य। 'पृथ्वीराज विजय' के कर्ता जयानक ने पृथ्वीराज के मुख्य भाट या 'बन्दिराज' का नाम 'पृथ्वीभट्ट' लिखा है। 'पृथ्वीराज विजय' के पाँचवें सर्ग में यह श्लोक आया है—

"तनयश्चन्द्रराजस्य चन्द्रराज इवाभवत्।"
संग्रह यस्सुवृत्तानां सुवृत्तानामिव व्याघात।"

अत; कहा जा सकता है कि चन्दबरदाई नाम का कोई कवि था अवश्य।

नानू का कहना है कि चन्द ने तीन-चार हजार श्लोकों में अपना यह काव्य लिखा था। उसके बाद उनके पुत्र जल्हण ने अन्तिम दस समयों की रचना करके उस ग्रन्थ को पूरा किया। पीछे से और लोग उसमें अपनी रुचि अथवा आवश्यकता के अनुसार जोड़-तोड़ करते रहे।

निष्कर्ष रूप में यही कहा जा सकता है कि 'पृथ्वीराजरासो' पूर्णत: अप्रामाणिक नहीं है। किसी काव्य को इतिहासगत तथ्यों की कसौटी पर कसकर नकारात्मक निर्णय (निष्कर्ष) निकाल लेना न्याय-संगत नहीं होता। वह भी लगभग हजार वर्ष पुराने, मौखिक परम्परा में विद्यमान, किसी विकसनशील महाकाव्य (एपिक ऑफ ग्रोथ) के बारे में ऐसी सोच तो कदापि स्वीकार्य नहीं हो सकती।

ऐसी अनुश्रुति है कि 'पृथ्वीराजरासो' की रचना चन्दबरदाई ने की थी, जो पृथ्वीराज के राज कवि, सलाहकार और मित्र थे। फिर भी यह आदिकाल की सर्वाधिक विवादग्रस्त रचना मानी जाती है। आज तक इस विवाद का सन्तोषजनक समाधान नहीं हो पाया है। पहले इस काव्य ग्रन्थ का महत्त्व ऐतिहासिक दृष्टि से भी था, परन्तु 'पृथ्वीराज विजय' नामक ग्रन्थ के प्राप्त हो जाने पर इसका वह महत्त्व जाता रहा। साथ ही इसकी प्रामाणिकता एवं अप्रामाणिकता का विवाद भी नए सिरे से प्रारम्भ हो गया। इस सन्दर्भ में दो मत हैं—एक तो 'रासो' को अप्रामाणिक माननेवाले विद्वानों का वर्ग है, जिनमें डॉ. मूलर, गौरीशंकर हीराचन्द ओझा, रामचन्द्र शुक्ल तथा मोतीलाल मेनारिया आदि नाम विशेष रूप से उल्लेखनीय हैं। इस मत के समर्थकों का कहना है कि रासो में वर्णित नामों, घटनाओं, सन् संवतों आदि का जो निर्देश किया गया, वह भाटों की कोरी कल्पना है। ओझा जी ने रासो की ऐतिहासिकता की जाँच-पड़ताल बड़ी गम्भीरता के साथ की है और यह निष्कर्ष निकाला है कि कुछ सुनी-सुनाई बातों के आधार पर उक्त बृहत्काय ग्रन्थ की रचना की गई है। यदि 'पृथ्वीराजरासो' पृथ्वीराज के समय लिखा जाता, तो इतनी अशुद्धियों का होना असम्भव था। भाषा की दृष्टि से भी यह ग्रन्थ प्राचीन प्रतीत नहीं होता। इसकी डिंगल भाषा में कहीं-कहीं जो प्राचीनता का आभास होने लगता है, वह तो पिंगल की ही विशेषता है। वस्तुत: 'पृथ्वीरराज रासो' का वर्तमान संस्करण परवर्ती युगों में लिखा गया है। दूसरा पक्ष 'पृथ्वीराजरासो' को प्रामाणिक और पृथ्वीराज की समसामयिक रचना मानता है। इस मत के समर्थकों में मोहनलाल विष्णुलाल पंड्या, मथुराप्रसाद दीक्षित, डॉ. श्यामसुन्दर दास आदि हैं।

इन दोनों मतों के अतिरिक्त एक तीसरा मत भी है, जो उपर्युक्त दोनों मतों में अतिरेक पाता है। इस पक्ष के समर्थकों की यह मान्यता है कि चन्दबरदाई नाम का कोई कवि अवश्य था, जिसने पृथ्वीराज सम्बन्धी कोई ग्रन्थ लिखा था, किन्तु आज वह इतना प्रक्षिप्त और परिवर्तित हो गया है कि उसका मूल रूप खोज लेना प्राय: मुश्किल जान पड़ता है। इस मत के माननेवालों में मुनि जिनविजय, डॉ. दशरथ शर्मा और हजारीप्रसाद द्विवेदी के नाम उल्लेखनीय हैं। सुदृढ़ और गहरी अनुश्रुति, बृहद, मध्यम, लघु तथा लघुतम आदि अनेक प्रतियों की प्राप्ति, 'पुरातन प्रबन्ध संग्रह' में मिले 'रासो' के दो छन्द आदि इस मत के आधारभूत तर्क हैं। कविराव मोहनसिंह, हजारीप्रसाद द्विवेदी तथा डा॑. माताप्रसाद गुप्त ने रासो के मूल रूप को खोजने का प्रयास किया है।

निष्कर्ष यह है कि आदिकालीन वीरगाथाओं में सर्वप्रमुख है—'पृथ्वीराजरासो', जो अधिकतर विद्वानों के मतानुसार दिल्ली नरेश पृथ्वीराज

चौहान के दरबारी कवि चन्द द्वारा महाकाव्य की परिपाटी पर रचा गया एक वृहत् काव्य है। इसमें गोरी, जयचन्द, परमाल तथा मेवातियों से लड़े गए पृथ्वीराज के युद्धों का वर्णन है और संयोगिता, शशिव्रता आदि से उनके विवाहों का विवरण है। वीररस के साथ रौद्र रस, युद्ध वर्णन, नगर वर्णन, नख-शिख वर्णन, आखेट वर्णन आदि भी बहुत उच्चस्तर के हैं। इसकी भाषा में ब्रज और राजस्थानी का मिश्रण है, जिसे पहले 'पिंगल' कहा जाता था। इसमें पंजाबी, अरबी, फारसी, अपभ्रंश आदि का सम्मिश्रण है। इस महाकाव्य में 68 छन्दों का प्रयोग किया गया है। इसमें कवित्त, दूहा, गाथा की प्रधानता है। वीर, ओज, शृंगार और माधुर्य से युक्त इसकी काव्य-शैली उच्चकोटि की है। सामाजिक संचेतना, लोक-संस्कृति, इतिहास, पुरातत्त्व आदि से ओत-प्रोत यह काव्य हिन्दी की एक कालजयी कृति है।

इस काव्य की प्रामाणिकता को लेकर एक द्वन्द्व अनेक वर्षों से इसलिए चल रहा है, क्योंकि इसमें समय-समय पर प्रक्षिप्तांश जुड़ते रहे हैं और इसलिए भी कि यह एक विकासशील काव्य के रूप में श्रुति परम्परा द्वारा विरचित हुआ है। आवश्यकता प्रामाणिक पाठ की है। मात्र कुछ अनैतिहासिक तथ्यों के आधार पर इसे पूर्णत: अप्रामाणिक नहीं कहा जा सकता है।

कवि चन्द की प्रामाणिकता को लेकर जो विवाद उठे थे, वे अब समाप्तप्राय हैं। प्राय: सभी उन्हें हिन्दी-कवि मानते हैं। भले ही उनके जन्म की कोई निश्चित तिथि नहीं मिलती, फिर भी, सर्वाधिक प्रचलित मान्यता के अनुसार कहा जा सकता है कि इनका जन्म लाहौर में 1168 ई. में हुआ था। वे भट्ट जाति के जगात गोत्र में उत्पन्न हुए थे। यह माना जाता है कि पृथ्वीराज चौहान और इनका जन्म एक ही दिन हुआ और संसार से प्रयाण भी दोनों ने एक ही दिन किया था। 'पृथ्वीराजरासो' की प्रतियों से यह पता चलता है कि गजनी में मुहम्मद गोरी के समक्ष चन्द और पृथ्वीराज ने एक-दूसरे को कटार मारकर मृत्यु का आलिंगन किया था। इस प्रकार जन्म के साथ-साथ दोनों की पुण्यतिथि भी एक ही है। यह लोकमत वर्षों से व्याप्त है, भले ही इतिहास से इन घटनाओं की पुष्टि नहीं होती हो।

वस्तुत: ये महाराज पृथ्वीराज के राजकवि थे। दोनों में प्रगाढ़ मित्रता भी थी। आचार्य शुक्ल के शब्दों में ''इनका (चन्दबरदाई का) जीवन पृथ्वीराज के जीवन के साथ ऐसा मिला-जुला था कि अलग नहीं किया जा सकता। युद्ध में, आखेट में, सभा में, यात्रा में ये सदा महाराज के साथ ही रहते थे और जहाँ जो बातें होती थीं, सबमें सम्मिलित रहते थे।''

चन्दबरदाई प्रतिभासम्पन्न कवि थे। साहित्य, छन्द, ज्योतिष, पुराण, व्याकरण आदि में भी वे निष्णात थे।

हिन्दी के इस बहुचर्चित प्रथम महाकाव्य की प्रामाणिकता के विषय में प्राय: इतिहासकारों ने सन्देह प्रकट किया है। इसके ऐतिहासिक तथ्यों पर अभिलेखों के सहारे आपत्तियाँ उठाई गई हैं, लेकिन जब रासो की विभिन्न प्रतियों से ऐतिहासिक तथ्यों की पर्याप्त पुष्टि समीक्षकों ने कर दी और जब उसके सम्बन्ध में उठाई गई आपत्तियों का निराकरण होने लगा तो यह दूसरा विवाद छेड़ दिया गया कि रासो की किस प्रति को प्रामाणिक माना जाए। रासक शैली में लिखा हुआ 'पृथ्वीराजरासो' एक चरित-काव्य है, जिसके नायक पृथ्वीराज़ चौहान हैं। उन्हीं से सम्बन्धित घटनाओं का विवेचन इसमें विस्तार से हुआ है। महाकवि चन्द ने डिंगल में जिस रासो काव्य का प्रणयन किया है, वही प्रामाणिक है। यह शृंगाररस और वीररस का उत्कृष्ट काव्य है। प्रबन्धकाव्य के समस्त तत्त्वों का इसमें सुन्दर सन्निवेश है।

वस्तुत: इतिहास, लोकसंस्कृति और कवित्त्व की दृष्टि से 'पृथ्वीराजरासो' एक श्रेष्ठ ग्रन्थ है। कविवर चन्द का यह अन्यतम प्रदेय है।

तात्पर्य यह कि अद्यावधि अधिकाधिक प्राप्त प्रमाणों के अनुसार पृथ्वीराज राठौड के राजकवि, बालसखा, मन्त्री और सलाहकार कवि चन्द भले ही अब हिन्दी के आदि कवि न रह गए हों, फिर भी आदिकाल के श्रेष्ठ कवि तो वे हैं ही। उनके द्वारा रचित यह महाकाव्य आदिकाल का सबसे महत्त्वपूर्ण (यद्यपि सर्वाधिक विवादास्पद) काव्य है। इसका सर्वप्रथम प्रकाशन रायल एशियाटिक सोसाइटी बंगाल से हुआ था। तभी इसकी प्रामाणिकता पर कुछ प्रश्न उठाए गए थे। इसके पक्ष में तर्क देते हुए मोहनलाल विष्णुलाल पंड्या और डॉ. श्यामसुन्दर दास ने काशी नागरी प्रचारिणी सभा से इसका एक संस्करण निकलवाया। लगभग ढाई हजार पृष्ठों के इस महाकाव्य में अनेक प्रकरण हैं। इसमें पृथ्वीराज का पूरा वृत्त है। 'कनउज्ज युद्ध' समय को इसका केन्द्रीय कथानक कहा जा सकता है। रासो की ऐतिहासिकता का जो विवाद चला, उसमें डॉ. मूलर, मोतीलाल मेनारिया, गौरीशंकर हीराचन्द ओझा आदि ने इसमें वर्णित नामों, घटनाओं और तिथियों को अपने अभिलेखों के आधार पर सन्दिग्ध सिद्ध किया, जबकि हमारा इतिहास स्वयं में विवादास्पद है। डॉ. पंड्या और डॉ. श्यामसुन्दर दास ने इसके कवित्त एवं काव्य-गुणों को इतिहास से ज्यादा प्रश्रय दिया। कालान्तर में मुनि जिनविजय, अगरचन्द नाहटा, दशरथ शर्मा, हजारीप्रसाद द्विवेदी आदि ने यह समाधान निकाला कि यह चन्दरचित महाकाव्य है, लेकिन मौखिक परम्परा का विकसनशील काव्य होने के नाते इसमें कई प्रक्षेप भी भर गए हैं। वस्तुत: इसके

इतने छोटे-बड़े संस्करण प्राप्त हुए हैं कि इसे निराधार नहीं माना जा सकता। सम्प्रति रासो के आरम्भिक अंश—इंछिनी विवाह, शशिवृता, संयोगिता आदि के प्रकरण सर्वाधिक प्रामाणिक माने जा रहे हैं।

अस्तु, रासो को अर्द्ध-ऐतिहासिक चरित्र महाकाव्य तो कहा ही जा सकता है। इसमें 12वीं सदी के हिन्दू सम्राट पृथ्वीराज के किशोर काल, शौर्य, शृंगार, जय-पराजय आदि की कई कथाएँ हैं। पृथ्वीराज एक उदात्त नायक है। उसका जीवन शौर्य और शृंगार से ओत-प्रोत है। चन्द ने उसमें समस्त रसों का सन्निवेश किया है। उन्होंने स्थान-स्थान पर सौन्दर्य के मोहक दृश्य भी अंकित किए हैं।

रासो का सर्वाधिक महत्त्व है—काव्यभाषा रूप में हिन्दी की पहल। चन्द ने दो प्रकार की भाषाएँ प्रयुक्त की हैं। एक डिंगल, जिसका प्रयोग प्राय: युद्ध के वर्णनों में किया गया है। इन प्रसंगों की कर्कश शब्दावली तथा द्वित्व प्रयोगों द्वारा शस्त्रों की झंकार तक प्रतिध्वनित कर दी गई है। दूसरी ओर प्रेम-सौन्दर्यपूर्ण शृंगार के प्रसंगों में कवि ने पिंगल भाषा का प्रयोग किया है, जिसमें कोमल पद-विन्यास और सरल सहज प्रवाह है।

हिन्दी काव्य में छन्दोविधान की दृष्टि से रासो का ऐतिहासिक महत्त्व है। इसमें अनेक मात्रिक और वर्णिक छन्दों का सफल संयोजन किया गया है। दूहा, चउपई, कवित्त, छप्पय, गाथा आदि छन्द इसमें बहुत सफलतापूर्वक रखे गए हैं।

'रासो' की एक विशेषता है—विविध प्रकार की कथानक रूढ़ियों का प्रयोग। हिन्दी में प्रबन्ध काव्य-विधान की जो प्रवृत्ति-परम्परा आगे विकसित हुई है, उसमें चन्दबरदाई की महत्त्वपूर्ण देन रही है।

पृथ्वीराजरासो में 12वीं सदी के भारत का यथेष्ट प्रतिबिम्बन हुआ है। मोहम्मद गोरी के आक्रमण एवं राजपूती शासन के बीच जीवनयापन करती हुई भारतीय जनता के सामाजिक, सांकृतिक, आर्थिक और धार्मिक कार्य-कलाप के अनेक दृश्य इस काव्य में बिम्बित हुए हैं। कल्हण की 'राजतरंगिणी की तरह इसे उत्तर भारत के सामाजिक, राजनीतिक इतिहास (काव्येतिहास) का एक आधारग्रन्थ माना जा सकता है। रासक शैली में रचित इस कृति में ज्योतिष, पुराण, व्याकरण आदि के अनेक तत्त्व सन्निहित हैं। रासो यद्यपि काव्यशास्त्रीय व्यवस्था के अनुरूप रचा गया महाकाव्य है, फिर भी वह शास्त्रीय प्रणाली से इतर जनपदीय लोक-संस्कृति पर आधारित एक लोकाख्यान के रूप में भी विकसित हुआ है। इसका तात्पर्य यह है कि हिन्दी की भाषिक संस्कृति और भाषिक प्रकृति का प्रथम प्रयोग 'पृथ्वीराजरासो' में हुआ है। जब तक किसी जनभाषा में प्रबन्धकाव्य की रचना नहीं होती, तब तक उसे महाकाव्योचित गरिमा

प्राप्त नहीं होती। 'रासो' के पूर्व 'पुरानी हिन्दी' में कई स्फुट काव्य रचे गए हैं। अपभ्रंश बहुला हिन्दी में कुछ प्रबन्ध भी लिखे गए हैं, जबकि 'पृथ्वीराजरासो' मूल प्राचीन हिन्दी का प्रथम प्रस्थान काव्य है; इसलिए यह काव्य और इसके प्रणेता चन्दबरदाई दोनों हिन्दी के गौरव हैं।

अन्य वीर काव्य

उपर्युक्त महाकाव्य के अतिरिक्त इस युग में अन्य कई रासो-काव्यों की रचना हुई है। जैसे—

हम्मीर रासो (सारंगधर)

इस कृति के रचयिता का प्रामाणिक विवरण प्राप्त नहीं हैं। हिन्दी में हम्मीर के नाम पर अनेक काव्य लिखे गए हैं, जैसे—सारंगधर कृत हम्मीर रासो, महेश रचित हम्मीर रासो, जोधराज रचित हम्मीर रासो, हम्मीर का कवित्त, 'हम्मीरी दे चउपई, जयचन्द सूरि कृति 'हमीर महाकाव्य' (1403) आदि।

सारंगधर संस्कृत के प्रसिद्ध वैद्यकग्रन्थ सारंगधर संहिता के रचयिता और 'हम्मीर रासो' अथवा हम्मीर काव्य के प्रणेता माने जाते हैं। इन्हें रणथम्भौर (राजस्थान) के राजा हम्मीर देव का कवि कहा गया है। यह काव्य अभी प्राप्त नहीं हुआ है। केवल 'प्राकृत पैंगलम् ' में इसके कुछ छन्द मिलते हैं। इनका स्थितिकाल 13वीं शती बताया गया है। राहुल जी ने इन्हें 1282 ई. से 99 के बीच स्थापित किया है और 'प्राकृत पैंगलम्' में संकलित छन्दों का रचयिता जज्जल कवि को माना है। दरअस्ल हम्मीर की सभा में जज्जल नामक कोई निपुण वीर मन्त्री था। यों निश्चपूर्वक इन्हें जज्जल कृत नहीं कहा जा सकता है। इतना निश्चित है कि यह स्तरीय काव्य है।

जयचन्द प्रकाश

यह सुविदित है कि केदार भट्ट ने 'जयचन्द प्रकाश' (1167 ई.) नाम का एक महाकाव्य लिखा था, जिसमें महाराज जयचन्द के प्रताप और पराक्रम का विस्तृत वर्णन है।

जयमयंक जसचन्द्रिका

यह भी कहा जाता है कि 'जयमंयक जसचन्द्रिका' (1167 ई.) नाम का एक ग्रन्थ मधुकर कवि ने भी लिखा था, जिसमें जयचन्द्र और कन्नौज का वर्णन

है। सम्प्रति ये दोनों उपलब्ध नहीं हैं। केवल इनका उल्लेख सिंघायच दयालदास कृत 'राठोडा में मिलता है, जो बीकानेर के राजपुस्तकालय में सुरक्षित है।

इसी प्रकार श्रीधर कृत 'रणमल्ल छन्द' को भी इस युग का उल्लेखनीय काव्य कहा जा सकता है। रासो काव्यों एवं वीर काव्यों के सूक्ष्म अध्ययन अन्वेषण के आधार पर यह स्पष्ट किया जा सकता है कि हिन्दी वीरगाथात्मक काव्यधारा का उल्लेख आदिकालीन साहित्येतिहास से लेकर आधुनिक युग तक मिलता है। हाँ, प्रवृत्तियों में अन्तर अवश्य रहा है। आदिकालीन परिस्थितियाँ सुविदित हैं। वह छोटे-छोटे राज्यों एवं रजवाड़ों का समय रहा है। ऐसी परिस्थिति में, समाज में, तद्युगीन राजाओं में वीरता तो मिलती है, परन्तु राष्ट्रीयता नहीं। राजा तथा कवि व्यक्तिगत वीरता को ही महत्त्व देते नजर आते हैं। राज्य की सीमाओं की सुरक्षा, राज्य-विस्तार या किसी राजकुमारी के अपहरण में ही वे अपनी युद्ध वीरता का प्रदर्शन करते दिखाई पड़ते हैं। राष्ट्र की शायद ऐसी कोई कल्पना उस समय नहीं की जा सकी थी। परन्तु फिर भी कुछ अच्छी वीररसयुक्त रचनाएँ उस समय हुई हैं, जैसे—

'भल्ला हुआ जु मारिआ, बहिणि म्हारा कन्तु।
लज्जेज्जंतु वयंसि अहु, जइ भग्गा घरु एन्तु।

अर्थात् हे बहन, अच्छा हुआ जो मेरा पति युद्ध में मारा गया। यदि वे युद्धभूमि में पीठ दिखाकर भाग आते तो मैं लाज से मर जाती।

रासो काव्य परम्परा में शृंगार काव्यों और धार्मिक काव्यों की जो रचनाएँ हुई हैं, वे जैन काव्य परम्परा के अन्तर्गत विचारणीय हैं। शृंगारपरक रासक का सर्वश्रेष्ठ उदाहरण है—अद्दहमाण रचित 'सन्देशरासक', जो शृंगारकाव्य परम्परा में विचारणीय है।

परमाल रासो, आल्हखंड (जगनिक)

जगनिक ने 1173 ई. में इनकी रचना की थी। इसी काव्य के महोबा खंड से आधुनिक आल्हखंड का विकास हुआ है। यह लोक विश्वास है कि कालिंजर के राजा परमार के यहाँ राज्याश्रिप्त जगनिक नामक भाट ने महोबा के दो प्रसिद्ध वीरों—आल्हा और ऊदल (उदय सिंह) के शौर्य से प्रेरित होकर इस काव्य की रचना की थी।

इन्हें 'आल्हखंड' का रचयिता माना जाता है, जिसका मूल स्रोत है 'परमाल रासो'। एक जनश्रुति के अनुसार महाकवि जगनिक कालिंजर के राजा परमर्दि देव (परमाल) के राज्याश्रित कवि थे। इतिहासकारों ने इनकी स्थिति 1153 ई.

बताई है। इस लोकगाथा में राजा परमाल के पराक्रम का वर्णन है। बनाफर वंश का यहाँ यथेष्ट शौर्य चित्रण किया गया है, साथ ही आल्हा-ऊदल नामक दो वीरों का यशोगान भी किया गया है। इसके भाषागत ओज की सबने सराहना की है। इसकी कोई प्रति आज उपलब्ध नहीं हुई है : पर इसकी कथा 'आल्हा' नाम से उत्तर भारत में बुन्देली, अवधी, व्रज, भोजपुरी आदि सभी भाषाओं में गाई जाती है। सम्प्रति यह गाथा लिखित से अधिक मौखिक रूप में लोक प्रचलित है। इस काव्य में अनेक ऐतिहासिक घटनाओं का उल्लेख है, किन्तु अनेक प्रकरण प्रक्षिप्त हैं। इतना सहज स्वीकार्य है कि महोबा के राजाओं का गहड़वालों के साथ घनिष्ठ सम्बन्ध था। आल्हा-ऊदल ने अपने आश्रयदाता और अपनी मातृभूमि की मान-रक्षा के लिए जिस अपूर्व पराक्रम तथा उत्सर्ग भाव का परिचय दिया है, वह चिरस्मरणीय है। इसीलिए यहाँ जन-जीवन में आल्हा को चिरंजीवी माना जाता है।

आल्हाखंड एक विकसनशील लोकमहाकाव्य या लोकाख्यान है। इसमें ध्वन्यात्मकता और प्रवाह चरम सीमा पर विद्यमान है। इन दिनों जो आल्हखंड प्राप्त है, वह फर्रुखाबाद के पूर्व कलेक्टर इलिएट द्वारा कुछ स्थानीय भाटों की सहायता से संकलित सम्पादित करके प्रकाशित कराया गया था। यह पाठ जगनिक रचित तो नहीं है। किन्तु इस महाकाव्य के प्रबन्ध विन्यास और चारित्रिक परिकल्पना का श्रेय अवश्य जगनिक को दिया जाएगा।

प्रशस्ति काव्य परम्परा

आदिकाल में प्रशस्तिपरक काव्यों की रचना अपेक्षाकृत अधिक की गई है। ये प्रशस्तियाँ आश्रयदाताओं से भी सम्बन्धित हैं और धर्मचार्यों से भी। कभी-कभी ये वीर भाव से प्रेरित होकर भी की गई हैं। ऐसी प्रशस्तियों में वीरपूजा (हीरो वरशिप) की भावना ज्यादा दिखाई देती है, न कि केवल राज्याश्रय की लालसा।

प्रशस्ति-काव्य की परम्परा हिन्दी में 12वीं शती से खोजी गई है। जैन कवि शालिभद्र सूरि द्वारा रचित भरतेश्वर बाहुबली रास (1241) अपने मूल रूप में रास होते हुए भी समग्रतः एक प्रशस्ति काव्य है। इससे निष्कर्ष यह निकलता है कि इस परम्परा की शुरुआत जैन कवियों द्वारा हुई है।

रासो काव्य-परम्परा को मुख्यतः प्रशस्ति काव्य रूप में ग्रहण किया गया है। आचार्य शुक्ल ने इसीलिए इन रासो काव्यों को 'वीरगाथा' की संज्ञा प्रदान की थी। यों, इनमें विषय वैविध्य है। रसो काव्यों में चन्दबरदाई कृत पृथ्वीराजरासो

को सर्वश्रेष्ठ वीरकाव्य कहा जा सकता है। इसी क्रम में शांरगंधर कृत 'हम्मीर रासो', खुमाण रासो (दलपति विजय- 810वि.), विजयपाल रासो (नल्ह-1050) परमाल रासो (जगनिक - 1173 ई.) रणमल्ल छन्द (श्रीधर व्यास,1398) आदि उंल्लेखनीय हैं। वैष्णव कवियों ने भी कुछ प्रशस्ति काव्यों की रचना की है। जैसे-विद्यापति रचित 'कीर्तिलता' और 'कीर्तिपताका'। उनके ये काव्य मुख्यतः आश्रयदाता कीर्तिसिंह से सम्बन्धित हैं।

इस प्रकार स्पष्ट है कि जैन कवि, वैष्णव कवि और चारण कवि, इन तीनों ने प्रशस्ति कव्यों की रचना की है। इनमें 'कीर्तिलता' अवहट्ट भाषा में रचित 'कहाणी'है।'कीर्तिलता' एक ऐतिहासिक प्रबन्धकाव्य है, जिसमें राजा कीर्तिसिंह द्वारा अपने पिता के प्रतिशोध का तथ्याश्रित वर्णन किया गया है।'कीर्ति पताका' नामक कृति अभी पूर्णतः उपलब्ध नहीं हो पाई है। केवल कुछ स्फुट संकेत प्राप्त हुए हैं। पृथ्वीराजरासो' में चरित काव्य, कथाकाव्य और आख्यायिका के मिले-जुले लक्षण प्राप्त होते हैं। विद्वानों द्वारा उसके चार तरह के पाठ तैयार किए गए हैं— वृहत्तम, बृहत, लघु और लघुतम। इनमें लघुतम पाठ को अपेक्षाकृत ज्यादा प्रामाणिक माना गया है।

अन्य स्फुट प्रशस्तिपरक काव्यों में 'जयचन्द प्रकाश', 'जयमयंक जसचन्द्रिका' आदि के नामोल्लेख प्राप्त होते हैं।

प्रशस्ति काव्यों का मूल है— पुराख्यान। इस परम्परा की शुरुआत स्वयंभू के 'पउमचरिउ' और पुष्यदंत (10वीं शती) कृत नागकुमार चरित, जसहर चरिउ तथा कनकामरमुनि (11वीं शती) के 'करकंडचरित' से हुई है। इन चरित्रों के सहारे जैन साधकों ने जैन मत के प्रचार-प्रसार की योजना बनाई थी। गुजरात, राजस्थान में स्थित जैन मुनियों ने एक ओर उपदेशपरक मुक्तक लिखे थे दूसरी ओर लोककथा की शैली में प्रेरक चरित्र भी। पृथ्वीराजरासों में भी इस चरितात्मक, कथात्मक और आख्यायिका शैली का प्रभाव पड़ा है।

रामकाव्य

हिन्दी भाषा में रामकथा की प्रथम प्रविष्टि इसी युग में दिखाई देती है। नवीनतम शोधों के अनुसार रामकथा की शुरुआत 12वीं शताब्दी में हुई। प्राप्त प्रमाणों के अनुसार हिन्दी की प्रथम रामायण कथा गोपांचलगढ़ ग्वालियर निवासी महाकवि विष्णुदास द्वारा विरचित है। ये तोमर-वंश राजा डूँगरेन्द्र सिंह के आश्रित राजकवि थे। अपने रचनाकाल का संकेत करते हुए उन्होंने लिखा है—

'बारह सत नित्यावन लियो। पूनों पवित रमायन कियो।।
गुरु वासर रेवती नछत्रा। माघ मास कबि कियौ कवित्ता।।'

इस आत्मकथ्य के अनुसार इसका रचनाकाल है—वि.सं.-1299,माघ पूर्णिमा। इस काव्य में प्रयुक्त भाषा—ब्रज मिश्रित अवधी भाषा है, जिसे 'ब्रजावधी' कहा जा सकता है।

इसमें कुल सात कांड हैं। इन कांडों का विभाजन सर्गों में किया गया है।

यह रामकथा समास शैली में वर्णित है, जिसका आधार ग्रन्थ वाल्मीकि रामायण है। रामकथा के साथ ही इसमें कई अवान्तर कथाएँ भी कुशलतापूर्वक नियोजित की गई हैं। इसकी एक प्रति सागर विश्वविद्यालय में संगृहीत है। अभी इसकी प्रामाणिकता परीक्षणीय है।

इस कृति में दोहा-चौपाई शैली का प्रयोग किया गया है। कथावस्तु में कोई नवोद्भावना नहीं है। मुख्यतः इसे रामायण का संक्षिप्त हिन्दी रूपान्तरण कहा जा सकता है। भाषा में, सम्भव है, कुछ परवर्ती प्रयोग सम्मिलित हो गए हों। इसमें वर्णनों का आधिक्य है। ये वर्णन प्रायः प्रभावशाली बन पड़े हैं। इनमें तत्कालीन इतिहास के कई सूत्र हैं, साथ ही कवित्व के बिन्दु भी। उदाहरणार्थ अयोध्या वर्णन की कुछ पंक्तियाँ द्रष्टव्य हैं—

'सरजू तीर अयोध्यापुरी। सो बिसकर्मा आपुनकरी।।
बारह जोजन बसत लम्बाई। तितने फेर फिरी चौराई।।
ऊँचे मन्दिर कोट कगारा। कंचन कलस जु सोहत द्वारा।।
बहुत बाग, सर, मठ, बावरी। कुँवा निवाननि सोभितपुरी।।
ठाँ ठाँ विप्र जु कहत पुराना। करहिं अखारों वीर सुजाना।।
ठाँ ठाँ नाटक सबै देखने। जोगी जती सती तह घने।।
पूजा बहु देवन की होई। प्रति घर धर्म करे तिय लोई।।
गजरथ साहन तुरग भंडारू। बढ्यो राज सुरपति आगारू।।
रधुवंशी नृप दशरथ नामू। बहुत अमुर जीते संग्रामू।।'

स्पष्ट है कि आदिकाल के अन्तिम दशक में रचित इस रामकथा का विशिष्ट महत्त्व है।

वस्तुतः वाल्मीकि रामायण (चौथी शती) से प्रेरित होकर संस्कृत, प्राकृत, पालि, अपभ्रंश और भारतीय भाषाओं में अनेक रामकाव्यों की रचना की गई। रामकथा की मूलधारा वैष्णव मत से प्रेरित थी। उसकी स्पर्धा में दूसरी धारा बौद्ध, जैन मत से जुड़ी। इस परमपरा का प्रथम प्रयोग विमल सूरि ने 'पउम चरिउ' द्वारा

किया। दूसरा प्रयोग स्वयंभू ने किया, 8वीं शती में पुनः 'पउमचरिउ' लिखकर। इसी क्रम में गुणभद्र कृत-उत्तर रामायण (9वीं शती) पुष्यदन्त कृत महापुराण (10वीं शती) और हेमचन्द्र कृत 'जैन रामायण'(12वीं शती) की रचना हुई। सन्त रामकुमार दास ओर डॉ. रामकुमार वर्मा ने 'उत्तरायण'महाकाव्य की भूमिका में दिए गए तथ्यों द्वारा यह सिद्ध किया है कि रामकथा में शम्बूक वध तथा सीता निर्वासन की घटनाएँ इन्हीं जैन रामकथाओं द्वारा और गुणाढ्य आदि रचनाकारों द्वारा गढ़ी गई हैं।

ऐतिहासिक साक्ष्यों के अनुसार यह कहा जा सकता है कि इस देश में 'राम सम्प्रदाय' और राम मूर्ति की प्रतिष्ठा 10वीं शती में हुई थी। इस रामोपासना पद्धति में राम को बुद्ध रूप में,साथ ही अवतार रूप में प्रस्तुत किया गया। निरगुनिया सन्तों तक ने रामावतार का वर्णन किया, जिनका एक साक्ष्य है ''उभय प्रबोधक'' एवं 'घट रामायण'। रामभक्ति का प्रवर्तन मुख्ततः दक्षिण के आलवार सन्तों ने किया था। कालान्तर में मध्वाचार्य, रामानुज, राघवाचार्य, रामानन्द आदि आचार्य इस दिशा में सक्रिय हुए। रामानन्द ने राम के लोकरक्षक रूप की स्थापना की, जिससे विदेशियों-विधर्मियों द्वारा पदाक्रान्त जनता ने राहत महसूस की। इस रूप से प्रेरित होकर कवियों ने दास्य भक्ति को प्रश्रय दिया। इस क्षेत्र में पहल की नरहरिदास और ईश्वरदास ने। ईश्वरदास कृत—भरत विलाप,रामजन्म तथा अंगद पैज का भक्तों पर पर्याप्त प्रभाव पड़ा।

डॉ. रामकुमार वर्मा ने 1285 में रचित रामायण (भूपति) का उल्लेख किया है, जो सुलभ हो जाने पर प्राचीन रामकाव्य सिद्ध हो सकती है। इसी अवधि में विभिन्न भारतीय भाषाओं के कवियों ने रामकथा की रचना की। इनमें प्रमुख हैं— प्रथम—कबनु कृत तमिल 'कम्बुरामायण' (11वीं शती) और दूसरी रंगनाथ रामायण (12वीं शती)।

उसी परम्परा से प्रेरित होकर चन्दबरदाई ने 'पृथ्वीराजरासो' के द्वितीय समय में दशावतारों का वर्णन करते हुए 100 छन्दों में रामकथा का वर्णन किया।

यह उल्लेखनीय है कि 1360 ई. में अलाउद्दीन ने दक्षिण में मूर्तिभंजन का क्रम आरम्भ किया था। इससे 'रामाश्रय' की प्रेरण जागी, फलतः हिन्दी कवियों ने इस आन्दोलन में सक्रियता दिखाई।

इस प्रकार स्पष्ट है कि हिन्दी रामकाव्य का बीजवपन आदिकाल में हुआ, जो कालक्रम में मध्ययुगीन भक्ति आन्दोलन के रूप में पल्लवित हो गया।

स्वामी रामानन्द

भक्ति आन्दोलन के पुरोधा थे— स्वामी रामानन्द। साथ ही वे उत्तर भारत के संस्कृतिक नवजागरण के उन्नायक भी थे। स्वामी जी का जीवनवृत्त और कर्तृत्व यद्यपि विवादग्रस्त है; फिर भी इतना सर्वस्वीकार्य है कि उनका स्थितिकाल तेरहवीं शती का पूर्वार्द्ध है। प्राप्त प्रमाणों के अनुसार वे सिकन्दर लोदी के समकालीन थे। विद्वानों ने उन्हें दक्षिण भारत से आया हुआ सन्त घोषित किया है। यों वे प्रयाग में पैदा हुए थे। इस मत की प्रतिपक्षी उक्ति है—'भगती दक्षिण ऊपजी लाए रामानन्द। परगट किया कबीर ने सात द्वीप नौखंड।' वस्तुतः रामानन्द न दक्षिण के थे, न कबीर ने भक्ति को सातों द्वीपों और नौखंडों तक प्रसारित करने का कोई प्रयास किया था। अत: यह एक अविचारित उद्घोष मात्र लगता है। हाँ, अब तक यह मान्यता अवश्य रही है कि भक्ति आन्दोलन का शुभारम्भ दक्षिण भारत से हुआ था। ज्ञातव्य है कि आचार्य शंकर के बाद रामानुजाचार्य,मध्वाचार्य निम्बार्क, वल्लभाचार्य आदि अनेक दार्शनिक सन्त और सुधारक दक्षिण भारत से आकर अयोध्या,मथुरा, काशी, नाथद्वारा आदि प्रमुख तीर्थस्थानों में केन्द्रित हो गए थे। यहीं उन्होंने अद्वैत वेदान्त की नई-नई व्याख्याएँ करते हुए द्वैताद्वैत, शुद्धाद्वैत, विशिष्टाद्वैत आदि मत-मतान्तरों को एक विराट आन्दोलन का रूप दिया। स्वामी रामानन्द इन सम्प्रदान प्रवर्तकों में अपेक्षाकृत विशिष्ट हैं। सम्प्रति प्रयाग, काशी एवं अयोध्या में स्वामी रामानन्द की जो गद्दियाँ स्थापित हैं, उनके मठाधीश्वरों का यह मत है कि स्वामी जी का आविर्भाव प्रयागराज में हुआ था। कालक्रम में वे पंजगंगा घाट काशी में स्थानान्तरित हो गए थे। आज भी यहाँ उनके कई स्मारक हैं। काशी में उनका 'श्री-सम्प्रदाय' आज भी सक्रिय है।

स्वामी जी के नाम से लगभग डेढ़ दर्जन संस्कृत-हिन्दी ग्रन्थ इन मठों में सुरक्षित हैं, किन्तु यह नहीं कहा जा सकता कि सब ग्रन्थ उनके स्वरचित हैं। शायद कुछ शिष्यों द्वारा भी लिखे गए हैं। 'श्रीवैष्णवमताब्ज भास्कर','रामार्चन पद्धति', 'आत्मबोध', 'हनुमान जी की आरती' आदि कृतियाँ अवश्य उनके द्वारा रचित हैं। उनके नाम से 'रामानन्द की हिन्दी रचनाएँ नामक एक ग्रन्थ काशी नागरी प्रचारिणी सभा से प्रकाशित हुआ है। डॉ. पीताम्बरदत्त बड़थ्वाल ने उनकी हिन्दी रचनाओं पर अनेक दृष्टियों से विचार किया है। वस्तुतः हिन्दी कवि के रूप में भी उनका एक ऐतिहासिक महत्त्व है।

स्वामी जी के लेखन के मुख्य विषय रहे हैं—तत्त्वमीमांसा, जाप्यमन्त्र, इष्टदेव का स्वरूप-विवेचन, मुक्तिमार्ग, वैष्णवमत, श्रीराम की षोडशोपचार

पूजा, विशिष्टाद्वैतवाद, निर्गण-सगुण समन्वय आदि। उनके द्वारा रचित 'आत्मबोध' और 'ज्ञानतिलक' नामक कृतियाँ कबीरपन्थियों में बहुत लोकप्रिय हुई हैं। यद्यपि डॉ. धर्मवीर उनका सम्बन्ध कबीर से नहीं मानते हैं, किन्तु यह तर्क तथ्याश्रित नहीं है। दूसरी ओर 'हनुमान जी की आरती' सगुणोपासकों के मध्य बहुत प्रचलित हुई है। निष्कर्ष यह है कि निर्गुण और सगुण, दोनों का बहुत संयत निरूपण स्वामी रामानन्द ने किया है।

भक्ति-आन्दोलन के इतिहास में स्वामी रामानन्द जी को प्रायः रामानुजाचार्य का अनुयायी माना जाता रहा है। इससे अयोध्या के कुछ रामानन्दी सन्त सहमत नहीं हैं। उनका अभिमत है कि राम-भक्ति के सम्प्रदाय-प्रवर्तक और प्रथम रामोपासक कवि रामानन्द जी ही थे। उन्होंने विशिष्ट द्वैतवाद को संशोधनपूर्वक स्वीकार किया है। गोस्वामी जी ने भी 'तुलसिदास परिहरै तीनि भ्रम' कहकर उसकी पुष्टि की है। स्वामी जी ने यह अनुभव किया था कि लीला-पुरुषोत्तम श्रीकृष्ण की उपासना से कहीं अधिक उपयोगी है मर्यादा पुरुषोत्तम की उपासना। इसी से प्रेरित होकर गोस्वामी जी ने कृष्ण जी के श्री विग्रह को श्रीराम में रूपान्तिरित कर लिया था— 'तुलसी मस्तक तब नवै धनुष बान लियो हाथ।''

रामानन्द जी ने राम-तत्त्व की मीमांसा दो रूपों में की। एक है ऐश्वर्य रूप और दूसरा, लोकरक्षक रूप। उन्होंने श्रीराम के शक्तिशील, सौन्दर्ययुक्त चरित्र को रेखांकित किया। वे केवल शेषशायी श्री नारायण ही नहीं हैं, अपितु गीध,शबरी, निषाद, व्याध आदि का मंगल करनेवाले जन जन के राम हैं। विशेषतः आरण्यक संस्कृतिवाले धनुर्धारी श्रीराम हैं। विदेशी-विधर्मी आक्रमणों से संत्रस्त भारतीय जनमानस को वे इन्हीं राम का स्मरण कराते हैं और अभयदान देते दिखते हैं। लीलावतारी मानव राम के साथ-साथ वे राम की लोकोन्तर -शक्ति का संकेत देते चलते हैं। उनका 'राम-ताटक मन्त्र' और 'रामरक्षा स्तोत्र' भक्त जन को सभी आधि-व्याधियों से मुक्त कर देता है। इसी परम्परा में 'हनुमान बाहुक' तथा 'सर्वांग बाहुक' जैसे ग्रन्थों की रचना हुई। यह स्मरणीय है कि सूफियों, फकीरों और दरवेशों ने झाड़-फूँक के कई उपक्रम समाज में प्रचारित कर रखे थे, जिनके बेहतर विकल्प रूप में स्वामी जी ने इस तारक मन्त्र की स्थापना की थी। किसी भी सम्प्रदाय को लोकप्रिय बनाने के लिए उसके साथ चमत्कारों का समावेश करना समाज मनोवैज्ञानिक दृष्टि से बहुत उपयोगी होता है। 'रामशलाका' के पीछे यही प्रमुख प्रयोजन रहा है। स्वामी रामानन्द ने बाह्योपचारों का भरसक निषेध किया। उन्होंने नवधा के स्थान पर दशधा भक्ति का प्रचलन किया। यह

भक्ति है—'सहजा भक्ति', सहज समाधि, अजपाजाप, अनाहत नाद आदि। सन्तों के मध्य यह उपासना प्रणाली आज भी बहुत लोकप्रिय है। यह विचित्र, किन्तु निर्विवाद सत्य है कि उनके एक पक्ष का प्रतिपादन कबीर ने किया है और दूसरे का तुलसीदास ने । वे इन दोनों के समन्वयक थे। बृहत् स्तर पर उन्होंने नाथों, सिद्धों, सन्तों और सगुणोपासक भक्तों के माध्यम से भक्ति मार्ग का समन्वय किया था।

स्वामी जी की साधना-पद्धति केवल सैद्धान्तिक नहीं थी। वह जनसाधारण के बीच एक सुधार आन्दोलन था और सांस्कृतिक नवजागरण का निमित्त था। उन्होंने अयोध्या, चित्रकूट, काशी और मथुरा में कई पीठ, मठ आदि स्थापित किए, साथ ही जगह-जगह पर कई अखाड़े बनवाए। मन्दिरों को उन्होंने विशिष्ट शक्ति केन्द्र बनाया। उनके साथ कई मेले और समारोह जोड़ दिए। उनके निर्देशन में आराध्य की ऐसी झाकियाँ सजाई गई कि वर्ष पर्यन्त लाखों करोड़ों की संख्या में दर्शनार्थी भक्तजन वहाँ समवेत होने लगे। सत्ताधारी धर्मान्तरण पर तुले हुए थे, किन्तु स्वामी जी के प्रभाव से स्वधर्म के प्रति भक्तों की आस्था अडिग बनी रही। उन्होंने कई धर्मान्तरित क्षत्रिय नरेशों की पुनः 'शुद्धि' की । इस प्रकार भक्तों की आस्था सुदृढ़ बनी रही। 'स्वधर्मे निधनं श्रेयः, मांमेक शरणं व्रज' तथा 'राम काज छन भंन सरीरा' जन-जन के मूल मंत्र बन गए। सब अपनी संस्कृति और अपने देव मन्दिर की रक्षा में एकजुट हो गए। आक्रमण निरन्तर होते रहे। भक्त जन-अपने-अपने शीश कटवाते रहे। वर्षों तक अपनी अस्मिता का यह सत्याग्रह चलता रहा। फलस्वरूप हजार वर्षों के मुगल शासन काल के बावजूद इस देश का पूरा इस्लामीकरण नहीं हो पाया।

तात्पर्य यह कि रामानन्द जी का मतवाद मध्ययुगीन भक्ति आन्दोलन का मूलाधार है। विचारणीय यह है कि भक्ति का आविर्भाव न हताशा के कारण हुआ था और न सुव्यवस्था के कारण। न वह स्वचालित था, न आकस्मिक। न वह इस्लाम से उत्प्रेरित था, न ईसाइयत से। उत्तर भारत में भक्ति-आन्दोलन डॉ. ग्रियर्सन के शब्दों में, ''बिजली की तरह कौंधा था और सर्वत्र फैल गया था। ''वस्तुतः इसके पीछे थी स्वामी जी की दूर दृष्टि तथा भारतीयों के अस्तित्व-संघर्ष की प्रचंड ऊर्जा। स्वामी रामानन्द ने इसके लिए शास्त्र और शस्त्र दोनों का विधान किया। उन्होंने आश्वासन दिया कि श्रीराम 'धनुशायक' लिए हुए प्रणत जनों की रक्षा हेतु स्वयं सन्नद्ध रहते हैं। जिस प्रकार उन्होंने रावण जैसे प्रबल यातुधानों का नाश किया है, उसी प्रकार इन आक्रमणकारियों का भी वे गर्व-खर्व करेंगे। इसे गोस्वामी जी ने दुहराया था— 'आजु कि काल्हि परौं कि

नरौं जरि जइहैं।' स्वामी जी ने हर मन्दिर के निकट हनुमान गढ़ी की स्थापना करके वहाँ मल्ल-भक्तों की नियुक्ति की थी। फलत: 'या अली' की स्पर्धा में 'जय बजरंगबली' का महोच्चार होने लगा। ओरछा में इसी क्रम में 'राजाराम' का मन्दिर स्थापित हुआ, जो यों तो अयोध्या के कनक भवन मन्दिर का परिविस्तार था, किन्तु वहाँ शस्त्र प्रतिष्ठा का भी विधान किया गया। फिर विजयादशमी को प्रश्रय दिया गया। देखते-देखते राम मन्दिर छोटी-बड़ी छावनी में बदल गए। इनमें शौर्य को विशेष महत्त्व दिया गया। इसी ध्येय से नागा साधुओं का गठन किया गया। उनके दर्जनों अखाड़े खोले गए। इस बीच 'राम-बाण' और 'संकट मोचन' जन-परित्राण के मुहावरे बन गए। देखते-देखते भक्तों ने सैनिक रूप में श्रीराम के आयुधों की पूजा प्रथा आरम्भ कर दी; साथ ही रामलीला की झाँकियों (प्रदर्शनों) की परम्परा भी। अयोध्या स्थित राम जन्मभूमि-मन्दिर, कृष्ण जन्मभूमि और विश्वनाथ मन्दिर इस अस्तित्व-संघर्ष के मूल मुद्दे बन गए।

निष्कर्ष यह कि स्वामी जी के द्वारा निर्दिष्ट भक्ति दैन्यजनित कातर क्रन्दन न होकर 'निर्बल के बल राम' रूप में सर्वस्व-विसर्जन का अनुष्ठान बन गई। मर्यादा भक्ति के साथ-साथ स्वामी जी ने श्रृंगारी भक्ति को भी मान्यता दी। अस्तु,'राम भक्ति में रसिक सम्प्रदाय' का उदय हुआ। वहाँ भक्त-भगवान में भार्या-भर्तृत्व का भाव जाग्रत हुआ। कहा जाता है कि कवि अग्रदास ने इसकी पहल की थी। वे स्वामी जी के शिष्य अनन्तानन्द से दीक्षा प्राप्त थे। राम रसिकोपासना और कृष्ण की मधुरा भक्ति में एक अन्तर यह रखा गया कि रामानन्दी सम्प्रदाय ने स्वकीयाभाव को महत्त्व दिया, जबकि पुष्टिमार्गी भक्ति में परकीया भाव प्रधान था। इस प्रकार श्रृंगार के माध्यम से उन्होंने पहले जनसाधारण को आकृष्ट किया और फिर यथासमय उसका यथेष्ट उदात्तीकरण कर दिया।

स्वामी जी की सबसे बड़ी देन है भक्तों के बीच अभेद भाव अथवा जाति-धर्म निरपेक्षता की स्थापना। उनके बारह शिष्य बताये जाते हैं, जिनमें कबीर रैदास, पीपा, धन्ना, जाट, पद्मावती, सेन आदि हैं। निष्कर्ष यह कि उनके साथ सभी वर्गों के प्रतिनिधि रहे हैं। कुछ सवर्ण वैष्णव भी हैं। प्राय: सभी वैरागी हैं। स्वामी जी ने घूम-घूमकर यह नारा लगाया—'हरि का भजै सो हरि का होय, जाति पाँति पूछै नहिं कोय'।

यहाँ जाति का निषेध है,साथ ही पाँति (पंगति या श्रेणी) अर्थात् सामाजिक स्तर-भेद का भी। उनके इस अति औदार्य की प्रतिकूल प्रतिक्रिया भी पहले वैष्णवों में हुई, किन्तु धीरे-धीरे सब स्वामी जी के सुधार-अभियान से अभिभूत हो गए। बहुजन समाज के सहयोग से वैष्णव-धर्म, जो अब तक बुद्धिवादी सवर्ण

वर्ग तक सीमित था, वह बिजली की तरह कौंधा और सर्वजन सुलभ लोक-धर्म बन गया। स्वामी जी ने 'श्री सम्प्रदाय' के माध्यम से लक्ष्मी नारायण की उपासना को सीता-राम की उपासना में परिणत कर दिया। उसे 'रामावत सम्प्रदाय' से जोड़ दिया। रामानुजाचार्य जी ने राम का चरित-विन्यास वाल्मीकि के आधार पर किया था। रामानन्द जी ने वाल्मीकि रामायण और अध्यात्म रामायण के योग से रामचरित का नया परिकल्प बनाया, जो अनन्तर 'रामचरितमानस' का उपजीव्य ग्रन्थ सिद्ध हुआ। अपने जनान्दोलन के लिए उन्होंने उत्तर भारत की काव्य भाषा ब्रजावधी का सहारा लिया। तत्त्व विमर्श उन्होंने संस्कृत में किया और रामचरित का गायन ब्रजावधी में। यही जनभाषा अवधी तुलसी 'मानस' में प्रतिष्ठित हुई और इस प्रकार रामभक्ति जन-जन को ग्राह्य हो गई। निष्कर्ष यह है कि स्वामी रामानन्द के प्रदेय का ऐतिहासिक महत्त्व है। वह अद्यावधि प्रासंगिक है तथा सतत स्मरणीय भी।

स्वामी रामानन्द आदिकालीन रामकाव्य के प्रवर्तकों में से एक हैं। उन्होंने 'भगतिजोग' का विधान किया। उनका निर्देश था—

'द्वादस श्वास पवन भर पीया। उलट धरा सीस चढ़ाया।
दो नैना दो कर बान। भौंहें उलटा कसा कमान।
तिरबेनी का असनान। मिट जाय आवाजान।'

(योग चिन्तामणि)

उनके अनुसार 5 मुद्राएँ हैं— चाचरी, भूचरी, खेचरी, अगोचरी और उन्मनी। ये रामरक्षा की हेतु हैं। वे मानते हैं कि शरीर में सुरति, सुरति में आत्मा और आत्मा में परमात्मा है।

इसकी प्रक्रिया है—

'गंग उलटी चलै भानु पच्छिम मिलै, निकसिया बिंब परकास किया।
ऊरम धूरम जोति उजाला।'

माया का भाग है ऊर्मि, भगवत्प्रेम का ताप है धूम। तल्लीनता से प्राप्य है ज्योति और ब्रह्मरूप से उजाला।

रामानन्द का मूल सिद्धान्त है—प्रपत्ति। वे भगवत्कृपा को अहैतुकी मानते हैं। पहले वे भी अद्वैतवादी थी, फिर उन्होंने माधुर्ययोग मिश्रित साधना शुरू की। यहीं रामानुज पद्धति से अन्तर आ गया। रामानुज के उपास्य हैं नारायण,रामानन्द के उपास्य हैं राम। रामानुज ने अष्टाक्षर मन्त्र दिया, इन्होंने षडाक्षर मन्त्र बनाया। रामानुज शिव के प्रतिकूल थे, जबकि ये उनके अनुकूल बने रहे। रामानुजी भक्त संन्यासी होते हैं, जबकि रामानन्दी गृहस्थ होते हैं। वहाँ गद्दीधर ही दीक्षा देता

है, यहाँ सभी गुरु देते हैं। इसीलिए रामानन्द ज्यादा लोकप्रिय हुए। महाराष्ट्र के नाथपन्थी इनके साथ जुड़ गए और सवर्ण-अवर्ण, स्त्री,मुस्लिम सभी भक्त बन गए। रामानन्द ने भक्ति का सरलीकरण किया। राम से प्रेम, भाग्य, भोक्तृत्व भाव जोड़कर यह भी व्यवस्था दी कि यदि प्रपत्ति कभी टूट जाएँ तो सुरति से प्रायश्चित्त हो जाएगा। इस प्रकार आदिकाल के अन्तिम चरण में रामभक्ति और रामकाव्य को उन्होंने जन-जन में व्याप्त कर दिया।

निःसन्देह रामानन्द की भूमिका सर्वोपरि रही है। इनसे सम्बन्धित जो अभिलेख प्राप्त होते है, उनके अनुसार इनको दार्घजीवन प्राप्त हुआ था। नाभादास ने लिखा है—

'बहुत काल वपु धरि कै, परणत जनन को पार कियो'

(भक्तमाल छन्द—37)

रामानन्द जी के शिष्यों में विभिन्न जातियों के लोग थे। जैसे—कबीर (जुलाहा), सेन (नाई) रैदास (चमार), धन्ना (जाट) इनके एक शिष्य अनन्तदास ने पीपा की परिचई में इनकी शिष्य परम्परा का उल्लेख किया है और बताया है कि रामानन्द की परम्परा में वह 14वीं पीढ़ी में थे।

रामानन्द जी ने कई संस्कृत ग्रन्थों की रचना की। हिन्दी में उनके कुछ पद प्राप्त होते हैं। उसमें वैष्णव मत का विशेष विधान किया है। इसी की दीक्षा उन्होंने कबीर को दी थी। उन्होंने अद्वैत का आश्रय लिया है और अपनी साधना को भावभक्ति या नारदी भक्ति कहा है।

रामानन्द के कुछ पद गुरु ग्रन्थ साहब में संकलित हैं। इन पदों में उन्होंने कहा है—तीर्थ, पूजा, वेद, पुराण आदि के बजाय अन्तर्यामी को अपने भीतर अपनाओ। यह उपासना सगुर्ण-निगुर्ण के बीच की है। स्पष्ट है कि आदिकाल की रामकाव्य परम्परा और उसमें रामानन्द की महती देन है।

कृष्ण काव्य

आदिकाल में जयदेव और चंडीदास की परम्परा में उड़ीसा,बंगाल से होते हुए राधा-कृष्ण की प्रेमधारा प्रवाहित हुई और 13वीं शताब्दी तक वह लोकाख्यानों के सहारे मिथिला से वृन्दावन तक व्याप्त हो गई। डॉ. शिवप्रसाद सिंह के अनुसार, जयदेव ने भी कुछ छन्द रचे थे। इस साक्ष्य के आधार पर हिन्दी कृष्ण काव्य का आरभ 12वीं शती से माना जा सकता है। कुछ विद्वानों ने स्वयंभू रचित 'रिट्टणेमि चरिउ' (8वीं शती) से हिन्दी कृष्ण काव्य का आरम्भ माना है। स्वयंभू ने 13 सन्धियों, 3 कांडों (10वीं शती) में हरिवंश पुराण के सहारे कृष्णकथा की रचना

की है, जिसका ऐतिहासिक महत्त्व है, किन्तु सुनियोजित एवं प्रामाणिक रूप से हिन्दी में कृष्ण काव्य का प्रवर्तन विद्यापति के माध्यम से ही माना जाता है। इस सन्दर्भ में उनका कृतित्व विचारणीय है।

विद्यापति का स्थितिकाल 13वीं शती के उत्तरार्द्ध का है। उनकी रचनाएँ मोटे तौर से 1350 के बीच की हैं। विद्यापति मूलतः शैव थे और संस्कृत के कवि थे, किन्तु किसी अन्तः प्रेरणा के वशीभूत होकर वे राधा-कृष्ण की प्रेमाभक्ति से जुड़ गए और 'देसिल बयना' मैथिली तथा अवहट्ट में सक्रिय हो गए। हिन्दी में उन्होंने 'कीर्तिपताका' जैसे प्रशस्ति काव्य लिखे, जिसमें कीर्ति सिंह तथा राजा शिव सिंह की दानवीरता और युद्धवीरता की जय जयकार की। कालान्तर में बँगला का प्रभाव ग्रहण कर वे पदावली के स्तर पर उतरे, जिसमें नायक-नायिका के रूप में राधाकृष्ण का श्रृंगार वर्णन किया और भक्ति तथा श्रृंगार का सुंदर समन्वय किया। इन पदों में वह भाव-विभोरता है, जिसका सन्देश महाप्रभु चैतन्य ने दिया था। इसमें रहस्यवाद के भी यथेष्ट संकेत है।

विद्यापति की पदावली में मानव-सौन्दर्य के प्रति गहरी आसक्ति है और प्रबल प्रेमानुभूति भी। कवि ने मनोयोगपूर्वक एक-एक अंग का नख-शिख वर्णन किया है। संयोगावस्था में कामकेलि और प्रेमलीलाएँ वर्णित हैं तो वियोगावस्था में परम विरहासक्ति का उल्लेख है। इसी परम्परा के आगे आचार्य वल्लभ, निम्बार्क, राधावल्लभ, हरिदास, महाप्रभु चैतन्य आदि ने पुष्टिमार्ग की रागानुगा भक्ति के रूप में विकसित किया और उसे अष्टछापी भक्त कवियों ने जन-जन में व्याप्त कर दिया।

तात्पर्य यह है कि आदिकाल में विद्यापति के नेतृत्व में वैष्णव काव्य परम्परा की एक धारा प्रवाहित हुई। भ्रमवश इसे मध्यकाल के भक्ति-आन्दोलन से जोड़ दिया गया है, जबकि यह आदिकालीन भक्तिकाव्य का बीज हैं। अस्तु, इस सन्दर्भ में कृष्ण भक्ति काव्य के पुरस्कर्ता 'मैथिल कोकिल' विद्यापति के व्यक्तित्त्व और कृतित्व का आकलन करणीय है।

अब तक प्राप्त तथ्यों के अनुसार विद्यापति ठाकुर का जन्म 1360 ई. के आस-पास दरभंगा (बिहार) के विसपी ग्राम में हुआ था। उनके पिता गणपति ठाकुर उच्चकोटि के विद्वान् तथा राज्यमन्त्री थे। इससे विद्यापति को प्राचीन साहित्य एवं भाषाओं के अध्ययन की पूर्ण सुविधा प्राप्त हुई। उन्हें क्रमशः कीर्तिसिंह, देवसिंह,भावसिंह जैसे उदार नरेशों का आश्रय प्राप्त हुआ। राजा शिवसिंह विद्यापति का अत्यधिक सम्मान करते थे। विद्यापति का निधन 1448 ई. में सिद्ध किया गया है।

विद्यापति की रचनाओं को भाषा की दृष्टि से तीन वर्गों में विभाजित किया जा सकता है— (क) संस्कृत में रचित, (ख) अवहट्ट में रचित और (ग) लोक-भाषा में रचित। उनकी मुख्य कृतियाँ हैं— तरंगिणी, भूपरिक्रमा, दान वाक्यावली, पुरुष परीषा, विभाग सार, गया पत्तलक, वर्षकृत्य, लिखनावली आदि। दूसरे वर्ग में कीर्तिलता और कीर्तिपताका हैं। तीसरे वर्ग में 'पदावली'आती है। उनको 'पदावली' के कारण ही विशिष्ट महत्त्व प्राप्त हुआ है।

विद्यापति की पदावली में शिव-स्तुति, दुर्गा-स्तुति तथा अन्य देवी-देवताओं से सम्बद्ध पद मिलते हैं, किन्तु उनकी अधिकांश रचनाएँ श्रृंगारपरक हैं, इसलिए उनको मुख्यतः भक्ति, प्रेम और श्रृंगार का ही कवि माना गया है। कुछ विद्वानों ने इनके भक्ति सम्बन्धी पदों को लेकर इन्हें मात्र भक्त कवि सिद्ध करने का प्रयास किया है, किन्तु मूलतः वे हैं श्रृंगारी भक्त कवि। संयोग और वियोग दोनों पक्षों को लेकर उन्होने मार्मिक रचनाएँ की हैं। संयोगपक्ष में इन्होंने श्रीकृष्ण एवं राधिका की चेष्टाओं और कार्यव्यापारों की सम्यक् योजना की है। वियोग के प्रसंगों में श्रीकृष्ण और राधिका की स्मृति, अभिलाषा, उद्वेग आदि की अच्छी अभिव्यक्ति हुई है।

विद्यापति के गीतों में श्रृंगार का जो बहिरंग वर्णन मिलता है, उसकी समीक्षकों ने कुछ आलोचना की है। विद्यापति ने स्तनों का वर्णन सबसे अधिक किया है। यहाँ तक कि विरह के गम्भीर प्रसंगों में वे भी 'पयोधारों' की ओर बरबस ध्यान आकृष्ट करते हैं। उल्लेखनीय है कि श्रृंगार क्षेत्र में शरीर के अवयवों का निरूपण बहुत पहले से होता आया है। बहिरंग वर्णन की दृष्टि विद्यापति के गीतों में चित्र तत्त्व तथा नाद तत्त्व भी समुचित मात्रा में प्राप्त होते हैं।

विरह व्यंजना में विद्यापति ने विरहिणी की मनः स्थिति पर विशेष ध्यान दिया है। उनके काव्य में विरह-ताप का जो ऊहात्मक वर्णन हुआ है, वह सर्वथा विरल है। विद्यापति का विरह राधा और कृष्ण से सम्बद्ध होते हुए भी लौकिक विरह जैसा ही है। उसमें एक विशिष्टता यह है कि उन्होंने विरहिणी को विशेषतया गृहिणी का रूप दिया है। उन्होंने श्री कृष्ण का भी विरही रूप दिखाया है। यह उल्लेखनीय है कि जैसी तल्लीनता गृहिणी राधा एवं गोपिकाओं के विरह में दिखाई गई है, वैसी श्री कृष्णी के विरह में नहीं।

यहाँ दैन्य और विनय की अभिव्यक्ति जिन पदों में हुई है, उन्हे 'नचारी' कहते हैं। विद्यापति ने देवी और महादेव दोनों के सम्बन्ध में इस प्रकार के पद लिखे हैं इनमें महादेव-सम्बन्धी पद अधिक हैं। कुछ रचनाएँ शुद्ध भक्तिभाव की हैं और कुछ में वचन भंगिमा दिखाई पड़ती है। शंकर जी के विवाह की बात

भी विद्यापति पदावली में थोड़ी-बहुत आई है। इस प्रकार के पदों में पर्याप्त भक्तिभावित हास्य भी है।

काव्य रूप और शैली की दृष्टि से विद्यापति एक सफल श्रेष्ठ कवि हैं। उन्होंने सौन्दर्य, प्रेम और विरह की सूक्ष्मातिसूक्ष्म भावनाओं को अपने काव्य का विषय बनाया है और उन्हीं के अनुरूप गीति शैली को चुनकर अपनी काव्यात्मक प्रतिभा का परिचय दिया है। उनके पदों में भावात्मकता, संगीतात्मकता, संक्षिप्तता, कोमलता आदि सभी गुण हैं। विभन्न प्रसंगों का वर्णन करते समय उन्होंने स्थूल इतिवृत्त के स्थान पर सूक्ष्म भावों का अंकन अधिक किया है। अन्य व्यक्तियों की अनूभूति को उत्तम पुरुष रूप में वर्णित किया गया है। इससे कुछ पदों में वैयक्तिकता का समावेश भी हो गया है उन्होंने अपने पदों में संगीत की विभिन्न राग-रागिनियों का समावेश सफलतापूर्वक किया है। शब्दालंकारों में उन्होंने अनुप्रास, यमक, श्लेष तथा अर्थालंकारों में उपमा, उत्प्रेक्षा, अतिशयोक्ति, विरोधाभास, यथासंख्य, व्यतिरेक, पर्यायोक्ति, एकावली, असंगति अदि का विशेष रूप से प्रयोग किया है। उनकी पदावली में वाग्वैदग्ध्य और उक्ति वैचित्र्य भी पर्याप्त मात्रा में है। भाषा की कोमलता तथा संघटना का गुण भी विद्यापति के काव्य में प्रचुर मात्रा में प्राप्य है, इसीलिए उनके पदों को गीति शैली का उत्कृष्ट उदाहरण माना जाता है।

मिथिला के सामान्य जनसमाज में विद्यापति को बहुत आदर मिला है। उनके पदों को योगी और भोगी सभी ने सम्मानपूर्वक ग्रहण किया है। एक ओर सुरसिक जन विद्यापति के पदों में डूबते-उतराते हैं। दूसरी ओर लोग 'बिदापत' नृत्य नाट्य गाते हैं। महाप्रभु चैतन्य उन्हें सुनकर भावविभोर हो उठते थे। विद्यापति की इसी उत्कृष्टता के कारण लोक हृदय और पंडित समाज ने उन्हें 'अभिनव जयदेव', 'मैथिल कोकिल' 'नवकविशेखर' आदि उपाधियों से विभूषित किया। विद्यापति को बिहार ओर बंगाल में ही नहीं, सम्पूर्ण हिन्दी क्षेत्र में असाधारण लोकप्रियता प्राप्त हुई। चौदहवीं-पन्द्रहवीं सदी में उन्होंने जयदेव और चंडीदास की परम्परा में राधा कृष्ण प्रेम की अत्यन्त सरल और कोमल अवतारणा की। यही कारण है कि राधा-कष्ण की प्रेमलीलाओं का गान करनेवाले परवर्ती कवि भी उनसे प्रभावित हुए बिना न रह सके।

विद्यापति में शृंगार और भक्ति दोनों अपने ऊर्ध्व पर है। शृंगार जहाँ अभिव्यक्त हुआ है, वह लगता है उसका ऐसा कोई कोना नहीं होगा, जिसे विद्यापति झाँक न पाए हों। भक्ति की गहराई में वे जब डूबते है, तब शृंगार का 'राम' वैराग्य का साधन बनकर 'साधना' के साध्य की सम्पूर्ति करता प्रतीत होता है। भौतिक

प्रेम और भक्ति को प्राय: विरोधी माना गया है। मगर वास्तविकता कुछ और है। शृंगार जहाँ पूर्ण हो जाता है, भक्ति वहीं से प्रारम्भ होती है। जीवन के ये दोनों अलग-अलग ध्रुव हैं। फिर भी ये दोनों ध्रुवान्त विरोधी हों, ऐसा नहीं है उत्तम शृंगार से भक्ति-मार्ग प्रशस्त होता है। जीवन का पूर्वार्द्ध यदि शृंगार है, तो उत्तरार्द्ध भक्ति । विद्यापति की भक्ति में जो गहराई है, वह उनके जीवन के उत्तराध की है। जब भोग दु:साध्य हो जाता है, तब भक्ति का उदय होता है। विद्यापति ने राधा-कृष्ण, शिव-पार्वती, शिवसिंह-लक्ष्मिमादेई के माध्यम से शृंगार को जिस ऊँचाई पर पहुँचाया है, वह अन्यत्र दुर्लभ है। यही शिखर भक्ति में भी दिखता है। चाहे राजा के अवसान का सन्दर्भ हो अथवा अन्य भाव, वहाँ विद्यापति भक्ति भाव में आसीन दिखाई पड़ते हैं। राजा शिवसिंह की मृत्यु के बाद उनमें वैराग्य जाग्रत हो जाता है। उसी समय वे गंगा की एवं अन्य कई देवी देवताओं की स्तुतियाँ करते हैं।

विद्यापति ने नायिका की वय:सन्धि की अवस्था को पर्यायोक्ति, उत्प्रेक्षा, उपमा,यमक और अर्थापत्ति द्वारा व्यक्त किया है। शैशव और यौवन दोनों का सम्मिलन द्वन्द्व है, स्पर्धा है, चांचल्याधिक्य है। मन्दस्मिति, हाव-भाव और अंग-स्फुरण उसकी छवियाँ हैं। कवि इन स्थितियों के वर्णन में कितना गहरे उतरता है देखिएत्—

हरिण नयन भय सर भय कोकिल
गतिभय गत वनवासे।
दाड़िम श्रीफल गगन बास करु,
संभु गरल कर ग्रासे।।

इस अपूर्व-सौन्दर्य को दृष्टिगत रखते हुए दूती कृष्ण से कहती है कि हे कृष्ण, तुम्हारी दुहाई है। मै झूठ नहीं कहती। मैंने अत्यन्त मनोयोग से उस अपूर्व सुन्दरी बाला को इसी रूप में देखा है। उसका मुख मनोहर है और अधर रक्तिम हैं। ऐसा लगता है, मानो कमल के साथ लाल रंग का माधुरी नामक फूल खिला हो—

अति अपुरब देखल साई।
फूललि मधुरी कमल संगे।

नायक के सौन्दर्य के साथ-ही-साथ कवि नायिका के सौन्दर्य को भी उतनी ही ऊँचाई एवं गहराई प्रदान करता है—

ए सखि! पेखल एक अपरूप,
सुनइत माधवि सपन सरूप।

कमल जुगल पर चांदक माला,
तापर उपजल तरुन तमाला।।

विद्यापति द्वारा चित्रित संभोग-शृंगार की यथार्थाभिव्यक्ति अन्यत्र दुर्लभ है। सम्भोग जन्य पीड़ा और सुखाभास का वर्णन करते हुए उन्होंने कहा है—

दुरकर दुरमति कहलम तोए,
विनु दुख सुख कबहुँ नहिं होए।

सद्य:स्नाता स्त्री का स्वरूप कामोत्तेजक, अद्‌भुत प्रभावकारी एवं आवर्जक होता है। कवि ने इसका ऐसा चित्र खींचा है, जो सामान्य सोच से परे है--

कामिनि करए सनाने
हेरतहि हृदय हनए पंचवाने।
चिकुर गरए जलधारा
जनि मुख ससि डर रोअए अंधारा।

कवि चाहता है, प्रेम-पिपासु नायक-नायिका की मिलन आकांक्षा की आकस्मिक सम्पूर्ति हो—

माधव, तोहें जनु जाह विदेस
हमरी रंग रभस जए जए बह, लए कौन सन्देस।

राधाजी कृष्ण के वियोगजन्य कष्ट का वर्णन अपनी सखी से करती हुई कहती हैं कि कमल के बिना सरोवर, सरोवर के बिना कमल और सूर्य के बिना क्या कमल की शोभा हो सकती है? यौवन के बिना शरीर और शरीर के बिना यौवन और प्रिय वियोग में क्या यौवन विकसित हो सकता है। उसी प्रकार कृष्ण के बिना मेरा जीवन निरर्थक है—

सरसिज बिनु सर, सर बिनु सरसिज, की सरसिज बिनु सूर।
जीवन बिनु तन, तन बिनु जीवन, की जीवन प्रिय दूर।
सखि हे मोर बड़ दैव विरोधी।

यही नहीं, कृष्ण के दर्शन न होने पर वह कम्पित हो उठती है—

सखि हे कतहु न देखि मधाई
कांप शरीर थीर नहिं मानस, अवधि नियर भेल आई।

वियोग के बाद संयोग होने पर राधा की विरहजन्य पीड़ा का क्रमश: शमन होता जाता है। तभी राधा का भाग्योदय होता है। कवि कहता है कि जब कमलमुखी राधा स्नान कर किनारे आई तो उसने श्रीकृष्ण को देखा। उसके साथ परिवार के वृद्धजन थे। लज्जा से नतमुख हो वह कृष्ण के दर्शन करती है—

नहाइ उठल तीर राइ कमल मुखि।
संमुख हेरल बर कान।

विद्यापति का भक्तिपक्ष नियति और परिस्थितिजन्य है। अपने अत्यन्त प्रिय आश्रयदाता के अवसान से सांसारिक विरक्ति की मानसिकता उनके भक्ति पक्ष की जमीन बनी। इन परिस्थितियों में कवि राग-विरागोन्मुख हो उठता है और फिर भक्ति के गह्वरों को यत्र-तत्र टटोलता फिरता है। वे कभी भैरवी, कभी शिव, कभी शिवा और कभी गंगा की स्तुति करते हैं। इन सबके साक्ष्य पर उन्हें भक्त की मान्यता देना पूर्ण संगत नहीं कहा जा सकता। फिर भी यह सहज स्वीकार्य है कि उनका मन इन आराध्यों के स्वरूप-ध्यान में डूबता डुबाता अवश्य है।

भैरवी की आराधना में कवि शक्ति की सारी छवियों का वर्णन करता है। इसी शक्ति के सहारे वह माँ का कृपाकाँक्षी है—

जय-जय भैरवि असुर-भवाउनि
पसुपति भामिनि माया।
विद्यापति कवि तुअ पद-सेवक
पुत्र बिसरू जनि माता।।

इसी प्रकार कवि दुर्गा की स्तुति करता है। कवि दुर्गा को संसार के बन्धन और मुक्ति का कारण मानता है। वे पापमुक्तिदायिनी और फलदायिनी हैं। महामंगलकारिणी हैं। इस पद में उनके अधिष्ठान से लेकर चर्या तक की स्थितियों का वर्णन किया गया है—

जय देवि दुर्गे! दुरिततारिणी,
दुर्गमारि-विमर्द-हारिणि,
भक्ति-नम्र-सुरासुराधिप-मंगलायतरे!
सकल-पाप-कला-परिच्युति
सुकवि विद्यापति कृतस्तुति
तोषिते शिवसिंह भूपति-कामना फलदे!

कालिदास ने पार्वती और परमेश्वर के सम्पृक्त रूप की वन्दना की है। विद्यापति ने भी अर्द्धनारीश्वर शिव की स्तुति की है। शिव-पार्वती के स्वरूप-वर्णन में उन्होंने मांसल-प्रतीकों का सहारा भले ही लिया हो, किन्तु भावगत निर्मलता में कहीं कमी नहीं दिखाई पड़ती। इस प्रकार के वर्णनों की भी अपनी एक परम्परा रही है। आद्य शंकराचार्य की स्तुतियों में अंगांगों का जो वर्णन हुआ है, वे विद्यापति से कम मुखर नहीं हैं। विद्यापति ऐसे प्रसंगों में सांसारिक प्रतीकों का आश्रय लेते हैं। इसमें उन्हें अद्‌भुत सफलता प्राप्त हुई है—

जय जय संकर जय त्रिपुरारि,
जय अधपुरुष, जयति अधनारि।

फिर कवि कह उठता है—

'हर जनि बिसर मो ममिता'

यही नहीं, वह आत्मालोचन भी करता है—

'हर नर, अधम परम पतिता,
तुम सन अधम-उधार न दोसर
हम सन जग नहिं पतिता।

गंगा की स्तुति करता हुआ कवि इतना अभिभूत हो उठता है कि वह उससे एक क्षण के लिए भी विरत होना नहीं चाहता। विरति की स्थिति में वह भावुक हो उठता है—

''बड़ सुख-सार पाओल तुअ तीरे,
छोड़इत निकट नयन बह नीरे।''

गंगा का महत्त्वांकन करते हुए कवि कहता है—

'जनम कृतारथ एकहि सनाने'

इस भूमि पर पहुँचकर कवि सुत, वित्त, रमणी, समाज आदि से विमुख हो उठता है—

''तातल सैकत बारि-बिन्दु सम सुत-मित-रमनि समाज।
तोहे बिसारि मन तहि समरबिनु अब मुझ हब कोन काज।''

यहाँ कवि आत्मलोचन करता है। वह पश्चात्ताप करता है और अपनी पूरी जिन्दगी का लेख-जोखा प्रस्तुत करता है—

''आध जनम हम नींद गमायनु जरा सिसुकत दिन गेला।''

फिर भी उसे पूरा विश्वास है कि उसका उद्धार होगा अवश्य—

'आदि अनादिक नाथ कहाओसि अब तारन भार तो हारा।'

विद्यापति श्रृंगार के क्षेत्र में जहाँ एक सिद्ध कवि के रूप में हमारे सामने आते हैं, वहीं भक्ति के क्षेत्र में भी। इस प्रकार स्पष्ट है कि विद्यापति इस युग के शिखर कवि हैं।

अस्तु: समग्र रूप से यह कहा जा सकता है कि आदिकालीन कृष्ण काव्य कवित्व एवं भक्ति, दोनों दृष्टियों से अपने ऊर्ध्व शिखर पर प्रतिष्ठित है। इसी परम्परा में कृष्ण काव्य का अग्रेतर विकास हुआ है और वह हिन्दी की सर्वाधिक मूल्यवान काव्य निधि के रूप में सर्वस्वीकृत हुआ है।

इस प्रकार स्पष्ट है कि हिन्दी कृष्ण काव्य का मूल आदिकाल में प्राप्त होता है। इधर की कुछ खोजों में विष्णुदास कृत महाभारत कथा, रुक्मिणीमंगल, सनेहलीला जैसी कृतियों के नामोल्लेख किए गए हैं, किन्तु ये अभी विचाराधीन

हैं। अस्तु, हिन्दी कृष्ण काव्य का आरम्भ 12वीं-13वीं शती से मानना ही तथ्याश्रित होगा।

शृंगार काव्य

आदिकाल के अनेक कवियों ने वीर तथा शृंगाररस को युग्म रूप में प्रस्तुत किया है। उन्होंने शृंगार के संयोग तथा विप्रलम्भ, दोनों पक्षों पर अपने प्रबन्धकाव्यों और मुक्तकों में मनोयोगपूर्वक प्रकाश डाला है। जैन कवियों के कई रासक ग्रन्थ शृंगार से सम्बन्धित हैं। धनपाल की 'भविसयत्त कहा' (10वीं शती) में ऐसे नायक का चित्रण किया गया है, जो एक निर्जन द्वीप में सुन्दरी राजकुमारी से विवाह करके 12वर्षों तक भोग-विलास में रत रहता है। कवि ने उसके सौन्दर्य प्रेम का भावभीना वर्णन किया है। इसी प्रकार भद्रसूरि के 'नेमिनाथचरिउ' (10वीं शती) में नारी सौन्दर्य के मादक दृश्य प्रस्तुत किए गए हैं। एक उदाहरण द्रष्टव्य है—

'तरल नयणेहि कुडिल के सेहि थण जुय लीण कठिण' अर्थात् तरल नेत्रों, कुटिल केशों और परस्पर सटे हुए उत्तुंग कठोर स्तनों वाली नायिका।

वियोग वर्णन भी इस काव्य में प्रचुर मात्रा में हुआ है। एक छन्द में नायिका अपने प्रवासी पति का पता पूछते हुए कौवे को उड़ाने के लिए हाथ झिटकती है तो विरहजन्य जर्जरता के कारण उसके हाथ की आधी चूड़ियाँ ढीली हो जाने के कारण पृथ्वी पर जा गिरती हैं। इसी बीच उसका पति आता हुआ दिखाई दे जाता है, जिससे वह सहसा इतनी उत्फुल्ल हो उठती है कि हाथ में पहनी हुई बाकी आधी चूड़ियाँ तड़ककर, टूटकर गिर जाती हैं—

वायसु उड्डवन्ति अए पिउ दिट्ठउ सहसन्ति।
अद्धा वलया महिहि गय अद्धा फुट्टि तड़न्ति।।

इस परम्परा की सर्वश्रेष्ठ कृति है—'सन्देश रासक'। उसके रचयिता हैं अद्दहमाण। इस कृति एवं कृतिकार का संक्षिप्त संज्ञान अपेक्षित है।

अद्दहमाण

विप्रलम्भ का उत्कृष्ट रूप इनके महाकाव्य 'सन्देश रासक' में प्राप्त होता है। इसे कुछ विद्वानों ने नाट्यकृति माना है और कुछ ने गीतिनाट्य। जबकि है यह विरह काव्य या सन्देश काव्य। हजारीप्रसाद द्विवेदी ने इसे परिनिष्ठित अपभ्रंश के बजाय परवर्ती देश्य (देश) भाषा अपभ्रंश (पुरानी हिन्दी) की कृति स्वीकार किया है। अद्दहमाण मुलतान के निवासी जुलाहे थे। उन्होंने 'सन्देश रासक' में पंजाब, दिल्ली, कन्नौज आदि के प्रकृति-परिवेश का सूक्ष्म चित्रण किया है।

'सन्देश रासक' में एक प्रोषित पतिका की विरहावस्था का ऋतुचक्र के साथ विस्तृत विवरण दिया गया है। इसमें नायिका दक्षिण दिशा की ओर गए हुए अपने पति को एक पथिक के माध्यम से 200 छन्दों में सन्देश भेजती है। अकस्मात् उसके पति का आगमन हो जाता है और वह हर्षातिरेक से भर जाती है। कवि की मंगलाशा है कि जिस प्रकार उस बाला की आकांक्षा अचानक पूरी हुई है, उसी प्रकार इसके पाठकों को अनन्त शक्ति प्राप्त होगी। कवि के द्वारा वर्णित विरहिणी की वियोगदशा वस्तुत: सहृदय संवेद्य है—

'पाइय पिय बडवानलहु विरहग्गिहि उप्पन्ति।
जं सिन्तउ थोरंगियहि जइल पडिल्ली झन्ति।
सो सिज्जंत विवज्जइ सापे दीउन्हएहि पसयच्छी।
निबउंत बाह भर लोयणाइ धूमइण सिच्चंति।।'

उपर्युक्त तथ्यों के आधार पर यह निस्संकोच कहा जा सकता है कि इस युग में श्रृंगार रस से ओतप्रोत अनेक काव्य कृतियों की रचना की गई है।

अद्दहमाण जन्मना मुसलमान थे, लेकिन संस्कृत काव्य की परम्परा में गहरी रुचि रखते थे। इनका स्थितिकाल 12वीं शती माना गया है। इसकी भाषा परिनिष्ठित अपभ्रंश न होकर तत्कालीन लोकभाषा है। यह मेघदूत की शैली में लिखा हुआ एक सन्देश काव्य है, जिसे गीतिकाव्य भी कह सकते हैं। इसमें खम्भात (खम्भायित) की यात्रा में गए हुए अपने प्रिय के विरह में नायिका कातर क्रन्दन करती है और राह चलते किसी पथिक से अपना सन्देश भिजवाती है। इस काव्य के तीन प्रक्रम अथवा खंड हैं। प्रथम खंड में कवि का परिचय दिया गया है। खंड दो में विरहिणी नायिका मार्ग में खड़ी हुई विरह-वेदना प्रकट कर रही है और खम्भात की दिशा में जानेवाले राहगीरों से रो-रोकर यह प्रार्थना कर रही है कि उसका सन्देश उसके पति तक पहुँचा दिया जाए। कोई पथिक उसकी ओर ध्यान नहीं देता। जब वह पूर्णत: निराश हो जाती है तो एक यात्री दया-द्रवित होकर उसकी व्यथा-कथा सुनने को तैयार हो जाता है। दूसरे प्रक्रम में वह अपनी विरह-वेदना सुनाने का प्रयास करती है, किन्तु वियोग वेदना का वर्णन करती हुई वह भावाकुल हो जाती है और सारा दुखड़ा शब्दों में सुना नहीं पाती। अन्तत: वह पथिक से यह प्रार्थना करती है कि वह स्वयं उसके प्रिय के पास जाकर इस विरहिणी का सारा वर्णन कर दे।

वह केवल इतना कह पाती है कि विरह के कारण उसके अंग टूट रहे हैं। उसे इतनी पीड़ा हो रही है कि वह रात-भर जागरण करती है और थकान के कारण चलते -चलते उसकी गति लड़खड़ाने लगती है। कवि के शब्दों में—

अंग भंगि अणी अणि रूप अणराई

उज्ज गऊ णिसीहि बिह लंघल कय मग्ग चलन्तिहि आलसिहि।

तृतीय प्रक्रम में षटऋतु वर्णन है। कभी भयानक ग्रीष्म का ताप, कभी भीषण वर्षा। चारों ओर घना अन्धकार छाया हुआ है। बादल गरज रहे हैं, लेकिन निरमोही पिया अब तक नहीं लौटा है। काव्य का अन्त होते-होते उसका प्रिय लौट आता है और सारा वियोग संयोग सुख में परिणत हो जाता है। यह मानवीय संवेदना का संवाहक काव्य है, जिससे सन्देश काव्य और विरह काव्य की परम्परा का विकास हुआ है। निष्कर्ष यह है कि हिन्दी के प्रथम मुस्लिम कवि अद्दहमाण अथवा अब्दुर्रहमान हैं। इनकी काव्यकृति 'सन्देश रासक' का प्रथम प्रकाशन 1945 में मुनि जिनविजय ने कराया था। 'सन्देश रासक' में गेय रूपक शैली का प्रयोग किया गया है। इसमें अडिल्ल, पद्धणिया, दोहा आदि छन्दों का ज्यादा प्रयोग किया गया है। 'सन्देशरासक' एक दूतकाव्य है। सर्वप्रथम ईश्वर की स्तुति और आत्मपरिचय दिया गया है, फिर नगर और विरहिणी नायिका का सौन्दर्य चित्रण किया गया है। इसमें षट्ऋतु वर्णन भी पर्याप्त मात्रा में है। अन्त में पथिक को विदाई दी गई है, साथ ही पति मिलन का वर्णन हुआ है। इस काव्य में कथा कम है, विरह ज्यादा है। कवि की संवेदना सर्वथा सराहनीय है। नि:सन्देह यह श्रृंगार रस का एक श्रेष्ठ काव्य है। इससे सिद्ध है कि आदिकाल में श्रृंगारिक काव्यों की परम्परा पर्याप्त परिमाण में विकसित थी।

नरपति नाल्ह— आदिकालीन कवियो में नल्हसिंह भाट अथवा नरपति नाल्ह का विशिष्ट स्थान है। इनके द्वारा रचित काव्य को इतिहासकारों ने 1036 ई. के आसपास माना है। इस कृति के अब तक जो छन्द प्राप्त हुए हैं, उनके आधार पर यह कहा जा सकता है कि यह उत्तम कोटि का वीररस प्रधान काव्य है। इसमें 42 छन्दों का प्रयोग हुआ है। नरपति नाम के सबन्ध में कुछ विद्वानों ने यह आशंका व्यक्त की है कि यह शायद उनकी उपाधि थी। कुछ विद्वानों ने इन्हें जैन कवि माना है।

नरपति नाल्ह (या नल्ह) कवि विग्रहराज चतुर्थ उपमान बीसलदेव का समकालीन था। कदाचित् यह राजकवि था। इसने 'बीसलदेव रास' नामक छोटा सा 42 छन्दों का ग्रन्थ लिखा है, जो 2000 चरणों में वीरगीत के रूप में है। ग्रन्थ का रचना-काल (कवि के अनुसार) इस प्रकार है—

बारह से बहोत्तरा मझारि जैठ सुदी नवमी बुधवारि।
नाल्ह रसायण आरम्भई, सारदा तूठी ब्रह्मकुमारि।''

इसके अनुसार रचनाकाल है 1185 ई.। राहुल जी इसे 1050 का मानते हैं। इसलिए कि इसमें तोपों का वर्णन है। यह विजयगढ़ (करौली) के राजा वियजपाल से सम्बन्धित है। इसमें शाकम्भरी नरेश बीसल और भोज परमार की पुत्री राजमती का वर्णन है। बीसलदेवरास के चार खंड हैं। कथा का सार इस प्रकार है—

खंड-1 मालवा के भोज परमार की पुत्री राजमती से साँभर के बीसलदेव का विवाह होना।

खंड-2 बीसलदेव का राजमती से रूठकर उड़ीसा की ओर प्रस्थान करना तथा वहाँ एक वर्ष रहना।

खंड-3 राजमती का विरह-वर्णन तथा बीसलदेव का उड़ीसा से लौटना।

खंड-4 भोज का अपनी पुत्री को अपने घर लिवा ले जाना तथा बीसलदेव का वहाँ जाकर राजमती को चित्तौड़ लाना।

इस सन्दर्भ में बीसलदेव रास के मात्र दो पद द्रष्टव्य हैं। एक में कवि कहता है कि हे शिव, स्त्री का जन्म क्यों दिया''?

''स्त्री जनम काँई दियो हो महेस। अवर जनम थारो घणा हो नरेश।''

दूसरे छन्द में प्रयाग का वर्णन है—

'परणव चाल्यौ बीसलराय। चतुरास्क्षा सहु लिया बोलाई।।
जान तजी साजति करउ। जी रह रंगावली पहरज्यो टोप।'

यह उल्लेखनीय है कि इस काव्य में प्रथम बार 'बारहमासा' का प्रयोग किया गया है। इसकी भाषा प्राचीन ब्रजी मानी गई है। 'बीसलदेव रास' अब तक राजा बीसलदेव की समसामयिक रचना मानी जाती रही है, किन्तु बाद के विद्वानों ने यह सिद्ध किया है कि यह परवर्ती रचना है। पं. मोतीलाल मनारिया ने इसके रचयिता को 16वीं शती के गुजराती कवि नरपति से अभिन्न सिद्ध किया है। डॉ. माताप्रसाद गुप्त ने पाठ-विज्ञान के आधार पर इसका जो सम्पादन किया उसमें यह सिद्ध किया कि प्रस्तुत ग्रन्थ उतना परवर्ती नहीं है, जितना विद्वान लोग इसे बताना चाहते हैं। वस्तुत: यह 13वीं शती की रचना है। हिन्दी की आदिकालीन काव्य धारा को स्पष्ट करने में इससे बहुत-कुछ सहायता मिलती है।

इस कृति के तीन संस्करण मिलते हैं। एक श्री सत्यजीवन वर्मा द्वारा सम्पादित और काशी नागरी प्रचारिणी सभा द्वारा प्रकाशित, दूसरी डॉ. माता प्रसाद गुप्त द्वारा सम्पादित और हिन्दी परिषद प्रयाग द्वारा प्रकाशित। तीसरी राजस्थानी पाठ वाली कृति। परवर्ती भाषा के बावजूद 'बीसलदेव रास' में प्राचीन भाषा के कई सारे नमूने मिल जाते हैं। कहीं-कहीं खड़ीबोली के वाक्य खंड भी देखे जाते हैं।

राजस्थानी भाषा का स्पष्ट प्रभाव इस पर परिलक्षित होता है। कई विद्वानों ने इस संस्करण को अर्द्धप्रामाणिक रचना माना है। अधिकांश ने डॉ. गुप्त के संस्करण को अंगीकार किया है।

अधिकतर इतिहासकारों ने नाल्ह को हम्मीरदेव को चारण कवि कहा है। यह भी जनश्रुति है कि हम्मीरदेव के मारे जाने के पश्चात् इस कवि ने अलाउद्दीन के सामने ऐसा यशोगान किया कि उससे क्षुब्ध होकर अलाउद्दीन ने इसे मार डाला था। हम्मीर का निधन 1380 ई. माना जाता है। उसके आधार पर नरपति की स्थिति और इस काव्य की रचना 13वीं शती मानी जा सकती है। कुछ विद्वानों ने इसे 12वीं शती का काव्य माना है। बीसलदेव मालवा के परमार शासक थे। रानी राजमती से उसका रागात्मक सम्बन्ध रहा है। इस काव्य में कल्पना के आधार पर कई नगरों का वर्णन किया गया है, जो प्राय: ऐतिहासिक तथ्यों से युक्त हैं। इस काव्य के कई पाठ मिलते हैं, जिनके आधार पर इसका रचना-काल 10वीं से 13वीं शताब्दी के बीच स्थिर होता है। कहीं-कहीं इसकी भाषा काफी परवर्ती लगती है। जो आरम्भिक संस्करण मिला था, उसमें छन्दों की संख्या 128 थी, जो बढ़ते-बढ़ते नागरी प्रचारिणी सभा तक 314 हो गई। यह एक प्रसिद्ध विरह-काव्य है। बीसलदेव अजमेर के चौहान राजा थे, जिसका विवाह भोज परमार की कन्या राजमती से हुआ था। एक दिन वीसलदेव ने राजमती के सामने बड़े दम्भ के साथ अपने वैभव का गुणगान किया तो राजमती ने उसकी स्पर्द्धा में उड़ीसा के राजा का नाम ले लिया। इससे आहत होकर बीसलदेव उड़ीसा चला गया। राजमती 12 वर्षों तक उसका विरह झेलती रही। 12 वर्ष बाद रानी ने राजपुरोहित को उड़ीसा भेजा। तब पता चला कि बीसलदेव वहाँ राजा की नौकरी कर रहा है। जब पुरोहित राजा को पूरी कथा सुनाता है तो वह बीसलदेव को पर्याप्त धन देकर विदा करता है। तभी राजमती-बीसलदेव का मिलन होता है। इस काव्य में जगह-जगह गीत रखे हैं। कुल मिलाकर यह कृति बड़ी संवेदनशील है। साथ ही इस कथन की साक्षी है कि आदिकाल की शृंगार काव्य परम्परा काफी समृद्ध थी।

लोकाख्यान परम्परा

आदिकाल में हिन्दी की जनपदीय विभाषाओं से जुड़े हुए अनेक लोककाव्य रचे गए हैं, जिनमें उल्लेखनीय हैं—

1. राउलबेल (रोड़ा)—इसको 10वीं या 11वीं शती की शिलांकित कृति माना जाता है और हिन्दी का प्रथम चम्पू काव्य भी। गद्य-पद्य रचित इस काव्य द्वारा नख-शिख वर्णन की एक विशेष परम्परा शुरू हुई। इसमें पहली बार हिन्दी

की सात बोलियों के शब्द दिखाई पड़े हैं। जिसमें प्रधान है— राजस्थानी। राउल नामक नाकिया की प्रेमकथा से सम्बन्धित यह बेलि (मिलन) काव्य ऐतिहासिक दृष्टि से बहुत महत्त्वपूर्ण है।

राउलबेल का शिलालेख 'प्रिन्स आव वेल्स म्यूजियम' बम्बई में रखा हुआ है। इसका आकार "45×33" है। कहा जाता है कि यह धार (मालवा) से प्राप्त हुआ था। वर्तमान रूप में यह भग्नावस्था में है। शिलाखंड टूट गया है। पत्थर की पर्तें इस प्रकार निकल गई हैं कि प्रत्येक पंक्ति के तीन-चार अक्षर लुप्त हो गए हैं। शिलाखंड के नीचे बाएँ कोने का एक टुकड़ा निकल गया है। इस लेख को तीन स्थानों पर क्षत-विक्षत किया गया है। इस कारण लेख का कुछ अंश अपाठ्य हो गया है। यह लेख (ॐ) नमः सिद्धे (भ्यः) से शुरू हुआ है। लेख की अन्तिम पंक्तियों के दोनों छोरों पर कमल-वन के रूप में पुष्प बने हुए हैं, जिससे प्रकट है कि लेख इसी स्थान पर समाप्त हुआ है।

इस लेख की तिथि अन्तिम पंक्ति के निकल जाने के कारण अनिश्चित है। इस काव्य का नायक कोई गौड क्षत्रिय है। नायिकाओं में केवल एक नाम 'राउल' का मिलता है। रचना का नाम राउल बेल (राजकुल-विलास) हैं, इसलिए शिलालेख के व्यक्ति राजकुल के प्रतीत होते हैं।

इस रचना की भाषा, पुरानी दक्षिणी कोसली है। इस लेख में दक्षिण तथा पूर्व भारत के अनेक प्रदेशों के निवासियों को सन्दर्भित किया गया है। कवि ने नायिकाओं और उनके वेशों के सम्बन्ध में कहा है—

- *एहु कानोडउं का इसउ झांखइ।*
  वेसु अम्हाणउं ना जउ देखइ।।
- *गोल्ले आ (नं) दिअ तुझचि देसु।*
  टानिक तेंह चा तो येसु।।
- *कहा टेल्लिपुतु तुहुं झांखहिं।*
  ऐहा बेहु सुहावा टेल्ल।
  अन्न तु संदा डहि परइ बोल्ल।।
- *सो देखिउ आठम्विहि करउ चां (दु) इसउ भावइ।*
  क्रेर एहु ओअिउ जूनउ ठेंचउ।
- *(गौड़ नायक से) स देखि—तुम्हारा जे वेस ते सब भावहिं कूडा।*
- *अरे गौड़ हो गोल्ला हो बोलउ जो जसु भावइ।।'*

विद्वानों के अनुसार इसका रचना-स्थान ऐसा होना चाहिए जो (गोदावरी प्रदेश के निवासियों, कर्णाटक प्रदेश के निवासियों, तेलंगाना-निवासियों, उड़ीसा

के निवासियों और गौड़ (बंग) देशवासियों से मिलता हुआ हो। इस प्रकार का क्षेत्र दक्षिण कोसल है; जहाँ पर कोसली का एक रूप अब तब बोला जाता है।

ग्यारहवीं तथा बारहवीं शती में दक्षिण कोसल त्रिपुरी के कलचुरि वंश के राजाओं के शासन में था। कलचुरि गौड़ नहीं थे। सम्भवत: यह लेख उनके किसी सामन्त के सम्बन्ध में हो सकता है। इस लेख का विषय है— एक सामन्त की सात नायिकाओं की नख-शिख। कुल आठ नख-शिख इस लेख में सन्दर्भित हैं। प्रथम नख-शिख की नायिका अपनी भाषा के कारण पश्चिमी मध्यदेश की प्रतीत होती है। इसी प्रकार दूसरे की नायिका महाराष्ट्र की तथा तीसरे की नायिका पश्चिमी राजस्थान या गुजरात की ज्ञात होती है। चौथा नख-शिख किसी टक्किणी के सम्बन्ध का है। पाँचवाँ किसी गौड़ीया से सम्बन्ध है। छठा नख-शिख दो मालवी नायिकाओं से सम्बन्धित है।

ये समस्त नायिकाएँ उक्त सामन्त की नव—विवाहिताएँ हैं।

इस रचना का कवि कौन था और रचना का नायक कौन था? यह भी ज्ञातव्य है। रचना के प्रारभ और अन्त में आता है—

रोड राउलवेल बखा (णी।) (सा) तहँ भासहँ जइसी जाणी।

अत: प्रकट है कि इसका रचयिता रचयिता कवि रोड है और इस रचना का सही नाम 'राउलबेल' (•राजकुलविलास) ही है। इसमें किसी सामन्त के रावल (राजभवन) की रमणियों का वर्णन हुआ है, इसलिए यह नाम नितान्त सार्थक है। इसका कवि रोड कौन था? इसके सम्बन्ध में कहीं कुछ भी ज्ञात नहीं। शिलालेख में वह अपने को 'वंडिरा' (बन्दीजन) कहता है अर्थात् वह इस काव्य के नायक का बन्दीजन अर्थात् राज्याश्रित कवि यों पूर्ण स्वतन्त्र था। रचना के समय वह वृद्ध भी था, क्योंकि उसे 'राहू' (•पलित केशवाला) कहकर सम्बोधित किया गया है। उसने रचना के प्रारम्भ में कहा है—

हासे (सें) तोसे (सें) राजइ राणइ।

इस प्रकार अपूर्ण सूचनाओं के बावजूद इसमें निहित कुछ तथ्य महत्त्वपूर्ण हैं जैसे—यह पुरानी अवधी की रचना है। यह श्रृंगार परक चम्पू काव्य है। इसका देशकाल 11वीं शती का छत्तीसगढ़ है। इसमें सात विभाषाओं का सम्मिश्रण हुआ है। विद्वानों ने इसी कृति से नख-शिख परम्परा की शुरुआत मानी है। निश्चय ही यह कृति महत्त्वपूर्ण हैं।

2. ढोलामारू रा दूहा (कल्लोल)—लोकाख्यान की दृष्टि से यह इस युग की सर्वाधिक महत्त्वपूर्ण कृति है। इसे दसवीं शती की रचना माना जाता है। ऐसी जनश्रुति है कि दोहों में रचित इस लोककाव्य को 17वीं शती में कुशलराय वाचक

ने कई चौपाइयाँ जोड़कर विस्तारित किया था। यह लोकाख्यान ढोला कुँवर की प्रेमकथा पर आधारित है।

कल्लोल कवि द्वारा लिखित 'ढोला मारू' का रचनाकाल 1000वि. से लेकर 13वीं शती तक का माना गया है। गौराशंकर हीराचन्द ओझा, हजारीप्रसाद द्विवेदी, मोतीलाल मेनारिया, भोलाशंकर व्यास आदि ने इससे सम्बन्धित विभिन्न प्रकार के तर्क प्रस्तुत किए हैं, किन्तु ये तर्क उसके लिपिबद्ध पाठ से प्रेरित हैं, न कि लोक श्रुति रूप में विद्यमान उसके आद्य रूप से। पर संक्षेप में हमें इतना तो स्वीकार ही करना होगा कि इस लोकाख्यान का उत्स कहीं-न-कहीं आदिकाल में विद्यमान रहा है।

'ढोला' एक प्रेमकथात्मक रचना है। यह राजस्थानी शैली की प्रेमकथा है। मोतीलाल मेनारिया ने निम्नांकित दोहे के आधार पर 1530 विक्रम अर्थात् 1473 ई. को इसका रचनाकाल माना है—जो सहज स्वीकार्य प्रतीत नहीं होता है—

'पनरहसे तीसै बरस, कथा कही गुण जांण।
बादि बैसाखे बार गुरु तजी जाण सुभ बांण।।'

इस काव्य में नरवर देश के राजकुमार ढोला (दूल्हा) और पुंगल देश की राजकुमारी (मारवाणी) के प्रणय और विरह का चित्रण मार्मिकतापूर्वक किया गया है। दोनों का विवाह बाल्यावस्था में ही हो जाता है। युवावस्था में राजकुमारी ढोला के पास सन्देश भेजती हैं। ढोला आता है। लौटते वक्त मारवाणी को सर्प डस लेता है, परन्तु शिव-पार्वती उनको पुन: जीवन दान देते हैं। अनेक कठिनाइयाँ झेलते हुए वे घर पहुँचते हैं। इसका एक मार्मिक प्रसंग है, जब मारवाणी एक पथिक के द्वारा ढोला को सन्देश भेजती है—

'कागल नहीं कि मसि नहीं लिखता आलस थाई।
कह उण देस संदेसड़ा मोलइ बड़ई विराई।।'

प्रेमाख्यान की अनेक कथानक रूढ़ियों, सौन्दर्य वर्णन, विरहानुभूति और लोक तत्त्वों से ओतप्रोत यह गाथा आदिकालीन हिन्दी लोकाख्यान-परम्परा की एक बहुमूल्य निधि है।

वस्तुत: कल्लौल की स्थिति 12वीं शती में दिखाई देती है। इन्होंने ''ढोला-मारू रा दूहा' नामक लोकगाथा की रचना की थी। राजस्थान के कछवाह वंश के राजा नल के पुत्र ढोला और पुंगल राजा पिंगल की पुत्री मारवाणी की प्रेमकथा इसमें वर्णित है। यह कथा बहुत दिनों तक लोक कंठ में रही। कालान्तर में इसे दोहा-चौपाई छन्दों में रचा गया है। इसके कई पाठ मिलते हैं। कुछ विद्वानों ने इसका रचनाकाल 1530 ई. भी सिद्ध करना चाहा है, जबकि यह रचना 12वीं

शती की है। यह लोकगीत रूप में कई भाषाओं में मिलती है। इस काव्य में अनेक प्रकार की काव्य रूढ़ियाँ प्रयुक्त हुई हैं। वर्णनों की तो इसमें भरमार है। शृंगार के दोनों पक्ष, संयोग-वियोग इसमें प्रचुरतापूर्वक चित्रित हुए हैं। इसकी भाषा चारणों की भाषा से काफी-कुछ मेल खाती है। कुल-मिलाकर यह कहा जा सकता है कि यह प्रेमाख्यान आदिकाल की लोकगाथा परम्परा की एक विशिष्ट उपलब्धि है।

3. भविसयत्त कहा (धनपाल)—यह 10वीं शती की रचना मानी जाती है। यह महाकाव्य एक लौकिक आख्यान है, जिसे कुछ विद्वानों ने रोमैंटिक महाकाव्य कहा है। धनपाल का जन्म 10वीं शताब्दी में बताया जाता है। ये वैष्णव कुल भूषण थे। पिता का नाम था माहेश्वर तथा माता का धनश्री। धनपाल को अपनी कविता और प्रतिभा पर बड़ा गर्व था; जो उनकी इस उक्ति से स्पष्ट हो जाता है—'सरसह बहुलब्ध महावरेण।'

इस महाकाव्य के दो खंडों और 22 सन्धियों में गजपुर के व्यापारी भविष्यदत्त की कथा है। वह एक वीर, उदार और धार्मिक व्यक्ति है। उसका भाई बन्धुदत्त बार-बार छल करता है। उसे एक वन में छोड़ आता है। संयोग से धनपाल को वहाँ बहुत सारी सम्पदा और एक स्त्री प्राप्त हो जाती है। वहीं उसे शौर्य प्रदर्शन का अवसर मिलता है। फलत: वह शासकों द्वारा पुरस्कृत होता है। वह बहुत दिनों तक वहीं सुखपूर्वक जीवनयापन करता है। कालान्तर में किसी जैन मुनि के उपदेशानुसार साधना द्वारा प्राण त्याग कर निर्वाण प्राप्त करता है।

इस काव्य में शृंगार, वीर, शान्त आदि रसों का वर्णन है। इसमें युद्ध वर्णन, यात्रा वर्णन, नगर वर्णन और प्रकृति वर्णन विस्तारपूर्वक रखे गए हैं। कवि ने जैन दर्शन का प्रतिपादन करते हुए जीवन की नश्वरता और धार्मिक भावना की बहुश: पुष्टि की है।

इस प्रकार सिद्ध है कि आदिकाल में अनेक लोकाख्यान लोकमानस द्वारा रचे गए तथा विभिन्न विभाषाओं के माध्यम से हिन्दी भाषी लोकजीवन में लोकप्रिय हुए हैं।

पुरानी हिन्दी की गद्य रचनाएँ, व्याकरण एवं संग्रह ग्रन्थ—हिन्दी का आदिकाल भाषिक चिन्तन के क्षेत्र में पर्याप्त सक्रिय दिखाई देता है। इस युग में भाषा, व्याकरण से सम्बन्धित कई ग्रन्थ लिखे गए, जिनमें प्रमुख हैं—

1. उक्ति व्यक्ति प्रकरण (दामोदर पंडित) इसे हिन्दी की प्रथम गद्य कृति होने का गौरव प्राप्त है। यह बारहवीं सदी की कृति है। इसमें दामोदर पंडित ने अवधी के उदाहरण देकर संस्कृत का व्याकरण समझाया है। इससे सिद्ध होता है कि तब अवधी उत्तर भारत में जन-जन की माध्यम भाषा थी। डॉ. सुनीतिकुमार

चाटुर्ज्या ने 'उक्ति-व्यक्ति-प्रकरण' की अपनी भूमिका के आरम्भ में अवधी को कोसली का पुराना रूप कहा है। भूमिका के अन्त में उन्होंने लिखा है कि बारहवीं सदी के मध्य में अवध क्षेत्र की भाषा लगभग पूरे विकास की उस मंजिल तक पहुँच गई थी जहाँ उसे हम इस समय पाते हैं। अर्थात् बारहवीं सदी की अवधी और आधुनिक अवधी में बहुत अन्तर नहीं है। यदि इन 900 वर्षों में अवधी में कोई विशेष अन्तर नहीं आया तो यह माना जा सकता है कि उससे भी पाँच सौ साल पहने यहाँ बीज रूप में अवधी विद्यमान थी। वस्तुत: हिन्दी की कुछ जनपदीय भाषाएँ बहुत पुरानी हैं। दामोदर पंडित के समय अवधी का व्यवहार एक बहुत बड़े क्षेत्र में होता था। डॉ. चटुर्ज्या ने लिखा है कि ग्रन्थकार दामोदर कन्नौज, बनारस, गया आदि से परिचित थे। उनका कार्यक्षेत्र पूरब में था पर अर्थ और संस्कृति के केन्द्र कन्नौज से जुड़े थे। इसलिए उनकी अवधी पर अनेक क्षेत्रों का प्रभाव है। दामोदर पंडित संस्कृत-प्राकृत-अपभ्रंश परम्परा के भी विद्वान थे। उन्होंने अवधी जाननेवालों को संस्कृत सिखाने के लिए यह पुस्तक लिखी थी। अवधी का रूपान्तर संस्कृत में सरलता से हो सकता है, यह दिखाने के लिए उन्होंने अवधी का यथेष्ट विवरण प्रस्तुत किया है। संस्कृत से आधुनिक आर्यभाषाओं का सम्बन्ध निरूपण ही 'उक्ति-व्यक्ति-प्रकरण' का प्रमुख प्रतिपाद्य है।

इस ग्रन्थ की प्रतिलिपि किसी अन्य व्यक्ति ने तैयार की है। डॉ. चाटुर्ज्या का मत है कि प्रतिलिपिकार भी उसी क्षेत्र का था, क्योंकि लिपि मध्यदेश और पूर्वी क्षेत्र की है। यह प्रति अपूर्ण और खंडित है। पूरी प्रति में पाँच प्रकरण थे। पहले दो प्रकरण क्रिया और कारक से सम्बन्धित। शेष तीन उक्तिभेद, लेख-लिखनविधि, व्यावहारिक लेखपत्र एवं लिखनक्रम से सम्बन्धित थे। प्राच्य विधा प्रतिष्ठान, जोधपुर के विद्वान मुनि जिनविजय ने अपनी भूमिका में बताया है कि इस ग्रन्थ की मूल सूत्रात्मक कारिकाएँ ग्रन्थ के आरम्भ में स्वतन्त्र रूप से लिख दी गई हैं। मुझे उनसे इन प्रकरणों का सम्पर्क ज्ञान हुआ है। दामोदर पंडित की योजना यह थी कि व्याकरण के अतिरिक्त भाषा-व्यवहार के विभिन्न सन्दर्भो का परिचय भी दिया जाए। उन्हें अवधी भाषियों को संस्कृत सिखानी थी। इस पुस्तक में जिस तरह के नमूने दिए गए है, उन्हें देखने से अपभ्रंश-सम्बन्धी मिथ्या धारणाएँ निर्मूल हो जाती हैं,जैसे—

गंग न्हाए धर्मु/ पापु जा -गंगा में नहाने से धर्म होता है, पाप जाता है (धर्मु होइह, पापु जाइह) धर्म होगा, पाप जाएगा। जयजस धर्म नांद ताहां-ताहां पापु मांद (जहाँ-जहाँ धर्म की बढ़ती होती है; वहाँ-वहाँ पाप घटता है)। एक वाक्य

है— छूट बाधा भमि-भमि कूदि (छूटा हुआ बछड़ा घूम-घूमकर कूदता है)। दूसरा वाक्य है—अँधारी राति चोरु ढूक (अँधेरी रात में चोर आता है)। इसी प्रकार—आगि लागें बांस फूट (आग लगने पर बॉस फटता है) जो फुड' (फुर) बोल सो गांग न्हा (जो सच बोलता है वह गंगा नहाता है)। जब पूतु पाउ पखारु, तब पितरन्हु सर्गु देखाल (जब पुत्र पाप दूर करता है तब पितरों को स्वर्ग दिखता है)। जेत जेत परधनु चोराअ, तेत तेत आपण पूनु हराव (जितना-जितना परधन चुराता है; आदमी उतना-उतना अपना पुण्य नष्ट करता है)। मेघु नदी बढ़ाव (मेघ नदी को बढ़ाता है)। मध्यस्थ होइ विचार (मध्यस्थ होकर विचारता है)। चीकु पूर (चौक पूरता है)। कन्या वर (कन्या वरता है)। घर छाअ (घर पर छाजन छाता है)। लेख बाच (लेख को बाँचता है)। मीठ जेवण माँग (मीठा खाना माँगता है)। जूठ खा (जूठा खाता है)। दूजण सबहि नींद (दुर्जन सबकी निन्दा करता है)। कुपुतु कुलु लांछ (कुपूत कुल को लांछित करता है। दूजण) सबहि सताव (दुर्जन सभी को सताता है)। पीठ चाप (पीठ चापता-दबाता है)। जमाइ चूंब (जमाई को चूमता है)। अनाजु जेंव, पाणि अचम (अन्न खाता है, पानी पीता है)। देवहि नम (देवता को नमस्कार करता है)। मुअ जीव (मुर्दा जीता है)। चूंचीं देइ जिआव—चूंची (स्तन) दूध पिलाकर जिलाती है। जीभे चाख (जीभ से खाता है)। सूंघ आछ (सूँघता है)। अकवालि दे (अँकवार देता, गोदी में लेता है)। मूतत आछ (मूतता है)। हगत आछ (हगता है)। पाक किएसि/पएसि (खाना पकाया)। भोजन कीएसि/जेंवेसि (भोजन किया)। जइ देउ वृष्टि करत तब अन्न होंते (यदि दैव वृष्टि करेगा, तो अन्न होगा)। भोजन करिह/जेंविह (भोजन करेगा)। हउँ पर्व्वतउ टालउॅ (मैं पर्वत भी हटाता हूँ)। सबहिं भूतँ दया करु (सब प्राणियों पर दया करो)। कोवु छाडि क्षमा भजु (कोप छोड़कर क्षमा करो)। संसारु अनित्यु देखउ (संसार को अनित्य मानो)। सो पूतै जणिं जाम जो निर्गुणु हो (वह पुत्र न जन्मे जो निर्गुण हो)। ते गुणै जणिं उपजति जे सबहि न उपकरति (वे न उत्पन्न हों जो सबका उपकार न करें)। बहुतु राजा एथुँ भुइँ भय (बहुत से राजा यहाँ पृथ्वी पर हुए)। सोंअरि सोंअरि रोवा (बिसूर-बिसूर कुर रोता है)। पढन आव (पढ़ने आता है)। ग्राम गमन कर/गाउँ जा (गाँव जा)। दुहाव गाइ दूधु गुआलें गोसांवि (गोस्वामी ग्वाले से गाय दुहाता है)। पढाव छात्रहि शास्त्र ओझा (गुरु छात्र को शास्त्र पढ़ाता है)। गाँव हँत आव (गाँव से आता है)। ओझा पास वीदा ले (गुरु से विद्या लेता है)। सिंहासण आछ राजा (राजा सिंहासन पर है)। जो किछु कीज (जो कुछ किया जाए) इंधणे भातु रान्ध ब्राह्मणु (ईंधन से ब्राह्मण भात पकाता है)। मणुसु जेंम (मनुष्य भोजन करता है)। दुइ अच्छति (दो हैं)। बहुतु पूत भए

(बहुत से बेटे हूए)। दुई बेटीं भई (दो लड़कियाँ हुई)। हौं करऔं (मैं करता हूँ)। अम्हे दुइ करहु (हम दो करते हैं)। लहुडा कवण (लहुरा/छोटा कौन)। काह इँहां तूं करसि (तू यहाँ क्या करता है)। पढिहउँ (पढ़ूँगा)। काह करत आछी हसि (तू क्या कर रहा है)। को ए सोअ (यह कौन सोता है)। को ताहँ जेवत आछ (वहाँ कौन खा रहा है)। इहाँ को पढिह (यहाँ कौन पढ़ेगा)। मोर क्षेम को करिह (मेरी रक्षा कौन करेगा)। ए कहार काह संपाडति (ये कहार क्या कर करे हूँ)। बेटा काहां गा (बेटा क्यों गया)। को मैं भोजन मागब (मैं किससे भोजन माँगूँ)। आदि।

उपर्युक्त उद्धरणों से यह स्पष्ट है कि दामोदर पंडित रचित 'उक्ति-व्यक्ति प्रकरण' के तीन प्रमुख प्रदेय हैं। प्रथम, यह हिन्दी का आदि व्याकरण ग्रन्थ है। द्वितीय, यह कोसली अवधी की प्रथम गद्य कृति है। तृतीय, इसके द्वारा संस्कृत एवं अवधी की परस्परता या अभेद की पुष्टि की गई है। इसी आधार पर डॉ. रामविलास शर्मा ने दामोदर पंडित को काशीवासी सिद्ध किया है और डॉ. विश्वनाथ त्रिपाठी ने इसे प्रारम्भिक अवधी का प्रस्थान माना है। निस्सन्देह इस कृति का विशिष्ट ऐतिहासिक महत्त्व है। डॉ. सुनीतिकुमार चैटर्जी ने दामोदर पंडित के 'उक्ति व्यक्ति-प्रकरण 'की भूमिका को समाप्त करते हुए 1945 में लिखा था—''उक्ति व्यक्ति-प्रकरण के माध्यम से हमें मध्यकालीन भारतीय आर्यभाषाओं से विकसित नव्य भारतीय आर्यभाषाओं की महत्त्वपूर्ण सामग्री प्राप्य है।

उसी प्रकार इस कृति द्वारा गंगा घाटी की आर्य बोलियों के इतिहास का अध्ययन करने के लिए एक अत्यन्त महत्त्वपूर्ण साक्ष्य मिला है। इसमें जिस भाषा का विवरण दिया गया है, वह तत्कालीन बोलचाल की भाषा का उदाहरण है। 'उक्ति-व्यक्ति-प्रकरण' एक कवि की कलापूर्ण अभिव्यक्ति है। इसमें पद्य ही नहीं, गद्य का भी प्रयोग किया गया है। उसका पाठ शिलांकित होने के कारण अपने मूल रूप में सुरक्षित है।

3. 'प्राकृत पैंगलम्' इस युग का दुसरा प्रमुख ग्रन्थ है। इसके दो रचनाकार कहे गए हैं— एक शांङ्र्गधर तथा दूसरे जज्जल। इसमें सात वृत्त संकलित हैं। शांङ्र्गधर द्वारा संकलित शाङ्र्गधर पद्धति' ग्रन्थ को भी तत्कालीन सुभाषितों का श्रेष्ठ संग्रह कहा जा सकता है।

4. इस युग में आचार्य हेमचन्द्र ने 'सिद्ध हेमचन्द्र शब्दानुशासन' नामक एक व्याकरण ग्रन्थ की रचना सोलंकी राजा जयसिंह के भतीजे कुमारपाल के शासनकाल (1093-1177 ई.) में की थी। इस ग्रन्थ में संस्कृत, प्राकृत, अपभ्रंश तीनों का विवेचन है। इसमें उदाहरण स्वरूप 'कुमारपाल चरित' नामक काव्य का समावेश भी किया गया है।

5. इसी क्रम में 1184 ई. में सोमप्रभ सूरि ने गद्य-पद्यमय एक बहुभाषी काव्य द्वारा समेकित मानकीकृत जनभाषा की संरचना का प्रयास किया।

6. 'वर्ण रत्नाकर' इस युग की एक अन्य महत्त्वपूर्ण कृति है। इसका रचनाकाल 1325 ई. बताया गया है। यह मैथिली हिन्दी में ज्योतिरीश्वर ठाकुर द्वारा रचित ग्रन्थ है, जो डॉ. सुनीत कुमार चाटुर्ज्या द्वारा एशियाटिक सोसाइटी से प्रकाशित किया गया है।

7. जैनाचार्य मेरुतुंग द्वारा 1361 में संकलित 'प्रबन्ध चिन्तामणि' में लोक प्रचलित अपभ्रंश का अच्छा संग्रह किया गया है। इसमें पुराने राजाओं के कई आख्यान हैं। अवश्य ही आख्यानों की भाषा तब तक जनभाषा (पुरानी हिन्दी) बन चुकी होगी।

8. इनके अतिरिक्त 'पुरातन प्रबन्ध संग्रह'(1471)'भाषा बोध' आदि संग्रह ग्रन्थों के कई नामोल्लेख मिलते हैं, जिनके आधार पर यह सिद्ध किया जा सकता है कि पुरानी हिन्दी का आविर्भाव आदिकाल में ही हुआ है। ये हिन्दी काव्य एवं गद्य ग्रन्थ मैथिली, राजस्थानी, अवधी, ब्रज आदि से सम्बन्धित हैं।

9. इनके अतिरिक्त यह भी ज्ञातव्य है कि इसी अवधि में 'दक्खिनी हिन्दी' का एक विशिष्ट रूप प्रकट हुआ। इसका प्रथम रचनाकार हुसैनी (1318 ई.) का माना जाता है। निजामी आदिकाल के श्रेष्ठ कवि रहे हैं। इस दौर के कुछ अन्य गद्यकारों के स्फुट संकेत मिले हैं। इन तथ्यों द्वारा यही निष्कर्ष निकलता है कि आदिकाल में हिन्दी भाषा की कई प्रवृत्तियाँ एवं विविध आकृतियाँ निर्माणाधीन थीं। कई विकसित हो चुकी थीं।

निष्कर्ष यह है कि आदिकाल में सिद्ध, जैन, नाथ, सूफी और वैष्णव मतों से जुड़े हुए रचनाकारों ने विभिन्न प्रकार के प्रबन्धों और मुक्तकों की रचना की और विविध प्रकार के संग्रह ग्रन्थ प्रस्तुत किए, जिनके सहारे यह मत स्थापित किया जा सकता है कि इस युग की कुछ रचनाएँ कवित्व की दृष्टि से अत्यन्त महत्त्वपूर्ण हैं,जबकि अधिकतर कृतियाँ इतिहास बोध, धार्मिक भावना और अपने पन्थ के प्रचार-प्रसार से प्रेरित हैं।

इस युग में अनेक कथाकाव्य, भाष्य, टीकाएँ, वीरकाव्य, प्रशस्ति काव्य, शृंगार काव्य, बारहमासा अर्थात् विषय वैविध्य के अनुरूप बहुविध काव्यों की रचना हुई है।

इस युग का एक कवि समुदाय पारम्परिक आशु रचना से भी भरपूर रहा है।

आदिकाल में श्रुति परम्परा में विद्यमान लोक कथाएँ लिपिबद्ध और शब्दित होने की प्रक्रिया में दिखती हैं।

इस युग में गद्य-पद्य मिश्रित चम्पू का प्रयोग शुरू हुआ, फिर प्राकृत, अपभ्रंश से प्रेरित मैथिली, राजस्थानी, ब्रज, अवधी एवं दक्खिनी गद्य विकसित हो गया और माध्यम भाषा रूप में ढल गया। इन गद्य कृतियों में व्याकरण पर काफी चिन्तन-मनन किया गया हैं।

इस युग की भाषा डिंगल, पिंगल, अवहट्ट के साथ-साथ अरबी, फारसी, तुर्की, पंजाबी, मराठी, गुजराती, मैथिली से घुलती-मिलती दिखाई देती है।

आदिकालीन काव्य रूपों में रासो, रासक, फागु, चर्चरी, बेलि, बारहमासा, मंगल, पवाड़ा, फड़,सन्धि, गाथा, मसनवी जैसे अनेक रूप दिखाई देते हैं।

इस युग में हिन्दी के जातीय छन्दों—दोहा, चौपाई, कवित्त, छप्पय आदि ने अपना नया स्वरूप धारण किया, जिससे हिन्दी छन्द शास्त्र की स्वतन्त्र परम्परा का विकास हुआ।

समग्रत: यह कहा जा सकता है कि मध्ययुगीन हिन्दी काव्य की लगभग समस्त विकसित परम्पराओं का मूल हमें आदिकालीन ग्रन्थों में दिखाई देता है। अस्तु आदिकालीन हिन्दी काव्य को केवल सिद्ध सामंत, रासो, चारण या वीरगाथा जैसी प्रवृत्तियों तक ही सीमित नहीं रखा जा सकता। तथ्य यह है कि हिन्दी साहित्येतिहास के प्रत्येक युग में न्यूनाधिक रूप में सब प्रकार की साहित्यिक प्रवृत्तियाँ पाई जाती हैं, न कि कोई दो-चार विशिष्ट प्रवृत्तियाँ हीं। इस इतिहास-दर्शन के सहारे ही आदिकाल का पुनराकलन करना सम्भव एवं समीचीन होगा।

आदिकालीन हिन्दी भाषा साहित्य का विकास-विश्लेषण

प्राकृत काल के अन्तिम चरण की भाषा परवर्ती अपभ्रंश सातवीं शती से चलकर 1000 ई. तक विकास की चरम सीमा तक पहुँच चुकी थी। स्वयंभू पुष्यदन्त, धनपाल आदि महान कवियों ने इस भाषा को संस्कृत एवं प्राकृत के समान गौरव प्रदान किया। अपभ्रंश में आगे भी रचनाएँ होती रहीं, परन्तु इसकी जीवन-शक्ति प्राय: समाप्त हो चुकी थी। इसकी ह्रासोन्मुखी स्थिति का प्रमाण तो इसी से मिलता है कि हेमचन्द्र (12वीं शती) ने इसका व्याकरण लिखा और परिनिष्ठित अपभ्रंश के अलावा 'ग्राम्य अपभ्रंश' के अस्तित्व की सूचना दी। वस्तुत: वही पुरानी हिन्दी है। हेमचन्द्र से लगभग सौ साल पहले ही परवर्ती अपभ्रंश एक स्थिर तथा काव्य भाषा बन चुकी थी और इसका विकास एक नए परिवेश में प्रारम्भ हो गया था, जिसका अस्तित्व 'अग्रसरीभूत अपभ्रंश'या 'अवहट्ट' के रूप में प्राप्त होता है। इसमें लोक-प्रचलिक भाषा तत्त्वों का पर्याप्त समावेश हो गया था। निश्चित रूप से यही वह संक्रान्ति काल है, जहाँ हम परिनिष्ठित अपभ्रंश को क्रमश: विघटित होते हुए और नव्य भारतीय आर्यभाषाओं को धीरे-धीरे विकसित होते हुए पाते हैं।

इन भारतीय आर्यभाषाओं के साथ ही हिन्दी साहित्य का आदिकाल प्रारम्भ होता है। हिन्दी साहित्य के अनेक इतिहासकारों ने प्राय: 700 ई. से 1350 ई. तक के काल को 'हिन्दी साहित्य' का आदिकाल माना है। यह समय निर्धारण भाषा विकास के परिवर्तन के आधार पर ही किया गया है। इसी अपभ्रंश को 'पुरानी हिन्दी' का नाम दे दिया गया है। अपभ्रंश भाषा के इस विपुल वाङ्मय को, पता नहीं, कुछ विद्वान पुरानी हिन्दी के अन्तर्गत विवेचनार्थ नहीं स्वीकार करते जबकि पुरानी हिन्दी तब तक निश्चत रूप से स्वतन्त्र इकाई होने की क्षमता प्राप्त कर चुकी थी। प्राप्त सामग्रियों के आधार पर हिन्दी साहित्य के इतिहास-ग्रन्थों में

आदिकाल के लिए कई नाम मिलते हैं। यथा 'वीरगाथा काल', चारण-काल', 'सिद्धसामन्त युग' तथा 'आदिकाल'। जहाँ तक 'चारणकाल' और 'सिद्ध सामन्त युग' नाम का प्रश्न है, ये दोनों नाम जातिगत हैं। ये राजनीतिक प्रवृत्तियों को अधिक प्रकट करते हैं, साहित्यगत प्रवृत्तियों को कम। इसी प्रकार वीरगाथा एक धारा मात्र है। अत: यहाँ 'आदिकाल' नाम ही विचारणीय है।

आचार्य रामचन्द्र शुक्ल जी को 'आदिकाल' के अन्तर्गत मुख्य साहित्यिक प्रवृत्ति वीरगाथा की ही दिखलाई पड़ी, इसलिए इस काल का नाम उन्होंने 'वीरगाथा काल' रखा। शुक्ल जी ने इस नामकरण का आधार तत्कालीन प्राप्त ग्रन्थों को बनाया। वस्तुत: आदिकाल से सम्बन्धित मुख्य ग्रन्थ निम्नलिखित हैं—

(1) विजयपाल रासो (2) हम्मीर रासो (3) कीर्तिलता (4) कीर्ति पताका (5) खुमाण रासो (6) बीसलदेव रासो (7) पृथ्वीराजरासो (8) जयचन्द प्रकाश (9) जयमयंक जसचन्द्रिका (10) परमाल रासो (आल्हा का मूलरूप) (11) खुसरो की पहेलियाँ (12) विद्यापति पदावली (13) राउलबेल (14) सन्देश रासक (15) छिताई चरित (16) दूहाकोश (17) गोरखबानी सबदी (18) चर्यापद (19) प्राचीन काव्यधारा (20) नामदेव की हिन्दी रचनाएँ (21) चांदायन (22) रामानन्द की हिन्दी रचनाएँ (23) प्रबन्ध चिन्तामणि (24) शब्दानुशासन (25) पउमचरिउ (26) भविष्यत्त कहा (27) भरतेश्वर बाहुबलि रास (28)पाहुड दोहा (29) महापुराण (30) पुरातन प्रबन्ध संग्रह (31) प्राकृत पैंगलम (32) उक्ति व्यक्ति प्रकरण (33) ढोला मारू रा दूहा आदि। इनमें मात्र 12 ग्रन्थों को अपना आधार मानते हुए शुक्ल जी ने लिखा कि, ''इन्हीं बारह पुस्तकों की दृष्टि से 'आदिकाल' को लक्षण-निरूपण और नामकरण हो सकता है। इनमें से अन्तिम दो सन्देशरासक तथा बीसलदेव रासो को छोड़कर शेष सब ग्रन्थ वीरगाथात्मक ही हैं। अत: आदिकाल का नाम वीरगाथा काल ही रखा जा सकता है।' तदयुगीन साहित्यिक प्रवृत्ति की ओर इंगित करते हुए शुक्ल जी ने लिखा 'राज्याश्रित कवि अपने राजाओं के शौर्य और प्रताप का वर्णन अनूठी उक्तियों के साथ किया करते थे। ऐसे राज्याश्रित कवियों की रचनाओं को सुरक्षित रहने की काफी सुविधाएँ थीं। वे प्राय: राजकीय पुस्तकालयों में सुरक्षित रहती थीं। भट्ट-चारण जीविका के विचार से उन्हें अपने उत्तराधिकारियों के पास छोड़ जाते थे। उत्तरोत्तर भट्ट-चारणों की परम्परा में चलते रहने से उनमें फेर-बदल भी बहुत कुछ होता रहा है। इसी रक्षित परम्परा की सामग्री हिन्दी साहित्य के प्रारम्भिक काल में मिलती है। इसी से यह काल वीरगाथा काल कहा गया।''(हिन्दी साहित्य का इतिहास,पृष्ठ 29)

उस समय तक उपलब्ध सामग्री तथा शुक्ल जी के अपने विवेचन के आधार पर यह नामकरण अपने मूलरूप में ठीक था, किन्तु नई सामग्री के परिप्रेक्ष्य में परवर्ती विद्वानों को यह नाम उपयुक्त नहीं प्रतीत हुआ। इसका कारण यह है कि आगे वैविध्यपूर्ण सामग्रियों की विभिन्न दृष्टियों से जाँच-पड़ताल हुई। उससे यह तथ्य स्पष्ट हो गया कि इनमें से कई कृतियों की शुक्ल जी ने नोटिस नहीं ली है। इनमें कई परवर्ती हैं तथा कुछ अर्द्धप्रामाणिक हैं, अत: शुक्ल जी का निष्कर्ष शत-प्रतिशत सही नहीं है। 'जयचन्द प्रकाश' तथा 'जयमयंक जसचन्द्रिका' की जानकारी महज नोटिस मात्र है। जहाँ तक शाङ्र्गधर के 'हम्मीर रासो' का प्रश्न है, इस सम्बन्ध में निश्चित सूचना अब तक नहीं मिल पाई है। विचारणीय बात यह है कि 'प्राकृत पैंगलम् ' में प्राप्त जिन छन्दों के आधार पर शुक्ल जी ने शाङ्र्गधर कृत 'हम्मीर रासो' की कल्पना की थी, उसे राहुल जी 'जज्जल' कवि कृत मानते हैं। 'पृथ्वीराजरासो को शुक्ल जी प्रामाणिक रचना नहीं मानते। इस प्रकार शुक्ल जी के द्वारा सन्दर्भित एक भी वीरगाथा उस युग में नहीं बची। शेष बचे हैं—खुसरो, विद्यापति और बीसलदेव रास। इनके आधार पर वीरगाथाकाल जैसा नामकरण निराधार है।

इस युग का दूसरा नाम है 'आदिकाल'। यह नाम आचार्य शुक्ल के इतिहास में भी आया है। विशेष रूप से यह पं. हजारीप्रसाद द्विवेदी द्वारा दुहराया गया है। इनके पूर्व ग्रियर्सन, महावीरप्रसाद द्विवेदी तथा मिश्रबन्धुओं ने भी इस काल को यही अथवा इससे मिलता-जुलता नाम दिया है। हजारीप्रसाद द्विवेदी ने इस काल की साहित्यिक तथा भाषागत प्रवृत्तियों के क्रमिक विकास और परवर्ती साहित्य पर उसके प्रभाव को सविस्तार दिखाया है। उनका यह विश्वास है कि इस नामकरण में क्षीण तथा वर्द्धमान प्राय: सभी आदिकालीन प्रवृत्तियों का समावेश हो जाता है। यद्यपि यह नाम कुछ इतिहासकारों के मतानुसार भ्रम की सृष्टि कर सकता है, तथापि अन्य नामों की अपेक्षा यह अधिक उपयुक्त जान पड़ता है।

इस प्रकार सिद्ध है कि इस काल को 'हिन्दी साहित्य का आदिकाल' तथा 'पुरानी हिन्दी' के नाम से पुकारा जाना अभीष्ट है। इसका समय लगभग 700 ई. 1350 ई. तक प्राय: माना गया है। इसके अन्तर्गत प्राय: जिन ग्रन्थों का उपयोग किया जा सकता है, वे निम्नलिखित हैं—

सन्देश रासक

इसके रचयिता अद्दहमाण या अब्दुल रहमान है। यह इनकी एकमात्र अमर कृति है। इस ग्रन्थ को देखने से ऐसा प्रतीत होता है कि अब्दुल रहमान

प्राकृत, अपभ्रंश और अवहट्ट तीनों का बड़ा मँजा हुआ कवि था। प्रस्तुत ग्रन्थ का सम्पादन मुनि जिनविजय ने किया था। इसका एक नया संस्करण आचार्य हजारीप्रसाद द्विवेदी के सम्पादकत्व में प्रकाशित हुआ है। इस नूतन संस्करण में मुनि जिनविजय तथा डॉ. हरिवल्लभ भायाणी के 'भाषावैज्ञानिक विश्लेषण' को आधार बनाया गया है। इसका रचनाकाल बारहवीं शताब्दी है।

उक्ति व्यक्ति प्रकरण

यह पं. दामोदर भट्ट विरचित एक व्याकरण-ग्रन्थ है। इसमें 11वीं शती के आसपास की बनारसी बोली के नमूने मिलते हैं। यद्यपि यह काव्य ग्रन्थ नहीं है, तथापि तत्कालीन काव्य रूपों पर इसमें प्रकाश अवश्य पड़ा है। इस ग्रन्थ का सम्पादन मुनि जिन विजय ने किया है और इसमें प्रसिद्ध भाषावैज्ञानिक डॉ. चाटुर्ज्या का भाषा-वैज्ञानिक विश्लेषण भी है। निष्कर्ष यह कि यह रचना कोशली अथवा प्राचीन अवधी की है।

वस्तुत: यह एक व्याकरण ग्रन्थ है। इसमें पचास कारिकाएँ हैं, जिनमें संस्कृत व्याकरण के आधार पर ही उस काल की प्रचलित लोकभाषा का विश्लेषण किया गया है। एक दृष्टि यह हिन्दी का सर्वप्रथम व्याकरण है। मुनि जिनविजय जी ने लिखा है कि, 'यह ग्रन्थ अनेक दृष्टियों से महत्त्व का है। नूतन भारतीय आर्यभाषा के इतिहास में इसको सर्वप्रथम स्थान प्राप्त होना चाहिए। भारत के समग्र संस्कृत साहित्य से सम्बद्ध अभी तक कोई ऐसी कृति प्राप्त नहीं हुई है, जिसमें हमारी अनेकविध देश भाषाओं की ग्यारहवीं-बारहवीं शताब्दी के प्राचीन काल का स्वरूप बतलानेवाली, प्रमाणभूत एवं व्याकरणबद्ध 'उक्ति' अर्थात् 'बोली' की शाब्दिक सामग्री का संकलन प्राप्त हो। (उक्ति व्यक्ति प्रकरण, ग्रन्थ सम्पादक का प्रास्ताविक वक्तव्य, पृ.6)

इस ग्रन्थ में जिस बोली का विश्लेषण किया गया है, उसे ग्रन्थकार ने तो अपभ्रंश या अपभ्रष्ट कहना ही उचित समझा है, परन्तु डॉ. सुनीति कुमार चाटुर्ज्या ने इसे कोशली नाम दिया है, जो परवर्ती अवधी या पूर्वी हिन्दी का पूर्व रूप है।

इस ग्रन्थ में प्राचीन कोशली को नमूना तो मिलता ही है, साथ ही इसमें व्याकरण और भाषाशास्त्र सम्बन्धी महत्त्वपूर्ण सूचनाएँ भी हैं। मुनि जिनविजय जी के अनुसार इसके व्याकरण सिद्धान्त संस्कृत के व्याकरण के आधार पर बने हैं।

वर्ण रत्नाकर

इसके लेखक कवि शेखराचार्य ज्योतिरीश्वर ठाकुर हैं। यह ग्रन्थ एक प्रकार से वर्णनों का विश्वकोश हैं। कवियों को कौन-सा वर्णन किस रूप में करना चाहिए, इसी की शिक्षा प्रदान करने के लिए इस ग्रन्थ की रचना की गई थी। डॉ. सुनीति कुमार चाटुर्ज्या तथा पं. बबुआ मिश्र के सम्पादकत्व में यह ग्रन्थ सन् 1940 ई. में प्रकाशित हुआ था। यह काव्य-ग्रन्थ नहीं है, परन्तु इसमें कहीं-कहीं साहित्यिक सरसतावाले स्थल भी मिल जाते हैं। यह गद्य ग्रन्थ है, जो 13वीं शती के आसपास निर्मित हुआ था। यद्यपि परवर्ती हिन्दी साहित्य की भाषा से इसकी भाषा का दूर का ही सम्बन्ध है, तथापि इस ग्रन्थ से कई व्याकरणिक रूपों के विकास को समझने में सहायता मिलती है। हिन्दी व्याकरण के सुवन्त रूप तथा क्रिया पदों में महत्त्वपूर्ण अंगों के विकास-क्रम को स्पष्ट करने में इससे कम ही सहायता मिलती है।

प्राकृत पैंगलम्

इसमें मात्रिक तथा वर्णिक छन्दों के उदाहरण स्वरूप अनेक कवियों की कविताएँ संगृहीत हैं। अधिकांश पद्य पुरानी हिन्दी के हैं, किन्तु कुछ छन्द प्राकृत और अपभ्रंश के भी मिल जाते हैं। पुरानी हिन्दी के कवियों में विद्याधर (विज्जाहर), जज्जल,वव्वर, हरिबंस आदि प्रख्यात कवि हैं। इनके अतिरिक्त अनेक अज्ञात कवियों की भी रचनाएँ संगृहीत हैं। इन कविताओं में प्राय: बड़ी सशक्त और प्रौढ़ भाषा के नमूने मिलते हैं। प्राकृत पैंगलम् के पद्यों की मुक्तक परम्परा आगे आने वाले काव्यों में पूर्णत: सुरक्षित मिलती है। इनमें नीति, स्तोत्र,प्रशस्ति तथा श्रृंगारपरक मुक्तक हैं। इस ग्रन्थ में कुछ पद्य प्रबन्ध काव्य-परम्परा से आए हुए जान पड़ते हैं। 'प्राकृत पैंगलम् 'के पद्य भाषा और साहित्यिक सरसता दोनों दृष्टियों से अमूल्य हैं।

यह ग्रन्थ 13वीं शती में संकलित हुआ था। इसका महत्त्व आज इस दृष्टि से भी है कि यह प्रथम प्रक्रम की पूर्णत: प्रामाणिक रचनाओं में से एक है। इसका सम्पादन सन् 1902 ई. में चन्द्रमोहन घोष ने कुछ प्रतियों के आधार पर किया था और बिब्लोथिका इंडिका से इसे प्रकाशित कराया था। डॉ. भोलाशंकर व्यास के सम्पादकत्व में इस ग्रन्थ का एक नया संस्करण प्रकाशित हुआ है। इसमें कुछ अन्य प्रतियों को भी आधार बनाया गया है, जो इसके सम्पादक को बाद में प्राप्त हुई थी।

कीर्तिलता

अवहट्ट भाषा में रचित विद्यापति की दो रचनाएँ बताई जाती हैं—'कीर्तिलता' और 'कीर्तिपताका'। इनमें 'कीर्तिलता' अधिक महत्त्वपूर्ण है। इसमें कीर्तिसिंह के राज्यारोहण की कहानी वर्णित है। यह एक छोटी रचना है, इसलिए कवि ने इसे 'कहाणी' कहा है। यह भृंग एवं भृंगी के संवाद रूप में वर्णित है। यह रचना आदिकाल की प्रामाणिक रचनाओं में से एक है। कवि ने इसमें कल्पना का कम-से-कम उपयोग किया है। इस ग्रन्थ में तत्कालीन वातावरण का बड़ा ही सजीव चित्रण हुआ है। 'कीर्तिलता' का पहला बंगीय संस्करण सन् 1924 में महामहोपाध्याय हरप्रसाद शास्त्री के सम्पादकत्व में हृषीकेश सीरीज के अन्तर्गत कलकत्ता ओरियंटल प्रेस से प्रकाशित हुआ था। इस संस्करण में शास्त्री जी ने इसका बंगीय भाषान्तर और अंग्रेजी अनुवाद भी प्रस्तुत किया है। इसके दो संस्करण हिन्दी में उपलब्ध हैं— एक डॉ. बाबूराम सक्सेना द्वारा सम्पादित और दूसरा साहित्य भवन लि. इलाहाबाद से प्रकाशित, डॉ. शिवप्रसाद सिंह द्वारा सम्पादित। नया संस्करण हिन्दी प्रचारक संस्थान वाराणसी से छपा है।

ढोला मारू रा दूहा

इसमें ढोला-मारवणी की अमर प्रेमगाथा चित्रित है। यह राजस्थान का बड़ा ही लोकप्रिय काव्य-ग्रन्थ है। इसका मूल रूप 1000 ई. के आसपास का बताया जाता है। इसका सम्पादन श्री रामसिंह, सूर्यकरण पारीख तथा श्री नरोत्तम स्वामी ने लगभग 17 प्राचीन प्रतियों के आधार पर किया है। इसकी सबसे प्राचीन प्रति 1720 के आसपास की है। प्रस्तुत संस्करण द्वारा इसकी प्राचीनता का आभास मिलता है, अतएव इसे आदिकाल के अन्तर्गत ग्रहण कर लिया गया है।

यह लोकगीत परम्परा का काव्य है। इसमें मानव हृदय की कोमल अनुभूतियाँ अपने स्वाभाविक रूप में चित्रित हुई हैं। सम्पूर्ण काव्य दोहा (दूहा) छन्द में निबद्ध है।

पुरानी राजस्थानी की कृतियाँ

डॉ. एल. पी. तेसितोरी ने 'नोट्स आन दी ग्रामर ऑफ दी ओल्ड वेस्टर्न राजस्थानी विद स्पेशल रिफरेन्स टु अपभ्रंश, गुजराती ऐंड मारवाड़ी' शीर्षक कई अंग्रेजी निबन्ध 'इंडियन एंटीक्वैरी' में धारावाहिक रूप से,1914 ई. के अप्रैल, मई, सितम्बर, अक्टूबर, नवम्बर, दिसम्बर और 1915 ई. के जनवरी से जुलाई तक तथा 1916 ई. के जनवरी एवं जून के अंकों में प्रकाशित कराए थे।

इसमें लगभग 22 जैन कवि हैं। हस्तलिखित ग्रन्थों के आधार पर डॉ. तेस्सितोरी ने अपभ्रंश और भारतीय आर्यभाषाओं को जोड़ने का श्रेय 'पुरानी पश्चिमी राजस्थानी' को दिया। 'पुरानी राजस्थानी' गुजराती और राजस्थानी के आदि रूप को तो प्रस्तुत करती ही है,साथ ही परवर्ती अपभ्रंश भाषा के ध्वनि-परिवर्तन की प्रवृत्तियों पर भी पूरा प्रकाश डालती है।

वस्तुत: 'पुरानी राजस्थानी' में संकलित अधिकांश ग्रन्थ यों आदिकाल की सीमा से बाहर के हैं,परन्तु इनकी भाषा-प्रवृत्ति आदिकालीन ही है।

जैन काव्य

नवोपलब्ध सामग्री में जैनियों के ग्रन्थ सर्वप्रमुख हैं। इनकी रचनाएँ मूलत: धार्मिक हैं, परन्तु वे साहित्यिकता से अछूती नहीं हैं। आदिकाल के अन्तर्गत जैनियों की दो तरह की रचनाएँ मिलती हैं—

1. चरित और पौराणिक काव्य, जिनकी भाषा परिनिष्ठित अपभ्रंश है।
2. रास, चर्चरी, फागु आदि विधाएँ, जिनकी भाषा परवर्ती अपभ्रंश है।

पुरानी हिन्दी के अन्तर्गत ये रास, चर्चरी, फागु काव्य भी ग्रहणीय हैं। इनकी परम्परा हिन्दी में आद्यन्त नहीं मिलतीं, जबकि ये गुजराती में काफी विकसित हुई हैं। ऐतिहासिक परिस्थितियों के कारण जैनियों को गुजरात में विशेष प्रश्रय मिला था। कारण, मध्यदेश की अपेक्षा गुजरात बाह्य आन्दोलनों से कम प्रभावित हुआ था, इसलिए जैनियों की काव्य-साधना (परम्परा) वहाँ अक्षुण्ण रही। इन ग्रन्थों की भाषा को हम गुजराती, राजस्थानी और हिन्दी तीनों का आद्य रूप कह सकते हैं।

इनमें 'रास और रासान्वयी काव्य' में संकलित ग्रन्थों का महत्त्व सर्वाधिक हैं। जैसे—

भरतेश्वर बाहुबलि रास

इसके रचयिता राजगचर आमात्य के प्रमुख आचार्य 'शालिभद्रसूरि' हैं। इसका रचनाकाल 12वीं शती उत्तरार्द्ध बताया जाता है। ग्रन्थ की 14वाणियों में युगादि पुरुष भगवान ऋषभदेव के दो पुत्रों, भरत और बाहुबलि के राज्याधिकार संघर्ष की कहानी चित्रित है। यह ग्रन्थ 203 छन्दों में समाप्त हुआ है। इसमें वीररस का अच्छा परिपाक हुआ है। इस पर गुजराती का विशेष प्रभाव परिलक्षित होता है।

रेवन्तगिरि रास

इसके लेखक श्री विजयसेन सूरि हैं। कवि ने इसमें स्वामी नेमिकुमार के निवास-स्थान रेवन्तगिरि (गिरिनार) की निर्मलता,पवित्रता और शोभा का वर्णन किया है। इसकी महत्ता के सम्बन्ध में कवि ने बताया है कि ग्रहों में जो स्थान सूर्य का है, पर्वतों में मेरु गिरि का है, वही स्थान तीर्थों में रेवन्तगिरि का है। पुन: इसके दर्शन का पुण्य लाभ बतलाते हुए ग्रन्थ को समाप्त किया गया है। इस ग्रन्थ में रचना-तिथि का उल्लेख नहीं है। भाषा की दृष्टि से यह 12वीं से 13वीं शताब्दी की रचना प्रतीत होती है।

जिनदत्त सूरि फागु

इसके रचयिता का अभी तक पता नहीं चल पाया है। विद्वानों का अनुमान है कि यह तेरहवीं शती के उत्तरार्द्ध की रचना है। यह केवल 25 छन्दों की एक छोटी-सी रचना है, जिसके आठ से उन्नीस तक के छन्द अप्राप्त हैं।

स्थूलभद्र फागु

आचार्य जिन पद्म ने इसकी रचना 13वीं शती उत्तरार्द्ध (सं.1380 वि.) में की थी। मुनि स्थूलभद्र कोशा वेश्या के यहाँ चौमासा व्यतीत करने के लिए जाते हैं। कोशा अपने सौन्दर्य और श्रृंगार से मुनि को विचलित करना चाहती है, किन्तु मुनि अडिग रहते हैं। साहित्यिक सरसता की दृष्टि से यह अत्युत्तम फागु है। इसमें वर्षा ऋतु का विस्तृत वर्णन है। यद्यपि सभी रसों का पर्यवसान शान्ति रस में हुआ है, तथापि प्रधानतया श्रृंगाररस ही परिलक्षित होता है। इसमें 'अवहट्ट' का अच्छा नमूना मिलता है।

वसन्त विलास फागु

यह एकमात्र जैनेतर फागु काव्य है। इसके रचयिता का पता नहीं चल रहा है। इसका रचनाकाल 13वीं शती का उत्तरार्द्ध अनुमानित है। इसमें वसन्त ऋतु की शोभा का तथा विरहिणी नायिकाओं की विरह-वेदना का चित्रण हुआ है। भाषा पर गुजराती का प्रभाव विशेष रूप से परिलक्षित होता है।

दोहा कोश

महापंडित राहुल सांकृत्यायन द्वारा सम्पादित 'दोहाकोश' (दूहाकोश) सातवीं शताब्दी के सरहपाद की रचना है। इसका विषय है बौद्धधर्म-साधना।

इसका प्रकाशन 1957 ई. में बिहार राष्ट्रभाषा परिषद, पटना से हुआ है। इसकी भाषा परवर्ती अपभ्रंश या पुरानी हिन्दी है।

पाहुड़ दोहा

मुनि रामसिंह लिखित 'पाहुड़दोहा' दसवीं शताब्दी की रचना है जिसका सम्पादन डॉ. हीरालाल जैन ने किया है। इसका प्रकाशन करंजा जैन पब्लिकेशन सोसाइटी द्वारा 1933 ई. में हुआ था। इसकी भाषा परवर्ती-अपभ्रंश है। इसका विषय है जैन रहस्यवाद।

सावयधम्म दोहा

दसवीं शताब्दी की रचना 'सावयधम्म दोहा' देवसेन लिखित है, जिसका सम्पादन डॉ. हीरालाल जैन ने किया है। इसका प्रकाशन 1932 ई. में करंजा जैन पब्लिकेशन सोसाइटी द्वारा हुआ है। इसकी भाषा है— पुरानी हिन्दी।

भविसयत्त कहा

धनपाल रचित 'भविसयत्त कहा' लगभग दसवीं शताब्दी की रचना है जिसका सम्पादन दलाल और गुणे ने किया है। इसका विषय है—बनिया भविसयत्त की जीवन-गाथा के आधार पर निर्वाण की महिमा। इसका प्रकाशन ओरियंटल इन्स्टीट्यूट बड़ौदा द्वारा 1997 ई. में हुआ है। इसकी भाषा परवर्ती अपभ्रंश मिश्रित पुरानी हिन्दी है।

करकंड चरिउ

डॉ. हीरालाल जैन सम्पादित करकंड चरिउ ग्यारहवीं शताब्दी की रचना है जिसके रचयिता कनकामर हैं। इसका विषय महाराज करकंड का चरित्र-वर्णन है। सन् 1964 में इसका प्रकाशन भारतीय ज्ञानपीठ से हुआ है। इसकी भाषा अपभ्रंश युक्त पुरानी हिन्दी है।

नाथ सिद्धों की बानियाँ

आचार्य हजारीप्रसाद द्विवेदी सम्पादित 'नाथसिद्धों की बानियाँ, 9वीं से 12वीं शताब्दी के नाथसिद्धों की रचनाओं का संग्रह है। इसका विषय है योगसाधना। इसका प्रकाशन सन् 1957 में नागरी प्रचारिणी सभा, वाराणसी द्वारा हुआ है। इसकी भाषा पन्द्रहवीं शताब्दी के आसपास की है।

प्रद्युम्न चरित

सधारु की रचना 'प्रद्युम्नचरित' तेरहवीं शताब्दी की कृति है, जिसका सम्पादन चैन सुखदास ने किया है। यह एक चरित-काव्य है। यह दिगम्बर जैन क्षेत्र के श्री महावीर जी द्वारा 1960 ई. में प्रकाशित हुआ है। इसमें मानव के उत्थान-पतन की मार्मिक कहानी है।

हरिवंशपुराणम् (पुष्यदन्त विरचित)

चौदहवीं शताब्दी की रचना 'हरिवंशपुराणम्' के रचयिता पुष्यदन्त हैं। जिसका सम्पादन पी.एल. वैद्य ने किया है। इसका प्रणयन पौराणिक गाथाओं पर आधारित है। माणिकचन्द्र जैन ग्रन्थमाला समिति बम्बई द्वारा इसका प्रकाशन हुआ है।

जसहर चरिउ (यशोधर चरित)

पुष्यदन्त रचित 'जसहर चरिउ' तेरहवीं शताब्दी की रचना है, जिसका सम्पादन डॉ. हीरालाल जैन ने किया है। इसका विषय पुराण-पुरुष यशोधर का चरित्र-वर्णन है। इसका प्रकाशन-वर्ष 1972 है। इसका प्रकाशन भारतीय ज्ञानपीठ द्वारा हुआ है।

णायकुमार चरिउ (नागकुमार चरित)

चौदहवीं शताब्दी की रचना णायकुमार चरिउ के रचयिता पुष्यदन्त हैं इसके सम्पादक डॉ. हीरालाल जैन हैं। इसका विषय है पंचमी उपवास का माहात्म्य वर्णन। इसका प्रकाशन सन् 1972 में भारतीय ज्ञानपीठ द्वारा हुआ है। यह एक खंड काव्य है।

उक्ति रत्नाकर

साधु सुन्दर गणी लिखित 'उक्ति रत्नाकर' परवर्ती काल की रचना है। मुनि जिनविजय ने इसका सम्पादन किया है। इसका विषय है व्याकरण। इसका प्रकाशन 1957 ई. में राजस्थान पुरातत्त्वान्वेषण मन्दिर, जयपुर द्वारा हुआ है। देश्य स्वरूपवाले शब्दों के संस्कृत प्रतिरूपों का परिचय देना इसका मुख्य उद्‌देश्य रहा है।

महापुराणम् (पुष्यदन्त विरचित) तीन खंड

तेरहवीं शताब्दी की रचना 'महापुराण' पुष्यदन्त की रचना है, जिसका सम्पादन शर्मा और वैद्य ने किया है। इसका विषय पौराणिक गाथा-वर्णन है।

इनका प्रकाशन-वर्ष 1937-1940 ई. में माणिकचन्द्र दिगम्बर जैन ग्रन्थमाला समिति, बम्बई द्वारा हुआ है। इसकी भाषा अपभ्रंश हिन्दी मिश्रित है।

सिद्ध एवं नाथ-साहित्य

आदिकाल के अन्तर्गत नाथपन्थी साहित्य की भी चर्चा अपेक्षित है। बौद्धधर्म अपने अन्तिम दिनों में वज्रयान और मन्त्रयान के रूप में ही अवशिष्ट रह गया था। नाथपन्थ का मूल इष्ट-भेद के बावजूद बौद्धों की वज्रयान शाखा से सम्बद्ध है। इस सम्प्रदाय के प्रमुख नेता गोरक्षनाथ या गोरखनाथ थे। ये अपने समय के सबसे प्रभावशाली धार्मिक नेता थे। इन्होंने अनेक शैव और योग सम्प्रदायों को तोड़कर बारहपन्थी शाखा की स्थापना की थी। इस सम्प्रदाय की विशेषता यह है कि इसमें वज्रयानियों के वीभत्स और अश्लील विधान का निषेध है। राजस्थान, पंजाब आदि पश्चिमी प्रान्तों में इस मत का काफी प्रचार था।

गुरु गोरखनाथ के स्थितिकाल के सम्बन्ध में विद्वानों में मतभेद पाया जाता है। राहुल सांकृत्यायन इनका काल 9वीं शती, शुक्ल जी 13वीं शती तथा द्विवेदी जी 11वीं शती मानते हैं। गोरखनाथ के नाम से हिन्दी में अनेक रचनाएँ मिलती हैं। कुछ रचनाएँ संस्कृत में भी हैं। डॉ. पीताम्बरदत्त बड़थ्वाल ने गोरखनाथ के नाम से प्रचलित कुछ हिन्दी रचनाओं को 'गोरखबानी' नाम से प्रकाशित कराया है।

इसके बाद कुछ नाथ सिद्धों की रचनाएँ और मिलीं। आचार्य द्विवेदी जी के सम्पादकत्व में ये बानियाँ नागरी प्रचारिणी सभा, काशी से प्रकाशित हुई हैं। इनमें अजयपाल, गोपीचन्द, जालन्ध्रीपाव,मछिन्दर नाथ, काणोरी आदि मुख्य हैं।

नाथ सिद्धों की रचनाओं में ब्रह्मचर्य, वाक संयम, शारीरिक-मानसिक पवित्रता, ज्ञान के प्रति निष्ठा,बाह्य आचरणों के प्रति अनादर, आन्तरिक शुद्धि, मद्य-मांस का त्याग आदि भावनाएँ अभिव्यक्त हुई हैं।

नाथ-सिद्धों की बानियों के सम्बन्ध में सबसे खटकनेवाली बात है—भाषा। सम्पादित ग्रन्थों की भाषा को देखने से यह तथ्य प्राय: स्पष्ट हो जाता है कि भाषा में बहुत परिवर्तन हुआ है। अपने वर्तमान रूप में सन्तों की भाषा से यह बहुत भिन्न नहीं कही जा सकती। इनकी हस्तलिखित प्रतियाँ भी बहुत बाद की लिखी हुई मिलती हैं। समसामयिक हस्तलेखों के सहारे इनकी भाषा के सम्बन्ध में निश्चित रूप से कुछ कहना कठिन है, फिर भी इनसे प्राचीन भाषिक प्रवृत्तियों की काफी जानकारी हो जाती है। अस्तु; ये कृतियाँ कई दृष्टियों से महत्त्वपूर्ण हैं।

आदिकालीन हिन्दी भाषा साहित्य का समग्र परिदृश्य

हिन्दी का जन्म संघर्षकालीन (आक्रमणकालीन) परिस्थितियों में हुआ है। भारत के उत्तर-पश्चिमी प्रान्तों पर छठी शताब्दी से ही तुर्कों, यवनों यानी विदेशियों के आक्रमण शुरू हो गए थे। वर्द्धन-युग के पश्चात् दिल्ली, अजमेर, सिन्ध, सौराष्ट्र आदि मुख्य शक्ति केन्द्र थे। विदेशी आक्रमणों के कारण इस बीच राजपूत-जैसी लड़ाकू जाति को प्रश्रय मिला। उन दिनों लड़ने का दायित्व या अधिकार हर एक को नहीं था। युद्ध को एक जाति विशेष का धर्म या व्यवसाय माना जाता था, फलत: राष्ट्र-रक्षा के लिए समूची जनता को प्रेरित नहीं किया गया और एक वर्ग-विशेष को 'हीरो' बनाकर वीरपूजा की भावना विकसित की गई। उनकी जय-जयकार करने के लिए कविता का एक नया संस्करण तैयार किया गया, जिसके पुरस्कर्ता थे—चारण कवि। उन्होंने अपने रासो ग्रन्थों द्वारा आश्रयदाताओं के युद्धोन्माद को उत्तेजित करनेवाले कथाशिल्प का आविष्कार किया, जिन्हें वीरगाथा, वीरकाव्य या युद्धकाव्य अथवा जंगनामा नाम दिया गया है।

इन कवियों ने औपचारिक रूप से आश्रयदाताओं की अतिरंजनापूर्ण प्रशस्ति की। उन्होंने अपने-अपने चरितनायकों को राष्ट्रीय भावैक्य की ओर प्रेरित न करके छोटे-छोटे राज्यों को हड़प करके अधिकाधिक सत्ता (विस्तारवाद) के लिए प्रेरित किया, जो अन्तत: विघटनकारी सिद्ध हुआ।

इन युग के कवियों ने युद्ध का आँखों देख हाल विस्तृत एवं सजीव ढंग से प्रस्तुत किया है। सेना की सज्जा, व्यूह-रचना, विविध अस्त्र-शस्त्र, चतुरंगिणी सेना के विविध अंग और सैन्य विज्ञान इनकी रचनाओं में विस्तारपूर्वक वर्णित हुए हैं। ज्ञातव्य है कि यह वर्णन विदेशियों को परास्त करने के लिए कम और रणकला-प्रदर्शन के उद्देश्य से अधिक किया गया है। चारण स्वयं योद्धा थे, अत: उनका यह युद्ध काव्य पर्याप्त प्रभावकारी बन पड़ा है।

वीरत्व की व्यंजना के लिए इन कवियों ने तत्कालीन भाषा में कर्णकटु, कर्कश शब्दों, द्वित्व प्रयोगों, महाप्राण ध्वनियों और अमृत-ध्वनि जैसे छन्दों को अधिक वरीयता दी है। डिंगल का आविष्कार इसी उद्देश्य से किया गया था।

इन कवियों ने युद्ध-सम्बन्धी अनेक कथानक रूढ़ियों की रचना की है। जैसे—सिर के कट जाने पर घंटों तक कबन्ध का लड़ना, युद्ध क्षेत्र में भूत, प्रेत, बैताल, भैरवी, पिशाचिनी आदि का आगमन, शब्दवेध और धनुर्वेद का चमत्कार आदि।

इस काव्य में हाथियों,घोड़ों की अनेक प्रजातियों का, उनकी पहचान, सही साज-सज्जा, चिकित्सा एवं रख-रखाव प्रणाली अर्थात् शालिहोत्र (वेटनरी साइन्स) का पर्याप्त उल्लेख हुआ है।

इन कवियों ने संघर्ष के क्षणों में वीरकाव्य का और विश्राम के दिनों में श्रृंगार या विलास काव्य, आखेट काव्य आदि का प्रणयन करके वीर तथा श्रृंगार का सुन्दर समन्वय किया है। चूँकि युद्ध का मूल कारण होती थीं—राजकुमारियाँ, इसलिए उनका सौन्दर्य-वर्णन (नखशिख), उनके अपहरण और विवाह के पश्चात् ऐश्वर्य भोग-विलास आदि का वर्णन करना भी आवश्यक था। पृथ्वीराज रासो में संयोगिता, इच्छिनी, हंसावती, इन्द्रावती, प्रथा आदि का जो नख-शिख प्रस्तुत किया गया है, वह कवि चन्द की शौर्य श्रृंगार-वृत्ति का सूचक है।

आदिकालीन वीरगाथा-परम्परा में स्त्रियों को वीररस के आश्रय-आलम्बन, दोनों रूपों में प्रस्तुत किया गया है। कहीं-कहीं वीरांगनाओं का युद्ध कौशल भी प्रदर्शित किया गया है। उनके वीर-भाव, उत्सर्ग-भाव, जौहर आदि का उल्लेख प्राय: सबने किया है। चूँकि उस युग में बहुविवाह और अनमेल विवाह का प्रचलन अधिक था, इसलिए पातिव्रत, दाम्पत्य एवं सापत्नय का एक विशिष्ट समाजशास्त्र इस काव्य में दिखाई देता है। उदाहणार्थ अपहरण को लिया जा सकता है। राजकुमारियाँ जिस प्रकार अपने अपहरण के लिए आमन्त्रण देती थीं और अपहृत होने में गर्व का अनुभव करती थीं, वह तत्कालीन परिस्थिति से प्रेरित रहा है।

मध्ययुगीन सामन्ती वृत्ति इस काव्य में बहुश: चित्रित हुई है। राजसी ठाट-बाट,वर्ण-जाति-व्यवस्था, विभिन्न सामाजिक, राजनीतिक, आर्थिक और धार्मिक परम्पराएँ एवं न्यूनाधिक राजन्य वर्ग तथा प्रजावर्ग का जनजीवन इन वीरगाथाओं में दिखाई देता है।

आदिकालीन युद्धकाव्य में इतिहास तथा कल्पना का सम्मिश्रण मिलता है। इसमें जनश्रुतियों की भरमार है और चूँकि उस अन्धकारयुगीन भारत का प्रामाणिक इतिहास अभी तक स्थिर नहीं हो पाया है, इसलिए यह काव्य सामाजिक-राजनीतिक इतिहास का मूल स्रोत या पूर्ण साक्ष्य बन सकता है। अधिकतर काव्य पहले मौखिक परम्परा में रचे गए हैं, जो लोककंठ /स्मृति में वर्षों-वर्षों तक विद्यमान रहने के कारण बराबर युगानुकूल बदलते रहे हैं। ठीक उसी तरह जैसे परमाल रासो (महोबा खंड) का बदलाव वर्तमान आल्हा के रूप में हुआ है। अधिकतर वीरगाथाएँ प्रक्षेपों से आक्रान्त हैं। पृथ्वीराजरासो के लिए प्रसिद्ध है कि उसकी रचना कई पीढ़ियों तक की जाती रही हे। स्वयं कवि चन्द के अनुसार वे अपनी पुस्तक पुत्र जल्हण को देकर गजनी चले गए थे। जाहिर है, शेष काव्य की पूर्ति जल्हण और परवर्ती कवियों द्वारा की गई होगी। उस मौखिक विकासात्मक महाकाव्य परम्परा में ऐसा ही कई कृतियों के साथ घटित हुआ है, इसलिए इन्हें अर्द्ध प्रामाणिक रचना कहा जा सकता है।

इस युग की वीरगाथाएँ प्रबन्ध और मुक्तक, दोनों रूपों में लिखी गई हैं। कहीं युद्धवीर का वर्णन है और कहीं अपने मन की वासनाओं को मारनेवाले महावीर का वर्णन है। अन्य काव्य रूपों में लगभग तीन दर्जन प्रकार की शैलियाँ इस युग में दिखाई देती हैं— जैसे बेलि, फागु, चर्चरी ,मंगल, धवल, बारहमासा, फड़, गाथा, मसनवी आदि।

छन्दों का परिवर्तन इस युग में बहुत हुआ है, इसलिए कि हिन्दी छन्द शास्त्र अपनी भाषिक प्रकृति के अनुसार भाँति-भाँति के रूप आजमा रहा था।

वीरगाथाओं के अतिरिक्त इस युग में जो धार्मिक साहित्य रचा गया है, वह परिमाण और स्तर दोनों दृष्टियों से उल्लेखनीय है। इस युग में नाथों-सिद्धों के दर्जनों सम्प्रदाय विकसित हुए। सिद्धों ने बौद्धों के वज्रयान और सहजयान सम्प्रदाय के अनुसार पिंड तथा ब्रह्मांड की नई व्याख्या की। योग-साधना से प्रभावित होकर उन्होंने वाममार्गी योग और हठयोग की भोगवादी परिणति की। उन्होंने इड़ा, पिंगला, षट्चक्र, नाद, कुंडली, शून्य, समाधि सबकी व्याख्या पंचमकार के अनुसार की। इसी के साथ वर्णाश्रम एवं आडम्बर का विरोध करते हुए जनजागरण का सन्देश भी दिया। सिद्धों की तान्त्रिक क्रियाओं का विस्तार करते हुए वामपन्थ विकसित हुआ। इनके बारहपन्थी सम्प्रदाय माने जाते हैं। चौरासी नाथ-सिद्धों में कनफटा, दर्शनी, सरहपाद विशेष उल्लेखनीय हैं। नाथों ने हठयोग, वज्रयान, सहजयान, शैव, त्रिपुरा-तान्त्रिक, वीराचारी, सहजिया, नव-वैष्णव, निरंजन और जैनमत का समन्वत किया। गोरखनाथ ने बौद्ध,

शाक्त, सूफी, कौल, कापालिक मत, शांकर अद्वैत, अवधूत और अघोर पन्थ को एकीकृत कर दिया। इस पन्थ में एकनाथ से जलन्धर तक नौ नाथ चर्चित हुए हैं, जिनमें मत्स्येन्द्र और गोरख का विशेष स्थान है। गोरखनाथ ने हठयोग, कायायोग, पिपीलिका योग, षडंगयोग, अष्टांगयोग, प्रत्यभिज्ञा, षड्चक्र के साथ-साथ कई विधि-निषेध स्थापित किए, जिनमें ब्रह्मचर्य, अहिंसा,तीर्थाटन नैतिकता, समष्टि चेतना आदि का विशेष महत्त्व है। ये न वेद विराधी हैं, न मात्र तान्त्रिक। इन्हें ऐन्द्रजालिक, रहस्यवादी और आधुनिक अनुभूतिवादी कहा जा सकता है, पर भक्ति-विरोधी नहीं। इन्होंने वज्रयानी वीभत्स कृत्यों का निषेध किया है। नाथों ने अन्तर्मुखी ब्रह्मानन्दलीन साधना को प्रश्रय दिया है, साथ ही सुधारक का दायित्व भी निभाया है। इसलिए न उन्हें नास्तिक कहा जा सकता है, न प्रच्छन्न वैष्णव। वे प्रवृत्ति-निवृत्ति, समष्टि-व्यष्टि, ज्ञान-कर्म-भक्ति और साधनावस्था-सिद्धावस्था का समन्वय लेकर चले हैं। कर्मकांड की जगह सर्वत्र उन्होंने विवेक की पुष्टि की और लोकानुभव को लोकमंगल की ओर अग्रसर किया है।

नाथ पन्थ कट्टरता का विरोधी है। इसलिए उसे संकीर्ण-साम्प्रदायिक नहीं कहा जा सकता। यह दर्शनशास्त्र तथा लोक दोनों पर आधारित है। अत: इसे ग्राम्य-दर्शन कहकर नजरन्दाज करना भी न्यायोचित न होगा। यही कारण है कि कुछ विद्वानों ने नाथ-सिद्ध परम्परा को भारतीय समाज का प्रथम नवजागरण माना है।

निष्कर्ष यह है कि आदिकाल में सूफी कवि अमीर खुसरो, मुल्ला दाऊद, बाबा फरीद, बुल्लेशाह, वारिश शाह आदि का सूफी काव्य विकसित हुआ। इसमें जयदेव, विद्यापति की वैष्णव (कृष्ण) काव्यधारा प्रवाहित हुई। इसमें रामानन्दी रामकाव्य का बीज वपन हुआ। जैन सन्तों की अनेक काव्य-कृतियाँ इस युग में रची गईं। चारण कवियों ने कई वीरगाथाएँ और प्रशस्ति काव्य इस युग को दिए। इसी बीच, ढोला, राउलबेल जैसे कई--लोकाख्यान प्रकट हुए। इस बीच कई नीति-ग्रन्थों जैसे (अमीर खुसरो की मुकरियों) को प्रश्रय मिला और इस दौर में गद्य (अवधी,मैथिली,राजस्थानी,ब्रज) की विशेषत: व्याकरण-सम्बन्धी कई कृतियाँ प्रस्तुत की गई, इसलिए कि उस समय एक मानक भाषा आकृति धारण करने के लिए भावाकुल थी। धीरे-धीरे अपभ्रंश, पुरानी हिन्दी, अवहट्ट, डिंगल-पिंगल कोसली, दक्खिनी आदि के मार्गों से होती हुई हिन्दी ने अपना एक आकार निर्मित कर लिया, किन्तु इस रूप-ग्रहण की प्रक्रिया में लगभग सात सौ वर्ष लग गए। इसे आदिकाल के रूप में पहचानना तथा

विभिन्न प्रवृत्तियों के परिप्रेक्ष्य में इसका विश्लेषण करना शुद्ध इतिहास-दर्शन की दृष्टि से अति आवश्यक है। यह भी उल्लेखनीय है कि आदिकालीन सम्पदा हिन्दी की मुकुटमणि हैं। इसकी डेढ़ हजारी अवधि सिद्ध हो जाने पर हिन्दी क्लासिक (शास्त्रीय) भाषा रूप में समादृत होगी। नई पीढ़ी इस साहित्य से दूर भाग रही है, इसलिए इसके लेखन, अन्वेषण तथा पठनपाठन का अभियान शुरू हो जाना चाहिए।

समाहार

हिन्दी साहित्य का आदिकाल सातवीं-आठवीं शती से आरम्भ होकर 13वीं-14वीं शती तक परिव्याप्त दिखता है। इस बीच हिन्दी की आकर भाषाएँ भी न्यूनाधिक सक्रिय रही हैं, साथ ही जनपदीय विभाषाएँ—कोसली, अवधी, ब्रज, राजस्थानी-डिंगल, लहंदी (पंजाबी), गुर्जरी, मैथिली आदि भी। क्रमश: अपभ्रंश भाषाएँ—शौरसेनी, मागधी, अवहट्ट, अवहंस, ब्रजबुली आदि में रूपान्तरित हो गईं, जिन्हें "पुरानी हिन्दी" नाम दिया गया है। जूनी, गुजराती, पुरानी पंजाबी, महाराष्ट्री प्राकृत भी उससे काफी कुछ मिलती-जुलती प्रतीत होती हैं। कई रचनाकार साझे के हैं। इन छह सदियों में सिद्ध-नाथ, जैन, सन्त, सूफी, रामकृष्ण अन्तर कवि, यहाँ तक कि लोककवि, वैयाकरण, गद्यकार अर्थात् प्राय: प्रत्येक प्रवृत्ति के रचनाकारों ने बीजवपन किया है। डेढ़ हजार वर्षों का यह भाषा- साहित्य वर्तमान मानक हिन्दी से पृथक भी है, साथ ही अनुपूरक भी। इस साहित्य में युगीन सांस्कृतिक इतिहास है तथा न्यूनाधिक कवित्व भी। इस गोमुख-गंगोत्री में जितना अवगाहन किया जाएगा, हिन्दी भाषा-साहित्य के उद्‌गम की खोज उसी अनुपात में प्रमाण पुरस्सर होती जाएगी। इसके लिए अपेक्षित है, एक विधेयात्मक संकलित इतिहास-दर्शन की।

परिशिष्ट

प्राचीन साहित्य सम्पदा का संरक्षण

प्राचीन हस्तलेखों को सबसे मूल्यवान सांस्कृतिक धरोहर कहा गया है। जब से लिपि का आविष्कार हुआ, हस्तलेखों का प्रचलन विश्व की विभिन्न भाषाओं में शुरू हो गया। रचनाकारों ने अपने संचित ज्ञान को जन-जन तक सम्प्रेषित करने के लिए लिपि का सहारा लिया। इसे धारणामात्रिका अर्थात् याद रखने की कला कहा गया। भारत में यह लेखन कला आलेख्य विज्ञान के रूप में अथवा लिपि, मुद्रा, गणना, संख्या के नाम से प्रारम्भ हुई। इसका उल्लेख कई पुराणों में प्राप्त होता है। लिपि विज्ञान का जैसे-जैसे विकास होता गया, उसी अनुपात में पांडुलिपियों का भी विस्तार होता रहा। पांडुलिपि का अर्थ है, वह हस्तलेख, जो अपनी प्राचीनता के कारण पीला पड़ गया हो। हमारे देश में पाठांकन के कई भौतिक आधार प्रचलित रहे हैं। इनमें एक है शिलाधार। प्राचीन युग में शिलाओं पर, विशेषतः संगमरमर पर महत्त्वपूर्ण कथन खोद दिए जाते थे। कहीं शिला स्तम्भों पर, कहीं शिला फलकों पर और यदा-कदा ध्वज स्तम्भों पर प्राचीन देवालयों में बहुत से शिलालेख पर्वत शिलाओं के दूहों पर, पूजास्थलों की सीढ़ियों पर, समाधियों पर अथवा मूर्ति के पाद-प्रदेश में दिखाई दे जाते हैं। इसे शिला लिपि कहा जाता है। अशोक के धर्मलेख, समुद्रगुप्त के विजय स्तम्भ की प्रशस्तियाँ और कवि सोमेश्वर कृत नाटक का पूरा लेखन इसी रूप में हुआ है। शिलाएँ टिकाऊ होती हैं। उस पर अंकित आलेख 'पत्थर की लकीर' बन जाता है, इसलिए वह प्रायः अमिट सिद्ध होता है। इसीलिए आज भी ग्रेनाइट और बिल्लौरी पत्थरों पर शिला लेखों का रिवाज जारी है। ये शिलांकित पाठ बहुत दिनों तक सुरक्षित नहीं रह पाते। जरा सी छेड़खानी कर देने पर इनके चिह्न बदल जाते हैं। इनका पाठ-संरक्षण पुरातत्त्व विभाग के ही वश का है।

आलेख का दूसरा माध्यम है मिट्टी। यह परम्परा हड़प्पा काल से दिखाई देती है। आज भी मिट्टी की ईंटों में लिखे हुए नाम देखे जा सकते हैं। यह भी

बहुत टिकाऊ नहीं होता है। लेखन को स्थाई बनाने के लिए कालक्रम में हमारे यहाँ धातुओं का और काष्ठ का उपयोग किया गया। सोने-चाँदी से लेकर काँसे, पीतल, लोहे तथा अष्ट धातुओं पर खुदे हुए पाठ यहाँ देखे जा सकते हैं। इन सबमें ताम्रपत्र आज भी सर्व प्रचलित है। काष्ठपटल पर लिखी हुई पोथियाँ भी देश-विदेश में मिल जाती हैं। काष्ठ पट्टिकाओं पर मोम का लेप चढ़ाकर, उन्हें खुरच कर चिकना बनाकर लिखने की प्रथा सुविदित है।

कागज की पांडुलिपियों के सामने अनेक प्रकार के खतरे रहते हैं। उसके समक्ष सदैव कीड़े-मकोड़ों का संकट रहता है। उसे धूप-धुआँ, पानी और हवा से बचाना रहता है। अधिक गर्मी और उमस उसे हानि पहुँचाती है। सीलन के कारण उसमें फफूँद लग जाती है। पहले रोशनाई में चूँकि गोंद का प्रयोग किया जाता था। इसलिए विषम जलवायु में आपस में पृष्ठों के चिपकने का बहुत बड़ा खतरा रहता है। फिर, हर प्रकार के कागज की एक आयु होती है। उसके बाद वह सड़ने और टूटने लगता है। धर्मग्रन्थों के साथ तो हम कहीं और ज्यादा अत्याचार करते रहते हैं, उस पर चन्दन, जल और अक्षत छिड़क करके। इन पोथियों के पन्नों को बार-बार छेड़ने और उलटने पलटने से इनके टुकड़े-टुकड़े हो जाते हैं।

इन सबकी अपेक्षा पांडुलिपियों के लिए घातक है, मनुष्य की प्रपंच बुद्धि। हमने निहित स्वार्थवश कितनी ही कालजयी कृतियों का पाठ भ्रष्ट कर दिया है। उनमें मन चाहे प्रक्षेप भर दिये गए हैं। कई शब्दों की वर्तनी बदल दी गई है अथवा उन्हें खंडित कर डाला गया है। इस प्रपंच बुद्धि से पांडुलिपियों का संरक्षण कर पाना बहुत दुष्कर है। पांडुलिपियों की विकृति का एक बड़ा कारण है-प्रतिलिपीकरण पाठ-संरक्षण के उद्‌देश्य से ही पहले प्रतिलिपीकरण कराया जाता था। कभी उच्चारण-श्रवण अथवा श्रुति व्यवस्था से, जिसे 'श्रवण हस्तलेखन' कहा जाता था। फिर दृश्य हस्त लेखन अर्थात् देखकर लिखने की प्रथा शुरू हुई। क्रमश: टंकण, मुद्रण और ध्वन्यंकन की प्रणाली विकसित हुई। इन सभी प्रणालियों द्वारा पाठ विकृत किया जा सकता है। यदि पृष्ठाधार ठीक न हुआ, स्याही में कच्चापन रह गया, वह हाथ लगते ही मिट गई, फैल गई या धुल गई, गोंद युक्त होने के कारण पृष्ठों में चिपक गई, उसे छुड़ाते समय पन्ने फट गए तो समझिए कि पाण्डुलिपि नष्ट हो गई। इसी प्रकार, जिस कलम से लिखा गया, वह यदि ठीक न रही, लिखनेवाले का सुलेख न बन पाया, लिपिकार की आँखों की रोशनी धुँधली रही, कानों द्वारा ठीक से सुनाई न पड़ा, उच्चारण दूषित रहा या फिर कमजोर शैक्षिक स्तर के कारण पाठ का अर्थ पकड़ में नहीं ही आया

या स्मृति-विभ्रम के कारण सुना हुआ याद न रहा अथवा प्राचीन लिपिमाला के अज्ञानवश कुछ-का कुछ-लिख दिया। फारसी हिन्दी-लिप्यन्तरण में ऐसा बहुत हुआ है। लेखक कुछ-का-कुछ लिखता पढ़ता गया तो बड़ी हानि होगी। इन दिनों कम्प्यूटर मुद्रण में रोमन तथा देवनागरी के कुंजीपटल के ध्वनि तात्त्विक भेद के कारण कहीं-कहीं वर्तनी बदल जाती है, फलतः यदा-कदा अनर्थ हो जाता है। यदि प्रमादवश वर्तनी की भूलें हो गईं और सबसे बड़ी विडम्बना सम कि किसी निश्चित मतवाद के आग्रहवश मूल रूप भ्रष्ट हो गया तो समझो वह पूर्णतः नष्ट ही हो गई। ऐसी पांडुलिपियों का संरक्षण केवल नेकनीयत और सुबुद्धि द्वारा ही सम्भव है। हस्तलेख की प्रथा मध्य युग में बहुत लोकप्रिय थी। इसी पद्धति से भूर्ज पत्र और ताड़ पत्र पर लिखी गई पोथियों की परम्परा विकसित हुई। धीरे-धीरे कागज का लेखन आरम्भ हुआ। विद्वानों का मत है कि भारत में प्राप्त पेपीय रस अर्थात् सरकंडा इस लेखन के लिए सबसे उपयोगी सिद्ध हुआ है। इसी पिपाय रस से 'पेपर' शब्द विकसित हुआ। इसी की देखा-देखी चमड़े पर लेखन आरम्भ हुआ। गुणाढ्य की बृहत्कथा में पशु की खाल पर हड्डी की कलम से और खून की स्याही से लेखन का उल्लेख हुआ है। ईरानी भाषा में चमड़े को 'पुस्त' कहा जाता है। हो न हो, 'पुस्तक' शब्द का इसी रूप में विकास हुआ हो। लकड़ी और चमड़े पर अंकित पाठों को लम्बे समय तक बचा पाना सचमुच ही एक विकट समस्या है। इससे कहीं कठिन है भूर्ज पत्र पर लिखे ग्रन्थों का संरक्षण भारतीय अभिलेखागार में लगभग 1500 वर्ष पुराने भूर्ज पत्र सुरक्षित हैं। यहाँ भूर्ज पत्र पर उपलब्ध प्राचीनतम ग्रन्थ है—खरोष्ठी लिपि में लिखा हुआ 'धम्मपद'। कहते हैं कि इसका लेखन यक्षों और किन्नरों ने स्याही की जगह धातु से किया था। इसके बाद आरम्भ हुआ ताड़पत्र लेखन। यह भोजपत्र की तरह सहज नहीं होता। इसका उपचार करना पड़ता था। इनके पत्तों को परस्पर छेद करके रखा जाता था। उनमें सूत्र पिरोकर नीचे ग्रन्थि यानी गाँठ लगा दी जाती थी, इसीलिए इनको 'ग्रन्थ' कहा जाने लगा। प्राचीन काल में लिखने का अर्थ था, चित्र बनाना। 'लिखत सुधाकर लिखिगा राहू' (तुलसी) और 'लिखन बैठ जाकी सबी' (बिहारी) जैसी उक्तियों में लिखने का अर्थ चित्र-रचना करना ही है। अंग्रेजी के 'राइट' शब्द का भी अर्थ है, खुरचना या कुरेदना। नेपाल दरबार के पुस्तकालय में खुरचे गए हिन्दी के कई बहुमूल्य ताड़पत्र संचित हैं। ये आलेख अपेक्षाकृत सबसे टिकाऊ होते हैं

ताड़पत्र से मिलता-जुलता पूर्वांचल का एक पत्र है—साँची पत्र। दूसरा माध्यम है कपड़ा। इसमें 'बैनर लेखन' बहुप्रचलित है। आज का सबसे प्रचलित आधार है—कागज एवं प्लास्टिक । भारत में चौथी शती ई०पू० से 'हई' वृक्ष की

छाल, जूट और लुगदी के सम्मिश्रण से निर्मित कागज का उल्लेख मिलता है। इसके सामने सदैव चार संकट मँडराते रहते हैं—एक, पुराना होकर जगह-जगह से टूट जाने का भय। दूसरे, दीमक जैसे कीड़ों का भय। तीसरे, गल जाने और चौथे जल जाने का भय। भारतीयों ने इन संकटों से बचने के लिए कई प्रकार के उपाय खोजे थे। पिछले 2000 वर्षों में कागज पर लिखने की कई तकनीकें विकसित हुई हैं। इनमें सबसे लोकप्रिय है स्याही मुद्रण। इस पद्धति द्वारा लिखित और मुद्रित हजारों प्रतियाँ भारतीय अभिलेखागारों में संरक्षित हैं। एक-से-एक अनमोल पुस्तकें। कुछ तो अत्यन्त दुर्लभ हैं। अभी तक उनकी दूसरी प्रति देखने को नहीं मिली। हमारे महाकवियों और धर्मगुरुओं ने अपने हस्तलेखों द्वारा जो रचनाएँ की हैं, वे दर्शनीय ही नहीं, बल्कि पूज्य ग्रन्थ हैं। यही कारण है कि 'रामचरितमानस' की अलग-अलग कई प्रतियों को गोस्वामी जी की हस्तलिखित प्रति सिद्ध करने की जी तोड़ कोशिश कई जगहों पर की जा रही है।

सम्प्रति कम्प्यूटर के सहारे चिपकी हुई स्याही वाले पन्नों को अलग कर लिया जाता है। धुँधले अक्षरों को चटकीला बना दिया जाता है और कागज को छूटने से बचा लिया जाता है। ऐसे अनेक रसायन और कीटनाशक दवाइयाँ बना ली गई हैं, जिनका छिड़काव हो जाने पर कागज के कीड़े वहाँ प्रवेश नहीं कर पाते। वातानुकूल कक्षों में पारदर्शी शीशे की अलमारियों में रखकर पांडुलिपियों को समय की मार से बचाया जा सकता है। इन दिनों माइक्रोफिल्मिंग, वीडियोग्राफी, स्क्रीनिंग और फोटोकाफी की सुविधा प्रायः सब कहीं उपलब्ध है, इसलिए प्राचीन पांडुलिपियों की एकाधिक छाया प्रतियाँ बनवा लेना श्रेयस्कर होगा। इससे भी कहीं बेहतर होगा, अगर इन पांडुलिपियों का पाठ कम्प्यूटर पर उतार लिया जाए। फ्लापी या सीडी में अंकित हो जाने के बाद भी कम्प्यूटर वाइरस का खतरा सामने आ सकता है, फिर भी यह पद्धति अपेक्षाकृत ज्यादा सुरक्षित है। वर्तमान भारतीय समाज की सबसे बड़ी आवश्यकता है कि हम सौ वर्ष और उससे अधिक पुरानी पांडुलिपियों का पंजीयन तत्काल करा लें और यथासम्भव अधिक-से-अधिक मात्रा में इस पुरानी धरोहर को अभिलेखागारों और संग्रहालयों को सौंप दें। वहाँ विशेषज्ञ वैज्ञानिकों और विभिन्न उपकरणों द्वारा इन्हें दीर्घकाल तक बचाया जा सकता है। हमारे देश में प्राचीन ग्रन्थों को गंगा या अन्य पवित्र नदियों में विसर्जित कर देने की परम्परा रही है। आज भी लोग इनका प्रवाह करते हुए और यह कहते हुए पाए जाते हैं कि यह विद्या है, किसी के पाँव तले न पड़े, इसलिए प्रवाहित कर रहे हैं। यह दंडनीय कृत्य है। इसी तरह पांडुलिपियों का तस्कर व्यापार और अवैध रूप

से किया गया विदेशों को निर्यात भी बहुत बड़ा अपकृत्य है। इसे रोकना शासन और जनसामान्य, सबका मिला-जुला कर्तव्य है। विदेशों में पुरातात्त्विक वस्तुओं के संग्रह की हावी बढ़ती जा रही है। इस कारण पांडुलिपियों का एक कुटीर उद्योग चल पड़ा है। काँपते हुए हाथों से पुरानी लिपि में लिखना, फिर कागज को धुँए में रखकर पकाना, कुछ विशेष प्रकार के लेप करके उसे पीला रंग दे देना, एक विशिष्ट चौर कला है। इसके कारण पांडुलिपियों का अस्तित्व सन्दिग्ध हो गया है। इसे रोकना होगा आवश्यक है कि लिपिविज्ञान, पाठालोचन, पाण्डुलिपि विज्ञान और संग्रहालय विज्ञान जैसी विधाओं के पाठ्यक्रम विकसित किया जाएँ। साथ ही पाण्डुलिपि संरक्षण के प्रबन्ध विज्ञान को सर्वसुलभ बना दिया जाए, ताकि यह अक्षर जगत पूर्णतः 'अक्षर' रह सके।

•••